V&R Academic

Analysen und Dokumente

Band 45

Wissenschaftliche Reihe des Bundesbeauftragten für
die Unterlagen des Staatssicherheitsdienstes der ehemaligen
Deutschen Demokratischen Republik (BStU)

Vandenhoeck & Ruprecht

Markus Anhalt

Die Macht der Kirchen brechen

Die Mitwirkung der Staatssicherheit bei der Durchsetzung der Jugendweihe in der DDR

Vandenhoeck & Ruprecht

Umschlagabbildung:
Halle, Jugendweihe, Honecker mit Jugendlichen, 1958, BArch Bild 183-53093-0001.
Foto: Schmidt

Bibliografische Information der Deutschen Nationalbibliothek

Die Deutsche Nationalbibliothek verzeichnet diese Publikation in der Deutschen Nationalbibliografie; detaillierte bibliografische Daten sind im Internet über http://dnb.d-nb.de abrufbar.

ISSN 2198-1108
ISBN 978-3-525-35121-5

Weitere Ausgaben und Online-Angebote sind erhältlich unter: www.v-r.de

Printed in Germany.

Druck und Bindung: ⊕ Hubert & Co GmbH & Co. KG, Robert-Bosch-Breite 6, D-37079 Göttingen

Gedruckt auf alterungsbeständigem Papier.

Inhalt

Einleitung

An der vorliegenden Studie zur Mitwirkung des MfS bei der Einführung der Jugendweihe in der DDR könnte beanstandet werden, sie habe sich nur an den Unterlagen aus den Archiven des BStU orientiert und Akten anderer Provenienzen vernachlässigt. Man könnte die Frage stellen, ob aus den Aufzeichnungen des MfS, das in der frühen Phase der fünfziger Jahre an kirchenpolitische Probleme oft nur holzschnittartig heranging, überhaupt verlässliche Schlüsse gezogen werden können. Sind der Dilettantismus bei der Arbeit des MfS, von dem noch zu reden sein wird, und seine Unkenntnis kirchlicher Gegebenheiten in dieser Zeit nicht eher hinderlich bei der Erstellung eines kirchengeschichtlichen Zeitbildes? Doch soll gerade dies nicht das vordergründige Ziel dieser Darstellung sein. Alle kirchengeschichtlichen Untersuchungen hinsichtlich dieses Zeitabschnittes räumen der Jugendweiheproblematik einen breiten Raum ein, zeigen auf, was kirchliche und andere Archive darüber offenbaren und zeichnen nach, was diesen Quellen zufolge geschehen war. Doch welchen Beitrag der Staatssicherheitsdienst der DDR dabei geleistet hat, lässt sich aus diesen Überlieferungen kaum ersehen. Wie hat dieses Ministerium bei der Einführung und Durchsetzung des sozialistischen Ritus mitgewirkt? Hat es überhaupt einen Beitrag dabei geleistet? Was haben seine Mitarbeiter gewusst oder, besser gesagt, was hätten sie aufgrund ihrer Informationsbeschaffung wissen müssen, wissen können? Welche Handlungsmöglichkeiten haben sich daraus ergeben und was wurde in die Tat umgesetzt? Kam die Umsetzung oft nur aus Unfähigkeit der Akteure nicht zustande oder stand ein Prinzip dahinter? Anders gefragt: Warum wurden manche Gegner der Jugendweihe vom MfS, wenn es dazu in der Lage war, bis zur physischen und psychischen Zerstörung verfolgt, während anderen nichts geschah und wichtige Informationen oft einfach versandeten? Es soll aufgezeigt werden, wie gefährlich dieses Instrument der Machterhaltung, dessen Personal oft nicht zu wissen schien, wovon es redete, in Wirklichkeit für seine Opfer war. Männer und – seltener – Frauen, die meist nicht unterscheiden konnten zwischen Kirche und Kirchen, zwischen evangelisch und katholisch, von weiteren Spezifikationen ganz zu schweigen, griffen willkürlich ein und wenn ihr Handeln auch oft fragmentarisch blieb, so zeitigte es doch Wirkung und war gefährlich. Dieses Fragmentarische, Fehlerhafte, oft Marginale, aber zugleich Bedrohliche lässt sich nicht darstellen, indem man Quellenlücken des MfS-Bestandes einfach mit Wissen aus anderen Beständen füllt, auch wenn dies das Bild abrunden würde. Es ist doch weitgehend so, dass das, was sich in den Unterlagen des MfS nicht wenigstens ansatzweise widerspiegelt, diesem auch nicht bekannt war. Darum wurde auf Recherchen in anderen Archiven verzichtet und

Zusammenhänge, ohne die ein Verstehen nicht möglich wäre, aus der umfangreichen einschlägigen Literatur, die sich ja auch aus Archivarbeit speist, hergestellt. Natürlich durfte sich diese Vorgehensweise nicht nur auf das Wirken des Staatssicherheitsdienstes beziehen. Auch die Reaktionen der Kirchen waren auf diese Weise zu untersuchen.

Den Zeitrahmen der Untersuchung bildet das aktive Interesse des MfS an der Jugendweiheproblematik, das mit dem Aufruf des Zentralen Ausschusses für Jugendweihe im November 1954 einsetzte und damit endete, dass der neue Ritus mit einer Teilnahme von 70 bis 80 Prozent der infrage kommenden Jugendlichen im Jahr 1959 in der Gesellschaft der DDR etabliert war. Rasch einsetzende Aktivitäten und verstärktes Sammeln von einschlägigen Informationen zu Beginn des Jahres 1955 sind Indizien dafür, dass der Staatssicherheitsdienst hinsichtlich der Jugendweiheproblematik sensibilisiert war. Ebenso rasch verschwand diese Betriebsamkeit gegen Ende des Jahrzehnts. Dass sich die katholische Kirche weiterhin in ihrer Gesamtheit konsequent gegen die Jugendweihe richtete und ein Großteil der ihr angehörenden Jugendlichen nicht an dem Ritus teilnahm, spielte dabei anscheinend keine Rolle.

Diese Eingrenzung vorrangig auf MfS-Unterlagen und auf den oben abgesteckten Zeitraum, die der Konzentration auf das Wirken des Sicherheitsdienstes dienen soll, bringt auch Nachteile mit sich. Es wird keine Gesamtdarstellung über die Einführung der Jugendweihe zustande kommen. Entwicklungslinien in den einzelnen evangelischen Gliedkirchen können kaum nachgezeichnet werden. Einzelne Tendenzen, die außerhalb der Wahrnehmung des Staatssicherheitsdienstes lagen, bleiben unberücksichtigt. Besonders die vehemente Ablehnung der Jugendweihe durch die katholische Kirche, der das MfS offenbar keine große Bedeutung zumaß, wird nur am Rand berührt. Einzelne Minderheitskirchen, die dem Ritus ebenfalls ablehnend gegenüberstanden, werden nicht berücksichtigt.

Da das MfS in dieser Zeit unkoordiniert vorging, lässt sich sein Handeln nur schwer systematisch darstellen. Ein chronologisches Vorgehen bietet sich an, lässt sich aber, wie sich in einzelnen Kapiteln zeigen wird, nicht in gleicher Weise für den gesamten Zeitraum verwirklichen.

Die Mitarbeiter des DDR-Staatssicherheitsdienstes waren in dieser Phase keine Fachleute für Kirchenangelegenheiten. Ihre Unkenntnis auf diesem Gebiet ist in den Akten allenthalben präsent. Nicht nur von ihnen, auch von anderen staatlichen Stellen und auch von der DDR-Presse wurde zwischen evangelischer und katholischer Kirche teils aus Unkenntnis, teils aus Indifferenz kaum unterschieden. Hier im Nachhinein zu konkretisieren, ist nicht erforderlich. Um Arbeitsweise und Niveau der MfS-Mitarbeiter anschaulich zu machen, wurden Zitate auch dann übernommen, wenn deren Ausdrucksweise und Orthographie dies normalerweise nicht ratsam erscheinen ließen.

Bleibt am Schluss noch darauf hinzuweisen, dass das Ministerium für Staatssicherheit im Juli 1953, also vor Einführung der Jugendweihe, zu einem Staatssekretariat, formal dem Innenministerium unterstellt, herabgestuft und im November 1955 wieder in den Rang eines Ministeriums erhoben wurde. Die Eingliederung des Staatssicherheitsdienstes in das Innenministerium wurde auf Betreiben des Geheimdienstchefs der Sowjetunion, Lawrentij Berija, am 30. Juni 1953 vom SED-Politbüro beschlossen und diente der Anpassung an das sowjetische Vorbild, das ebenfalls ab 1953 Teil des Innenministeriums war. Weitgehend herrscht jedoch die unzutreffende Deutung vor, das MfS sei für sein vermeintliches Versagen während des Volksaufstandes im Juni 1953 durch diese Maßnahme bestraft worden.[1] In der folgenden Untersuchung werden die Bezeichnungen Staatssekretariat bzw. Ministerium für Staatssicherheit wie auch die dafür gebräuchlichen Abkürzungen SfS und MfS entsprechend den jeweiligen Quellen benutzt.

1 Vgl. Das MfS-Lexikon, S. 316 f.

1. Herkunft und geschichtliche Wurzeln der Jugendweihe

Eine stringente Darstellung der Entwicklung der verschiedenen Jugendweihetraditionen, die schließlich in die Jugendweihe der DDR münden, lässt sich nicht realisieren und soll auch im Folgenden nicht versucht werden.[2]

Das Anliegen der aus dem Geist der Aufklärung entstandenen freireligiösen Bewegung, sich von jeglichem Reglement der Amtskirchen zu lösen, führte zum Entstehen kirchenunabhängiger Gemeinden, die sich 1859 in Gotha zum Bund Freireligiöser Gemeinden Deutschlands zusammenschlossen. Als Präsident dieses Bundes und zugleich Prediger der freien protestantischen Gemeinde in Nordhausen stellte Eduard Baltzer (1818–1887) in seinem Kreis erstmals 1852 eine Jugendweihe vor, die keine Feier neben der Konfirmation sein, sondern als Widerstand gegen die offiziellen Kirchen die Konfirmation ersetzen sollte. Diese Jugendweihe blieb der einzige von den Freireligiösen geschaffene Ritus.

Weitere Impulse gingen von den Freidenkern aus. Selbst oft aus freireligiösem Umfeld stammend, schlossen sich ihnen vor allem solche kleinbürgerlichen Anhänger an, die jeglichen religiösen Glauben und kirchliche Dogmen ablehnten und sich ausdrücklich als Atheisten verstanden. Unter dem Vorsitz des Arztes und Philosophen Ludwig Büchner (1824–1899) gründeten sie 1881 in Frankfurt/M. den Deutschen Freidenkerbund. Sie begingen und verstanden ihre Jugendweihe als explizites Nein zur christlich-bürgerlichen Welt.

In dieser Zeit lassen sich Verbindungen der von Staat und Gesellschaft zurückgewiesenen Freidenker und Freireligiösen mit den ebenfalls an den Rand gedrängten Sozialdemokraten ausmachen. Noch vor Ende des 19. Jahrhunderts fand das Ritual der Jugendweihe in sozialdemokratischen Organisationen Eingang. Ihr wurde ein sozialistischer Sinn gegeben, der auf den revolutionären Kampf einstimmen sollte und die Gleichsetzung der Menschheit mit dem Proletariat propagierte. Immer deutlicher zeigten die Jugendweihefeierlichkeiten einen proletarischen Charakter. Bald erwies sich das Ritual in Aufbau und Wortwahl als Rekrutierungsveranstaltung für das kämpferische Proletariat. Den mit der Jugendweihe verbundenen Jugendunterricht, der nicht selten auch auf den Kirchenaustritt abzielte, übernahmen ehrenamtliche freidenkerische Lehrer und Funktionäre. Jugendweihe wurde nunmehr als deutliches Bekenntnis gegen die Kirchen verstanden. Starke Verbreitung fand der Ritus in der Weimarer Republik. Zwar blieb er in der Hauptsache Angelegenheit der freireligiösen Ortsge-

2 Vgl. Isemeyer: Proletarische Jugendweihe, S. 11.

meinden, wurde jedoch mehr und mehr durch proletarische Jugendweihefeiern ersetzt. Noch vor 1933 gehörte die Jugendweihe schlechthin zur Arbeiterfestkultur. Mangels statistischer Eintragungen lassen sich über die Teilnehmerzahlen des neuen Ritus vor dem Zweiten Weltkrieg keine klaren Aussagen treffen. Im Jahr 1933 wurde der Freidenkerverband verboten und die Durchführung von Jugendweihen generell untersagt. Getarnt als Familienfeiern fanden sie trotzdem bis Kriegsbeginn statt. Bestrebungen von nationalsozialistischer Seite, die Jugendweihe für sich zu instrumentalisieren, scheiterten am Widerstand der evangelischen Kirche und der Arbeiterschaft.[3]

Die aus einer fast 100-jährigen Tradition vor allem aus freireligiösen und freidenkerischen Kreisen entstandene Jugendweihe war eine freiwillige Kultveranstaltung. Zwar wussten die Verantwortlichen in der Zeit vor dem Nationalsozialismus die massenwirksame Jugendarbeit für eigene Interessen einzusetzen, bleibende Erfolge sind jedoch nicht nachweisbar. Sowohl der antikirchliche Charakter der Jugendweihe freireligiöser als auch der atheistische der Jugendweihe freidenkerischer Prägung sind nicht zu übersehen. Diese klare Orientierung der Jugendweihe des 19. und des beginnenden 20. Jahrhunderts ließ bei den Kirchen zu keinem Zeitpunkt einen Zweifel an der Unvereinbarkeit einer Teilnahme an Konfirmation oder Firmung mit der gleichzeitigen Beteiligung an diesem neuen Ritus aufkommen. Dieser Tenor wurde bereits 1930 in die »Ordnung des kirchlichen Lebens« der Evangelischen Kirche der Union aufgenommen, wenn es dort hieß: »Die Konfirmation kann nicht gewährt werden, wenn der Konfirmand einer Veranstaltung, die im Gegensatz zur Konfirmation steht, zugeführt wird oder sich ihr unterzieht.«[4]

3 Vgl. zur Geschichte der Jugendweihe u. a. Wentker: Einführung, S. 140 f.; Chauliac: Die Jugendweihe zwischen familialem und politischem Erbe, S. 200–204; Meier: Kommunistische Jugendweihe; ders.: Struktur und Geschichte; Isemeyer: Proletarische Jugendweihe.

4 Hier zit. nach: Urban; Weinzen: Jugend ohne Bekenntnis, S. 119.

2. Politische Hintergründe bei der Einführung der Jugendweihe in der DDR

Das Wissen darum, dass die Kirchen eine Wiedereinführung der Jugendweihe ablehnen würden sowie eine Abneigung gegen die Freidenker selbst hinderten die Staatsführung der DDR daran, diesen freidenkerisch und proletarisch geprägten Ritus sofort wieder aufleben zu lassen. Obgleich von vielen gefordert, wurde er durch die kommunistische Regierung im Osten Deutschlands zunächst vehement abgelehnt. Maßnahmen, die die Kirchen verärgert hätten, standen den bündnis- und kirchenpolitischen Interessen der SED im Wege. Derartige Erwägungen veranlassten im Frühjahr 1950 augenscheinlich Stefan Heymann[5], stellvertretender Leiter der Abteilung Parteischulung, Kultur und Erziehung des ZK der SED, für das *Neue Deutschland (ND)* einen Artikel unter der Überschrift »Warum keine Jugendweihe« zu verfassen und damit allen Befürwortern der Jugendweihe eine Absage zu erteilen. Heymann apostrophierte in seinem Beitrag »manche« Genossen als für den Beschluss, keine Jugendweihen mehr durchzuführen, uneinsichtig und versuchte zu erklären, warum die Durchführung von Jugendweihen nach Gründung der DDR falsch wäre. Ausgehend von den Jugendweihen vor 1933, die seiner Meinung nach vor allem dem Kampf gegen die Kirchen als Organe des kapitalistischen Klassenstaates dienten, durch die aber auch eine bestimmte Anhängerschaft der Schulabgänger in einem feierlichen Akt in die Gemeinschaft der Arbeiterklasse aufgenommen werden sollte, versuchte Heymann zu demonstrieren, dass die Arbeiterklasse nunmehr als führende Kraft des Volkes – vereint mit nicht wenigen kirchlichen Vertretern – den Existenzkampf des deutschen Volkes für Frieden und Fortschritt führe. Das loyale Verhältnis zur DDR, in welchem die Kirchen inzwischen stünden, verbiete eine gleiche Stellungnahme ihnen gegenüber wie vor 1933. Im gleichen Atemzug konstatierte der Autor aus seiner Sicht in kirchlichen Kreisen einen Unterschied zwischen reaktionären Erscheinungen, gegen die eventuell vorzugehen sei, und wirklich demokratischen Kräften. Als »klare politische Erkenntnis« stellte Heymann folglich fest, dass Jugendweihen keine Berechtigung mehr hätten.[6]

5 Stefan Heymann, 1896–1967, SED, 1953–1957 Botschafter der DDR in Warschau. Vgl. Herbst u. a.: So funktionierte die DDR, Bd. 3, S. 141.

6 ND v. 31.3.1950, S. 4. Vgl. Jeremias: Jugendweihe, S. 8, und Höllen: Loyale Distanz, Bd. I, S. 212.

Was aber hat den Wandel in der Kirchenpolitik der DDR verursacht, dass, was gerade noch scharf abgelehnt wurde, plötzlich mit aller Macht durchgeführt werden sollte? Als sich die SED-Führung im März 1952 auf ihrer 2. Parteikonferenz für den »Aufbau der Grundlagen des Sozialismus« entschied, wurde die von Stalin vertretene »gesetzmäßige Verschärfung des Klassenkampfes« hervorgehoben.[7] Es folgten Zwangsmaßnahmen, Erhöhung der Arbeitsnormen, Streichungen von Sozialleistungen und Repressionen, die nicht zuletzt auch die Kirchen, für die die Situation immer entmutigender wurde, trafen. Dieser Kurs wurde von großen Teilen der Bevölkerung abgelehnt und führte auch zum Anstieg der Zahl jener, die das Land verließen. Die Führung der KPdSU, der diese Folgen nicht verborgen blieben, sah diese Entwicklung mit Argwohn. Um eine Integration der Bundesrepublik in das westliche Bündnis nicht zu begünstigen, durfte die DDR nicht weiter destabilisiert werden. Doch dies konnte nur durch eine »Gesundung der politischen Lage in der DDR« realisiert werden. Um eine rasche Korrektur der SED-Politik anzuordnen, wurden die führenden DDR-Politiker Grotewohl, Ulbricht und Oelßner im Juni 1953 nach Moskau bestellt. Insbesondere eine Revision der Maßnahmen gegen die Kirchen wurde ihnen nahegelegt. An die Stelle von Repressionen gegen die Kirchen sollte eine intensive Aufklärungs- und Kulturarbeit treten und auf diese Weise die Ausbreitung des Atheismus vorangetrieben werden. Diese Instruktionen aus Moskau wurden zur Initialzündung für die Befolgung einer anderen Politik. Ein »Neuer Kurs«, der auch den Kirchen Entgegenkommen vortäuschen sollte, wurde eingeschlagen.[8] Diese Entwicklung brach, kaum begonnen, mit dem Aufstand vom 17. Juni 1953 ab. Die Forderungen aus der Sowjetunion vom Juni 1953 griff man erst auf einer Sitzung des Politbüros am 14. März 1954 wieder auf, als man über die »Politik der Partei in Kirchenfragen« diskutierte. Das Politbüro entschied sich, die »populärwissenschaftliche Aufklärungsarbeit in der Partei und unter den Massen zu verstärken«. Dazu sollte die Verbreitung leichtverständlicher Literatur über naturwissenschaftliche Themen besonders unter Jugendlichen dienen. Die Massenorganisationen, vor allem die Freie Deutsche Jugend, wurden mit dem Beginn der »Vorbereitung und Durchführung von Jugendweihen ab 1955« beauftragt. Damit sollte – dem Anschein nach – Eltern, die keine innere Bindung zur Kirche hatten, ihre Kinder aber dennoch zur Konfirmation oder Kommunion und Firmung schickten, nach Verlassen der Grundschule eine von den Kirchen unabhängige feierliche Einführung ihrer Kinder in den neuen Abschnitt ihres Lebens ermöglicht werden. Ein konkreter Plan zur Durchführung der Jugendweihe war dem Politbüro bis zum 15. April 1954 vorzulegen.[9] Auf sei-

7 Heydemann: Die Innenpolitik der DDR, S. 16.

8 Vgl. Goerner: Kirche als Problem der SED, S. 111–124.

9 Die Politik der Partei in Kirchenfragen, Anlage Nr. 6 zum Protokoll Nr. 15/54 der Sitzung des Politbüros des Zentralkomitees vom 14. März 1954, abgedruckt in: Wilke: SED-

ner Sitzung vom 6. Juni begründete das Politbüro die Vorbereitung und Durchführung der Jugendweihe damit, dass auf diese Weise eine Zuführung vieler Kinder zur »Jungen Gemeinde« durch »eine systematische reaktionäre Beeinflussung« seitens der Pfarrer verhindert werde. Beim Vorgehen in dieser Angelegenheit sollte einerseits detailliert geplant, andererseits die dahinter stehende staatliche Initiative verschleiert werden. Mit einer inszenierten Leserbriefaktion wurde die Forderung der Einführung der Jugendweihe von einer breiten Öffentlichkeit suggeriert. Wilhelm Schneller, persönlicher Referent des Staatssekretärs Hans-Joachim Laabs vom Volksbildungsministerium, wurde mit der Bildung eines Zentralen Ausschusses für Jugendweihe beauftragt.[10]

Kirchenpolitik 1953–1958, S. 43–49.

10 Grundlegend und weiterführend dazu Wentker: Einführung, S. 146.

3. »Kraftquell für die weitere Entwicklung« – Der Aufruf zur Jugendweihe

Neben dem Zentralen Ausschuss für Jugendweihe, der mit einem Aufruf für die Einführung des neuen Ritus werben sollte, wurden in allen Kreisen Kreisausschüsse gebildet, die die Aufgaben vor Ort übernehmen konnten. Mit einem Rundschreiben an die 1. Sekretäre der Bezirks- und Kreisleitungen der SED gab Walter Ulbricht am 2. November 1954 Anweisungen für die bevorstehende Propagierung der Jugendweihe. Die leitenden SED-Funktionäre hatten darauf zu achten, dass nicht der Anschein entstünde, die Partei selbst führe die Jugendweihe durch. Andererseits sollten überall »einflussreiche und fachkundige Genossen« in den Ausschüssen mitwirken. Der 1. Sekretär der SED informierte ferner, dass auch an die Ministerien für Volksbildung und Kultur Direktiven, »die Jugendweihe allseitig zu unterstützen«, ergehen würden.[11]

Der Zentrale Ausschuss legte seinen Entwurf für den Jugendweiheaufruf am 27. Oktober dem Sekretariat des ZK vor. Am 12. November wurde er veröffentlicht.[12] Der öffentliche Appell setzte einen allgemeinen Wunsch der Schulabgänger und deren Eltern, den Beginn des neuen Lebensabschnittes festlich zu begehen, voraus. Mit fortan alljährlich in der DDR durchzuführenden Jugendweihen, wie sie in ganz Deutschland stattfänden,[13] sollte diesem Wunsch entsprochen werden. Der Brückenschlag zur Jugendweihe in der Bundesrepublik, wo sie von Kommunisten und freireligiösen Kreisen im kleinen Rahmen begangen und als atheistisches Gegenüber von Konfirmation und Kommunion verstanden wurde, ließ bereits die Ausrichtung der neuen Feier erahnen.

Der weitgehend gemäßigt gehaltene Text des Aufrufes musste durch zwei Aussagen Spannungen mit den Kirchen auslösen. Er richtete sich zum einen an alle »jungen Menschen, ungeachtet ihrer Weltanschauung« und überging auf diese Weise mit einer auch für Christen geltenden Aufforderung, an einem im Ruf der Antikirchlichkeit stehenden Ritus teilzunehmen, die in dieser Angelegenheit weder informierten noch gefragten Kirchen. Zum anderen sprach der Text des Aufrufs der Jugendweihe die Eigenschaft zu, ein »Kraftquell für die weitere Entwicklung des jungen Menschen« zu sein.[14] Für die Kirchen, die den

11 Höllen: Loyale Distanz, Bd. I, S. 376.

12 Wentker: Einführung, S. 149.

13 Tatsächlich fanden sehr vereinzelt Jugendweihen in Westdeutschland statt.

14 Der Text des Aufrufes zur Jugendweihe; abgedruckt in: Urban; Weinzen: Jugend ohne Bekenntnis, S. 22.

Jugendlichen einen anderen Kraftquell zu vermitteln suchten, musste diese Aussage anmaßend erscheinen. 23 Persönlichkeiten der DDR unterzeichneten den Aufruf, unter ihnen der DDR-Kulturminister Johannes R. Becher, der Aktivist und Nationalpreisträger Adolf Hennecke, der Intendant des Deutschen Theaters in Ost-Berlin Wolfgang Langhoff, die Schriftsteller Stephan Hermlin und Anna Seghers sowie der Historiker Eduard Winter.[15]

15 Höllen: Loyale Distanz, Bd. I, S. 376.

4. »Kirche in Not« – Weg zur ersten Jugendweihe

4.1 Reaktionen der Evangelischen Kirche

Die offizielle kirchliche Antwort auf den Aufruf des Zentralen Ausschusses für Jugendweihe ließ nicht lange auf sich warten. Am 30. November 1954 veröffentlichte die Evangelische Kirchenleitung Berlin-Brandenburg ein »Wort an die Gemeinden«, aus dem die Unvereinbarkeit der Teilnahme an der Jugendweihe mit dem Bekenntnis zum evangelischen Glauben hervorging.[16] Auch die Kirchliche Ostkonferenz übte bereits am 3. Dezember Kritik an der geplanten Jugendweihe.[17] Dieses die evangelischen Gliedkirchen übergreifende Gremium war 1945 gegründet worden, traf sich etwa vierteljährlich unter dem Vorsitz von Bischof Dibelius in Berlin und vertrat die Anliegen der EKD im Osten Deutschlands.

Verschiedene Kirchenleitungen riefen ihre Pfarrer zu Elternabenden, Besprechungen und Unterweisungen der Konfirmanden auf.[18] So richtete auch der sächsische Landesbischof Gottfried Noth[19] am 15. Dezember hinsichtlich der neuen Situation ein Wort an die Gemeinden. Als die Bezirksverwaltung Dresden des Staatssekretariates für Staatssicherheit im Januar 1955 einen Überprüfungsvorgang zu dem Oberhirten eröffnete, nahm man eine vollständige Abschrift dieses Schreibens zu den Unterlagen. Der Bischof wies darin seine Geistlichen an, den Inhalt desselben in den Gottesdiensten des 1. und 2. Weihnachtsfeiertages und in den Jahresschlussgottesdiensten den Gemeinden bekannt zu geben und ihn in Konfirmandenstunden und Elternabenden zu besprechen. Auch für Noth knüpfte die neu geplante Jugendweihe an die Tradition der früheren an, die nur von denen, die nicht konfirmiert werden wollten, in Anspruch genommen worden war. So verstanden, könne sie nur als ein Gegenstück zur Konfirmation der Kirche gesehen werden. Auch dass sie im gleichen Monat wie die kirchliche Konfirmation begangen werde und keine Schulentlassungsfeier, sondern ein Weiheakt sein sollte, gab dem Bischof Anlass zur Kritik.

16 Jeremias: Jugendweihe, S. 11.

17 Urban; Weinzen: Jugend ohne Bekenntnis, S. 124.

18 Vgl. Pollack: Kirche in der Organisationsgesellschaft, S. 134.

19 Gottfried Noth, 1905–1971, Landesbischof der Evangelisch-Lutherischen Landeskirche Sachsens von 1953–1971. Vgl. Müller-Enbergs: Wer war wer in der DDR?, S. 629.

Dass die Teilnahme an einer Jugendweihe nicht im Einklang mit dem Bekenntnis zum evangelischen Glauben stand, sollte allen Eltern der Konfirmanden klar werden. Nicht zuletzt verwies Noth auf die Lebensordnung der Vereinigten Lutherischen Kirche vom Jahr 1951, wonach die Kirche die Konfirmation solchen Kindern zu verweigern hatte, »die sich einer Veranstaltung unterzogen haben oder unterziehen wollen, die im Gegensatz zur Konfirmation« stand.[20]

Unter dem Motto »Kirche in Not« nahm am 17. Dezember 1954 eine gesamtsächsische Pfarrertagung in Dresden, die sich mit der Jugendweiheproblematik auseinandersetzte, direkt auf den Kirchenkampfbeginn im NS-Staat Bezug.[21] Ein vom SfS als Kontaktperson[22] geführter ehemaliger Pfarrer fasste am folgenden Tag in einem Bericht zusammen, was ihm drei Geistliche am Abend nach der Tagung in seiner Wohnung mitgeteilt hatten: Es sei in der Konferenz bewusst eine liturgische Form gewählt worden, um Diskussionen auszuschließen. Das Hauptreferat habe Oberlandeskirchenrat Gottfried Knospe gehalten, der »noch nie feindlich so scharf gegen die Deutsche Demokratische Republik Stellung genommen« habe. Mit der Losung »Der Kulturkampf hat begonnen« habe Knospe darauf hingewiesen, dass die Regierung die Verfassung gebrochen habe und nun Gewissenszwang herrsche. Das SfS zog später aus diesen Äußerungen Knospes die Schlussfolgerung, dass die ganze Angelegenheit durch »Imperialisten« und »Agentenzentralen« gelenkt worden sei.[23] Erst nach der Tagung sei, so die Kontaktperson, unter den circa 1 200 anwesenden Pfarrern und Vikaren heftig für und wider die Politik der Kirchenleitung diskutiert worden. Da es niemand gewagt habe, die stark vertretene Opposition zu einen, habe unter den sogenannten fortschrittlichen Pfarrern eine gewisse Ratlosigkeit geherrscht. Folgt man dem ehemaligen Geistlichen in seinem Bericht weiter, so habe man auch die Frage aufgeworfen, warum die Kirchenleitungen in der DDR einen Kirchenkampf gegen die Jugendweihe führten, während man im Westen Deutschlands, wo es die Jugendweihe seit 1945 ungehindert gebe, die Politik Adenauers unterstütze.[24]

Vier Tage nach dieser Pfarrerkonferenz verfasste das Evangelisch-Lutherische Landeskirchenamt Sachsens eine »nur für innerkirchlichen Dienstgebrauch« bestimmte Abhandlung zur Jugendweihe. In einem ersten Schritt wurden da-

20 Abschrift eines Schreibens des Evangelisch-Lutherischen Landeskirchenamtes Sachsen an alle Pfarrämter vom 15.12.1954; BStU, MfS, BV Dresden, AOP 241/56, Bl. 16 f. Eine weitere Abschrift des Wortes des Bischofs findet sich in: BStU, MfS, BV Karl-Marx-Stadt, AGI 4317/63, Teil A, Bd. III, Bl. 50.

21 Wilhelm: Die Diktaturen und die evangelische Kirche, S. 396.

22 Vor allem in den 1950er Jahren pflegte das MfS zu Personen Kontakte unterschiedlicher Natur, die einer Informantentätigkeit sehr ähnelten. Dabei lag jedoch keinerlei formelle Erfassung oder Registrierung als inoffizieller Mitarbeiter vor. Vgl. Das MfS-Lexikon, S. 207.

23 Bericht über die gesamtsächsische Pfarrertagung am 17.12.1954 in der Dresdener Annen-Kirche; BStU, MfS, BV Dresden, AOP 241/56, Bl. 7.

24 Ebenda, Bl. 7 f.

rin Veröffentlichungen der *Sächsischen Zeitung*, der *Berliner Zeitung* und der *Deutschen Lehrerzeitung* zur Jugendweihe, aus denen die proklamierte Freiwilligkeit und Nichtstaatlichkeit der Jugendweihe hervorging, aber auch deren Funktion als »Kraftquell für die weitere Entwicklung der Jugendlichen« und das Wiederaufleben einer schönen Tradition verkündet wurde, zusammengetragen und zitiert. In einem zweiten Schritt wurde die Stellungnahme des Landeskirchenamtes dargelegt und kommentiert. Die Sächsische Kirchenleitung wehrte sich dabei vor allem dagegen, dass die Jugendweihe im Jahr 1955 an einem Aprilsonntag, also im Konfirmationsmonat durchgeführt werden, dass ihr eine Vorbereitungszeit parallel zum Konfirmationsunterricht vorausgehen und den Jugendgeweihten eine Urkunde, die als Imitation des Konfirmandenscheines verstanden wurde, ausgehändigt werden sollte. Ferner nahm das Landeskirchenamt Anstoß daran, dass der Jugendweihe die Qualität eines Kraftquells für das Leben zugesprochen wurde. Man müsse, so das kirchliche Schreiben, »schon sehr unbefangen sein, wenn man annehmen soll, es handle sich hier um einen zufälligen und unbeabsichtigten Parallelismus«. Die Jugendweihe könne demnach nur als »staatspolitisches Gegenüber zur kirchlichen Konfirmation« verstanden werden. Auf den Artikel der *Deutschen Lehrerzeitung* Bezug nehmend, der in der Jugendweihe eine schöne alten Tradition sah, wies das Landeskirchenamt darauf hin, dass dieser Ritus in den 1920er Jahren eine Sache der Freidenkerverbände und im Nationalsozialismus das Anliegen eines christentumfeindlichen Staates gewesen sei. Ferner kämen, anders als vom Zentralen Ausschuss behauptet, Konfirmation und Jugendweihe ständig in Berührung. Deutlich erkenne man dies insbesondere daran, dass die Konfirmanden fortan in ihrem letzten Schuljahr an zwei Vorbereitungen teilnehmen müssten und dass ihnen neben dem Konfirmandenunterricht, in welchem den Jugendlichen Jesus Christus als ihr Kraftquell vermittelt werden soll, in einem weiteren Unterricht beigebracht werde, dass ihr Kraftquell woanders liege. Hier sei auch der Punkt, an welchem das Nein der Kirche zur Jugendweihe entspringe. Eine Randnotiz gibt Aufschluss, dass die Abschrift dieser Abhandlung am 6. Januar 1955 über den Informationsweg des SfS nach Berlin geschickt wurde.[25] Auf eine »rechtzeitige und ständige Informierung über Vorkommnisse« im Gebiet der Bezirksverwaltungen, die mit den Kirchen in Bezug standen, legte die Zentrale des MfS ausdrücklich Wert. Bereits 1952 wurde in einer Dienstanweisung darauf hingewiesen, dass sogenannte Spitzenmeldungen wie »Auftauchen von Hetzschriften, sogenannte Hirtenbriefe mit diffamierenden [sic!] Inhalt gegen die Deutsche Demokratische Republik sofort durchzugeben« seien.[26]

25 Abschrift einer »Nur für innerkirchlichen Dienstgebrauch« bestimmten Abhandlung des Evangelisch-Lutherischen Landeskirchenamtes Sachsens vom 21.12.1954; ebenda, Bl. 23–27.

26 Dienstanweisung 6/52 V/E v. 17.9.1952; BStU, MfS, BdL/Dok. Nr. 2071, Bl. 9.

In den Gottesdiensten der Weihnachtsfeiertage und zur Jahreswende ließen mehrere Bischöfe der EKD in der DDR Hirtenbriefe verlesen, die sich hauptsächlich mit der Jugendweihefrage beschäftigten und die die Unvereinbarkeit von Jugendweihe und Konfirmation betonten. Obgleich eine einheitlich explizite Entweder-oder-Haltung der Kirchen hier noch nicht expressis verbis zum Ausdruck gebracht wurde, war die Tendenz zu einer möglichen Verweigerung der Konfirmation für Teilnehmer an der Jugendweihe schon deutlich erkennbar.[27]

Dass das SfS, das seine Informationen über die Haltung der Kirchen zur Jugendweihe in dieser frühen Phase fast ausschließlich aus öffentlichen Verlautbarungen bezog, an den Inhalten der Hirtenbriefe stark interessiert war und diese sorgfältig registrierte, zeigt sich darin, dass sich Abschriften, aber auch spätere Niederschriften über die Verlesung der Hirtenbriefe mehrfach in den Unterlagen finden.[28] Nicht immer ist zu erkennen, wie der Staatssicherheitsdienst in den Besitz dieser Dokumente kam.

Die Jugendweihefrage wurde auch in Besprechungen und Kontakten zwischen Staat und Kirche, die auf allen Ebenen stattfanden, schon früh, von außen oft nicht wahrnehmbar, regelmäßig thematisiert. Bischof Ludolf Müller[29] beklagte sich Mitte Januar 1955 beim Rat des Bezirkes Magdeburg über den Druck, der hinsichtlich der Jugendweihe durch Lehrer auf Jugendliche ausgeübt würde und verwies schließlich in einem Schreiben an Ministerpräsident Grotewohl am 21. Februar darauf, dass Äußerungen gegen die Jugendweihe schon pauschal als »Stellungnahme gegen staatliche Anordnungen« und »Boykotthetze« gewertet würden.[30] Auch aus der Sicht des SfS/MfS bestand, wie sich zeigen wird, eine gewisse Affinität zwischen dem Kampf der Kirchen gegen die Jugendweihe und dem Tatbestand der Boykotthetze.

Der Staatssicherheitsdienst arbeitete mit den Partei- und Staatsorgangen auf allen Ebenen eng zusammen.[31] Bezüglich der Kontakte zwischen Staat und Kirche insbesondere auch auf der Ebene der Räte der Kreise und der Bezirke war er in der Lage, jederzeit Informationen einzuholen. So konnten Mitarbeiter des SfS aus einer Aussprache des Vorsitzenden des Rates des Kreises Gardelegen mit

27 So auch im Hirtenbrief des Berliner Bischofs Dr. Otto Dibelius vom 7. Januar 1955, in welchem er auf die kirchliche Lebensordnung hinwies, die von einer Verweigerung der Konfirmation für Kinder, die an einer im Gegensatz zur Konfirmation stehenden Handlung teilgenommen haben, ausging. Vgl. Jeremias: Jugendweihe, S. 40.

28 So z. B. der Hirtenbrief des Magdeburger Bischofs Ludolf Hermann Müller vom 9. Dezember 1954; BStU, MfS, BV Magdeburg, AOP 149/60, Bl. 52, oder der des Dresdener Bischofs Gottfried Noth vom 15. Dezember 1954; BStU, MfS, BV Dresden, AOP 241/56, Bl. 16.

29 Ludolf Hermann Müller, 1882–1959, Bischof der Evangelischen Kirche der Kirchenprovinz Sachsen von 1947–1955.

30 Kaltenborn: Magdeburger Schüler zwischen Jugendweihe und Konfirmation 1954–1958, S. 305 f.

31 Vgl. Vollnhals: Kirchenpolitische Abteilung des MfS, S. 19.

dem Superintendenten des gleichnamigen Kirchenkreises im Dezember 1954 erfahren, dass direkte Anweisungen der Kirchenleitung Magdeburg bezüglich der Jugendweihe noch nicht vorlagen, dass man sich aber auf alte Kirchengesetze berief, nach denen die Teilnahme an der Jugendweihe die Teilnahme an der Konfirmation ausschloss und dass man die Jugendlichen inzwischen behutsam über die Folgen einer Teilnahme an der Jugendweihe informierte. Man nahm ferner zur Kenntnis, dass sich der persönlichen Meinung des Superintendenten nach aus der Jugendweihefrage ein Kulturkampf entwickeln könne.[32] Solche durchaus ernstzunehmenden Informationen wurden vom SfS aufgenommen, jedoch nicht ausgewertet und weiterverfolgt.

Bereits vor dem Aufruf zur Durchführung der Jugendweihe waren zahlreiche Geistliche in sogenannten Überprüfungsvorgängen erfasst. Diese von 1953 bis 1960 angewandte Erfassungsart des Staatssicherheitsdienstes sollte allgemein bei einer Verdachtsbestätigung zur Verhaftung oder zur »Weiterbearbeitung« der erfassten Personen in einem Operativen Vorgang führen.[33] Weil Staatssekretär Wollweber die Kirchenarbeit seines Staatssekretariates im Dezember 1954 für »noch unzulänglich« hielt, befahl er u. a., über die aus seiner Sicht feindliche Tätigkeit verdächtiger Pfarrer und anderer Anhänger der Kirche »Überprüfungsvorgänge anzulegen, die durch aktive Bearbeitung in kurzer Zeit zu Operativ-Vorgängen entwickelt« werden würden.[34] In zahlreichen Überprüfungsvorgängen, die aus sehr unterschiedlichen Gründen zu Geistlichen angelegt wurden und weitgehend unbegründet über längere Zeit aufrechterhalten blieben, sind gegen Ende des Jahres 1954 eine wachsende Aufmerksamkeit hinsichtlich der Jugendweihefrage und damit verbundene Aktivitäten zu erkennen. Inhalte der Predigten wurden bei sogenannten Kirchenüberwachungen mitgeschrieben und Äußerungen zur Einführung der Jugendweihe verstärkt zur Kenntnis genommen. Aber auch Informationen über andere Schritte der Seelsorger hinsichtlich des neuen Ritus wurden in die Vorgänge aufgenommen. So wurde in einem zu mehreren Pfarrern angelegten Beobachtungsvorgang[35] festgehalten, dass der Vorsitzende des Rates des Kreises Döbeln das SfS darüber in Kenntnis setzte, dass sich bei ihm am 28. Dezember 1954 ein Pfarrer erkundigt habe, warum der Druck des evangelischen Kirchenblattes, in welchem die Gemeindemitglieder zu einer Aussprache über Konfirmation und Jugendweihe eingeladen werden sollten, nicht genehmigt worden sei. Der Pfarrer habe, nachdem

32 Niederschrift eines SfS-Mitarbeiters über die Aussprache des Vorsitzenden des Rates des Kreises Gardelegen mit dem Superintendenten Münker vom 30.12.1954; BStU, MfS, BV Magdeburg, AOP 30/56, Bl. 39.

33 Das MfS-Lexikon, S. 336.

34 Befehl des Staatssekretärs Wollweber vom 21.12.1954; BStU, MfS, BdL/Dok. Nr. 271, Bl. 3.

35 Eine weitere Vorgangsart zur Überwachung »feindlich« eingestellter Personen. Vgl. Das MfS-Lexikon, S. 57.

ihm lapidar mitgeteilt wurde, »dass es eine derartige Genehmigung nicht gibt«, erklärt, es sei doch notwendig, die Gläubigen über die Bedeutung der Konfirmation und der Jugendweihe aufzuklären und überdies eine Beschwerde angekündigt. Die vorgangführende Kreisdienststelle Döbeln informierte am 30. Dezember 1954 die Abteilung V der Bezirksverwaltung Leipzig über diesen Vorfall.[36]

4.2 Reaktionen der Katholischen Kirche

Auch die katholischen Bischöfe der DDR äußerten sich rasch zur Jugendweihefrage. Auf der Berliner Ordinarienkonferenz[37] am 9. und 10. Dezember 1954 wurde die Jugendweihe aufs Schärfste abgelehnt.[38] Der Bischöfliche Kommissar von Meiningen, Joseph Schönauer[39], wandte sich bereits am 15. Dezember an die Katholiken seines Amtsbereiches und wies darauf hin, dass die vorgesehene Jugendweihe von dem gleichen Geist getragen sei wie die der ungläubigen Freidenker.[40] Die meisten Bischöfe und Bischöflichen Kommissare verfassten einschlägige Hirtenbriefe, die noch im Dezember zu verlesen waren.[41] Trotz der unterschiedlichen Akzente, die die katholischen Oberhirten in ihren Schreiben setzten, wurde die Unvereinbarkeit der Jugendweihe mit der Lehre und Praxis des katholischen Glaubens deutlich herausgestellt.[42] Eine bald einsetzende Informationsbeschaffung des MfS ist auch hier belegbar. So rief der erst zwei Tage zuvor zur Mitarbeit als Geheimer Informator geworbene und unter dem Decknamen »Gerold« geführte katholische Geistliche der Gemeinde Warin[43]

36 Schreiben der Dienststelle Döbeln des Staatssekretariats für Staatssicherheit an die Bezirksverwaltung Leipzig, evangelisch-lutherische Pfarrer im Kreisgebiet betreffend. Das Schreiben ist in einem Beobachtungsgruppenvorgang der Kreisdienststelle Döbeln zu »antidemokratischen Pfarrern« abgelegt. BStU, MfS, BV Leipzig, AOP 390/61, Bd. 1, Bl. 176.

37 Die Berliner Ordinarienkonferenz, später Berliner Bischofskonferenz, war das Gremium, in dem sich die ostdeutschen Bischöfe regelmäßig zu Beratungen versammelten.

38 Raabe: Jugendweihe als Instrument, S. 49.

39 Joseph Schönauer, 1894–1984, als Bischöflicher Kommissar vertrat er von 1950 bis 1971 im Bischöflichen Vikariat in Meiningen den Bischof von Würzburg auf jenem Gebiet des Bistums Würzburg, das im Bereich der DDR lag. Vgl. Müller-Enbergs: Wer war wer in der DDR?, S. 761.

40 Pilvousek: Kirchliches Leben im totalitärem Staat, S. 22, vgl. auch ders.: Die katholische Kirche in der DDR, S. 424.

41 Z. B. Hirtenwort des Bischofs von Berlin, Wilhelm Weskamm, vom 12. Dezember 1954; Hirtenwort des Kapitelsvikars Ferdinand Piontek, Görlitz, vom 15. Dezember 1954; Hirtenwort des Bischofs von Meißen, Heinrich Wienken, vom 21. Dezember; Hirtenwort des Weihbischofs Dr. Friedrich Rintelen, Magdeburg, vom 21. Dezember 1954; vgl. Lange: Katholische Kirche – Sozialistischer Staat DDR, S. 73–81.

42 Kösters: Die Kirchenpolitik in der Amtszeit von Bischof Wilhelm Weskamm (1951–1956), S. 85.

43 Joseph Schreiber, geb. 13.10.1910, wurde am 22.12.1945 zum GI geworben, verst. 10.7.1955; BStU, MfS, BV Schwerin, AIM 690/55, Teil P, Bl. 16 u. 43.

im Kreis Sternberg seinen Führungsoffizier am 24. Dezember gegen 16.00 Uhr an und bat um einen dringenden Termin. Er traf sich gegen 17.00 Uhr mit dem Mitarbeiter des SfS und übergab den Hirtenbrief des Bischöflichen Kommissars von Schwerin, der ihm im Laufe des Nachmittags, also unmittelbar vor dem Anruf, durch einen Sonderboten anvertraut wurde und am 2. Weihnachtsfeiertag verlesen werden sollte.[44] Der als Bote am bischöflichen Kommissariat Schwerin angestellte Geheime Informator (GI) »Paulus«[45] berichtete am 7. Januar mündlich über die Verlesung des Hirtenbriefes, der nach Meinung des Mitarbeiters des Staatssicherheitsdienstes »mit Religion nichts mehr zu tun« hatte. GI »Paulus« wurde sogleich mit der Anfertigung eines schriftlichen Berichtes über die Verlesung des Hirtenbriefes beauftragt.[46] Auch über die ersten Hirtenbriefe anderer Bischöfe zur Jugendweihe und deren Verlesung liegen Berichte in den Unterlagen des Staatssicherheitsdienstes vor.[47]

Aus den Inhalten der Verlautbarungen der katholischen Kirche, die das SfS und so auch die ihm übergeordneten staatlichen Stellen auf diese Weise ermitteln konnten, gewann das SfS die Gewissheit, dass beide Kirchen in der Jugendweihefrage eine sehr ähnliche Haltung eingenommen hatten.

4.3 Weiteres staatliches Vorgehen

Das Politbüro fasste am 4. Januar 1955 einen Beschluss über die »Aufgaben der Abteilung für Kirchenfragen beim ZK«. Dabei wurde dem Zentralausschuss für die Durchführung der Jugendweihe anheimgestellt, weitere »geeignete Maßnahmen durchzuführen«. Ferner wurde Paul Wandel, den man neben Josef He-

44 Bericht über einen Treff mit GI »Gerold« vom 25.12.1954; BStU, MfS, BV Schwerin, AIM 690/55, Teil A, Bl. 13. Eine Abschrift des Hirtenbriefes findet sich in der Arbeitsakte des GI »Gerold«. Das Schreiben entspricht in weiten Teilen wörtlich dem des Kapitelsvikars Dr. Ferdinand Piontek. Vgl. Lange: Katholische Kirche – Sozialistischer Staat DDR, S. 75 f. Erst am Schluss weicht der Hirtenbrief Schräders von dem Pionteks ab. Schräder schreibt hier: »Nun steht fest zu dem Bekenntnis Euren [sic!] Glaubens, das ihr feierlich abgelegt habt. Ihr habt die katholische Jugendweihe. Sie gilt in alle Ewigkeit. Eine andere braucht ihr nicht. Wie der hl. Erzmartyrer Stephanus, desse [sic!] Fest wir heute feiern, in seiner Treue zu Christus leuchtend vor uns steht, so sollen Eltern und Kinder allen feindlichen Stürmen zum Trotz unerschütterlich im Glauben an unseren Herrn und Heiland Jesus Chrisus verharren im Namen des Vaters und des Sohnes und des hl. Geistes Amen.«; Teil A, Bl. 17.

45 Willy Gdanitz, geb. 29.1.1898, wurde am 27.1.1954 zum GI geworben, der Kontakt zu ihm wurde jedoch 1956 abgebrochen, da er sich selbst dekonspirierte und eine weitere Zusammenarbeit mit dem MfS ablehnte; BStU, MfS, BV Schwerin, AIM 434/56, Teil P, Bl. 6 u. 45.

46 Bericht über den durchgeführten Treff mit GI »Paulus« am 7.1.1955; BStU, MfS, BV Schwerin, AIM 434/56, Teil A, Bl. 117.

47 Z. B. ein Bericht über die Verlesung des Hirtenbriefes des Meißner Bischofs Wienken in Bautzen am 26.12.1954; BStU, MfS, BV Dresden, AOP 71/59, Bd. 1, Bl. 149.

gen, Erich Mielke und verschiedenen Vertretern der Volksbildung zu den Beratungen herangezogen hatte, beauftragt, »eine Anweisung an die Bezirks- und Kreisleitungen zur Durchführung der Jugendweihen auszuarbeiten«.[48] Die Öffentlichkeit und die Kirchen erhielten darüber keine Kenntnis. Reaktionen der Kirchen auf die dort festgelegten Anordnungen und Absichten blieben daher aus.

Die Kirchen sahen sich in ihrer Ablehung der Jugendweihe bestätigt, als am 9. Januar 1955 in der *Deutschen Lehrerzeitung* der Themenplan für die Jugendstunden, die der Feier vorangehen sollten, veröffentlicht wurde. In zehn Unterrichtseinheiten sollten die Jugendlichen, folgt man der Einleitung dieses Beitrages, mit »solchen Kernproblemen der Naturwissenschaften, der Gesellschaftswissenschaften und der Kunst vertraut gemacht werden, die für ihr persönliches Leben und ihre berufliche und gesellschaftliche Tätigkeit« im Arbeiter- und Bauernstaat von besonderer Bedeutung seien.[49] Die Lehrinhalte dieses Vorbereitungsprogramms enthielten klare atheistische Aussagen. Die dort empfohlene Anleitung, mit den Jugendlichen in Gesprächen die »primitiven Vorstellungen von der Entstehung des Lebens« zu behandeln und dabei herauszuarbeiten, dass diese Ansichten »bei wachsender wissenschaftlicher Erkenntnis mehr und mehr widerlegt und unhaltbar geworden« seien, ferner die als »primitive Vorstellung« charakterisierte »angebliche Entstehung des Menschen aus Erde« und einige weitere Kerngedanken konnten nur als Angriff auf den christlichen Glauben verstanden werden.[50] Das Evangelisch-Lutherische Landeskirchenamt Sachsens hatte am 11. Januar »Nur für den innerkirchlichen Dienstgebrauch« die einschlägigen Auszüge dieses Themenplanes zusammengestellt.[51] In der Folgezeit wurde von den Kirchen immer wieder auf dieses Vorbereitungsmaterial für die Jugendweihe verwiesen, um deren atheistischen Charakter deutlich zu machen.

Zu dem relativ unvermittelten Aufruf und der schon bald bevorstehenden ersten Jugendweihe kam die Behauptung des Zentralen Ausschusses, dass Jugendliche aller Weltanschauungen an der Jugendweihe teilnehmen könnten. Die Verantwortlichen wussten wohl, dass sie hier nur für sich, nicht aber für die Kirchen sprechen konnten. In der Bevölkerung führte diese Aussage des Ausschusses jedoch zu Unsicherheiten, die dazu beitrugen, dass sich zunächst auch Jugendliche zur Jugendweihe anmeldeten, die schon an der Vorbereitung auf die Konfirmation teilnahmen. Dem stand nun der unerwartet starke Widerstand der Kirchen,

48 Höllen: Loyale Distanz, Bd. I, S. 382.

49 Jeremias: Jugendweihe, S. 40.

50 Urban; Weinzen: Jugend ohne Bekenntnis; Themenplan der Jugendstunden vom 3.1.1955, S. 41–44.

51 Zusammenfassung der hauptsächlichen Abschnitte des Themenplans der Jugendstunde zur Vorbereitung der Jugendweihe durch das Evangelisch-Lutherische Landeskirchenamt Sachsens vom 11. Januar 1955, Nur für den innerkirchlichen Dienstgebrauch; BStU, MfS, BV Dresden, AOP 214/56, Bl. 30 ff.

insbesondere die von beiden Kirchen gleichermaßen vorgebrachte Unvereinbarkeit der Teilnahme an der Jugendweihe mit dem christlichen Glauben und nicht zuletzt die infolgedessen zu befürchtende Verweigerung der Konfirmation vonseiten der evangelischen Kirche gegenüber. Ein Großteil der Anmeldungen zur Jugendweihe wurde zurückgezogen. Berichte über Abmeldungen von den Jugendweihestunden gingen mehrfach bei den Dienststellen des SfS ein. »Aufgrund der Maßnahmen der Kirche und den Druck auf die Eltern vonseiten der Kirche mussten«, einem Auszug aus einem Polizeirapport zufolge, an der Zentralschule in Leisnig im Kreis Döbeln von den 20 zur Jugendweihe Gemeldeten bis zum 10. Januar 1955 18 ihre Anmeldung zurücknehmen.[52] Entscheidungen der Eltern und der Jugendlichen gegen die Jugendweihe wurden fortan immer als Folge der Repressalien der Kirche gedeutet und in der Öffentlichkeit häufig so dargestellt. Dabei wurde der Vorwurf des Verfassungsbruches durch den Staat, den die Kirchen inzwischen erhoben, diesen selbst vorgehalten. In einem Leitartikel des *Neuen Deutschlands* wurde der Kirche[53] am 8. Januar vorgeworfen, sie sei intolerant und zwinge die Jugendlichen »mit einem unzulässigen Gewissensdruck, sich nicht an der Jugendweihe zu beteiligen«[54]. Die Ansicht, dass die Kirchen an dieser Situation schuld seien, wurde staatlicherseits weitgehend vertreten und mit Wissen des Staatssicherheitsdienstes versucht, in kirchliche Kreise hineinzutragen. So stellte eine von der Abteilung V der Bezirksverwaltung Schwerin als GI »Berlin« geführte Mitarbeiterin des stellvertretenden Vorsitzenden des Rates des Bezirkes Mitte Januar 1955 dem Propst von Ludwigslust, der die Art der Durchführung der Jugendweihe nicht für richtig hielt, die Frage, wer denn »ein Problem aus der Jugendweihe gemacht hätte, ob nicht die Kirche durch ihre Intoleranz«. Als sich der Geistliche nicht überzeugen ließ, führte sie, freilich ohne Erfolg, an, dass in der DDR laut Verfassung Glaubens- und Gewissensfreiheit bestände »und die Kirche diese durch ihre Forderung entweder Konfirmation oder Jugendweihe beeinträchtige«.[55]

Am 15. Februar 1955 hielt Paul Wandel, der zu dieser Zeit beim Zentralkomitee der SED für Kultur und Erziehung zuständig war, auf einem Seminar vor den ersten Bezirks- und Kreissekretären ein Referat über die Politik der SED gegenüber der Kirche. Auch die Jugendweihefrage war Bestandteil dieser Rede. Es sei nicht verwunderlich, so der Politiker, dass die Beteiligung an einzelnen Orten zwischen 2 und 80 Prozent schwanke, da die Jugendweihe zum ersten Mal stattfinde, es daher an Erfahrung fehle, man mit der Vorbereitung zu spät begonnen

52 Auszug aus einem Rapport vom 18.1.1955 die »Hetze gegen die Jugendweihe« betreffend; BStU, MfS, BV Leipzig, AOP 390/61, Bd. 1, Bl. 180.

53 Von staatlichen Stellen, vom MfS und wie hier von der Presse wurde zwischen evangelischer und katholischer Kirche, teils aus Unkenntnis, teils aus Indifferenz, kaum unterschieden.

54 Pollack: Kirche in der Organisationsgesellschaft, S. 132.

55 Bericht des GI »Berlin« die Jugendweihe betreffend vom 30.1.1955; BStU, MfS, BV Schwerin, AIM 460/56, Teil A, Bl. 20.

und sich manches zu leicht gemacht habe. Man habe aber, so fuhr er fort, nicht die Absicht, »der Entweder-oder-Politik von Herrn Dibelius zum Erfolg zu verhelfen«. Sich auch an die Mitglieder seiner eigenen Partei, die ihre Kinder an der Konfirmation teilnehmen ließen, wendend, erklärte Wandel, was der Lehre Lenins und anderer Klassiker entsprechend gelte: »Geduld und noch einmal Geduld, Überzeugung und nur Überzeugung, auch gegenüber den Genossen«.[56]

Staatlicherseits war man bemüht, den Schein, man übe keinerlei Einfluss auf Eltern und Jugendliche hinsichtlich der Jugendweihe aus, zu wahren. Ferner achtete man darauf, dass die Jugendweihe nicht augenfällig als gegenkirchliche Veranstaltung verstanden werden konnte. Auch das am 17. Februar erstmals im Wortlaut veröffentlichte Gelöbnis zur Jugendweihe[57] war nicht auffallend kirchenfeindlich geprägt. Schließlich bemühte man sich durch ein in der *Deutschen Lehrerzeitung* am 20. Februar wiedergegebenes Interview mit dem Volksbildungsminister Fritz Lange, die Nichtstaatlichkeit der Jugendweihe nochmals zu unterstreichen.[58]

Andererseits wurde Kindern wie in einer Schule in Limbach[59] und anderenorts mit der Nichtzulassung zur Oberschule gedroht, wenn sie nicht an der Jugendweihe teilnahmen.

4.4 Erste Informationsbeschaffungen des SfS

Für den Staatssicherheitsdienst war die Jugendweihefrage eine von vielen Angelegenheiten, die die Kirchen betrafen. Zunächst beschränkte sich seine Arbeit darauf, diesbezügliche Informationen zu sammeln. Berichte von Geheimen Informatoren wurden genauso wie die Inhalte von Westsendungen im Radio oder Informationen aus abgefangener Post zusammengetragen, verdichtet, ausgewertet und durch den Informationsdienst des MfS[60] zu Reporten für die Partei- und Staatsführung verarbeitet. So wurde bereits im Januar 1955 bekannt, dass der RIAS die Jugendweihe in seinen Themenkatalog aufgenommen hatte. Dabei stellte man fest, dass in mehreren Sendungen gegen die Jugendweihe »gehetzt« worden sei und man dabei die gleichen Argumente gebraucht habe, »die auch

56 Höllen: Loyale Distanz, Bd. I, S. 387–391.

57 Jeremias: Jugendweihe, S. 14.

58 Pollack: Kirche in der Organisationsgesellschaft, S. 136.

59 Bericht zum Treff mit dem GI »Ottomar« am 6. Januar 1955; BStU, MfS, BV Karl-Marx-Stadt, AGI 4317/63, Teil A, Bl. 27.

60 Der »Informationsdienst zur Beurteilung der Situation« des MfS wurde nach den Ereignissen des 17. Juni 1953 errichtet, um die Parteiführung über »sicherheitsrelevante« Entwicklungen rechtzeitig zu informieren. Bis 1954 stellte er täglich, danach wöchentlich zwei Berichte zusammen. Ab November informierte der Dienst aller zwei Wochen. Ende 1957 wurde der Informationsdienst eingestellt. Vgl. Die DDR im Blick der Stasi, S. 8 f.

von den kirchlichen Kreisen bei der Diskussion verwendet« worden seien. Eine Sendung habe sich in besonderer Weise gegen das Jugendweihegeschenkbuch[61] »Weltall, Erde, Mensch« gerichtet.[62]

Die Haltung der Kirchen selbst zur Jugendweihe war dem Staatssicherheitsdienst vor allem aus öffentlichen Verlautbarungen ersichtlich. Er suchte daher nicht nur die Inhalte der Kanzelabkündigungen und Hirtenbriefe zu erfahren, sondern auch in den Besitz weiterer einschlägiger Bekanntmachungen und Veröffentlichungen zu gelangen. So ließ sich ein SfS-Mitarbeiter von dem Roßweiner Pfarrer, der als GI »Alwin«[63] vom Staatssicherheitsdienst geführt wurde, das Gemeindeblatt »Der Sonntag« vom 30. Januar aushändigen, in welchem Oberlandeskirchenrat Kleemann aus Dresden einen Artikel über Konfirmation und Jugendweihe veröffentlicht hatte. Man nahm dabei zur Kenntnis, dass die Landeskirche den Artikel auch auf die Gefahr hin abgedruckt hatte, dass dieses Gemeindeblatt wegen der Schärfe des Beitrages vonseiten des Staates verboten werden könnte.[64] Auch die Briefe der Bischöfe an ihre Geistlichen, vor allem die des Thüringer Bischofs Mitzenheim[65], auf die später noch einzugehen ist, wurden zur Informationsgewinnung hinzugezogen. Nicht zuletzt kamen auch jene Schriftstücke dem SfS zur Kenntnis, in denen Kirchenvertreter ihre Missbilligung bezüglich der Jugendweihe gegenüber staatlichen Stellen zum Ausdruck brachten. Dem Staatssicherheitsdienst hätte es daher nicht entgehen dürfen, dass durch das Eintreten staatlicher Instanzen für die Jugendweihe »vor der Öffentlichkeit unseres Volkes«, wie sich Bischof Ernst Hornig[66] am 18. Februar in einem Brief an den Vorsitzenden des Rates des Bezirkes Dresden ausdrückte, der Eindruck entstünde, der Staatsapparat würde »in der DDR gegen die Ordnung der Kirche zum Einsatz gebracht« werden.[67] Die öffentliche Meinung hinsichtlich der Beziehung des Staates zu den Kirchen hat jedoch in der Jugendweihefrage für die SED-Politiker wie für deren Geheimdienst offensichtlich eine untergeordnete Rolle gespielt.

61 Zum Jugendweihegeschenkbuch »Weltall, Erde, Mensch« siehe Seite 137.

62 Auswertung von Westsendungen durch den Informationsdienst des SfS vom 25. Januar 1955; BStU, MfS, BV Leipzig, Leitung, Nr. 00001, Bd. 3, Bl. 19.

63 Hermann Feige, geb. 22.11.1911, Pfarrer von Roßwein, von der Abt. V/4 der BV Leipzig im Februar 1955 zum GI geworben; BStU, MfS, BV Leipzig, AGI 2880/62.

64 Bericht über den Treff mit GI »Alwin« am 4. März 1955; BStU, MfS, BV Leipzig, AP 3105/62, Bl. 13.

65 Moritz Mitzenheim, 1891–1977, war von 1945 bis 1970 Landesbischof der Evangelisch-Lutherischen Landeskirche von Thüringen.

66 Ernst Hornig, 1894–1976, war von 1946/1947 bis 1964 Bischof der Evangelischen Kirche von Schlesien mit Sitz in Görlitz.

67 Abschrift des von der evangelischen Kirchenleitung Görlitz unter Tagebuchnummer IV/1a 974-55 abgelegten Briefes des Bischofs Ernst Hornig an den Vorsitzenden des Rates des Bezirkes Dresden vom 18. Februar 1955; BStU, MfS, BV Dresden, AOP 219/60, Bd. 3, S. 196 .

Mit Besorgnis wurden jedoch Aktivitäten der Kirchen registriert, die geeignet waren, die sich entwickelnde Begeisterung für die Jugendweihe zu dämpfen. Dazu gehörten Briefe[68] und Elternabende, in denen Geistliche den Konfirmandeneltern die Unvereinbarkeit von Jugendweihe und Konfirmation erläuterten. Über die Einladung der Pfarrgemeinden zu derartigen Veranstaltungen wurde das SfS nicht selten durch Mitteilungen der Volkspolizeiämter schon im Vorfeld informiert.[69]

Andererseits führten Grundschulen Elternversammlungen durch, bei denen, die angebliche Nichtstaatlichkeit der Angelegenheit nicht achtend, die Jugendweihefrage zum Hauptthema gemacht wurde. Meist gelang es den intensiv vorbereiteten Lehrern, die Eltern vorerst auf ihre Seite zu ziehen. Anders war es, wenn Kirchenvertreter teilnahmen. So hielt eine Lehrerin der Grundschule Buchholz im Kreis Görlitz während einer Elternversammlung im Januar 1955 ein Referat über die Jugendweihe. Sie hatte jedoch nicht damit gerechnet, dass der anwesende Oberkonsistorialrat Hans-Joachim Fränkel[70], der »sich speziell auf diesen Tagungspunkt vorbereitet hatte«, das Wort ergreifen würde. Der Oberkonsistorialrat wies darauf hin, dass die Kinder in ihrer freien Entscheidung angetastet und, wenn sie an der Jugendweihe teilnähmen, nicht konfirmiert werden würden. Den Schulen riet Fränkel, sich nicht für die Jugendweihe instrumentalisieren zu lassen und die Jugendweihe selbst verglich er mit der Wahl am 17. Oktober 1954. Auch die Kinder hätten »Angst eine freie Entscheidung zu treffen«. Diese Ausführungen führten schließlich dazu, dass auch die anderen Anwesenden die Position des Kirchenmannes annahmen.[71]

Die wachsende Gegnerschaft der Kirchen zur Jugendweihe auf der einen und der Handlungsdruck, unter dem das SfS stand, auf der anderen Seite sind als Grund dafür anzunehmen, dass zahlreiche schon angelegte Vorgänge zu Geistlichen deutlich auf das Jugendweiheproblem fokussiert wurden. Diese neu entbrannte Betriebsamkeit lässt sich belegen. Im Bezirk Magdeburg finden sich in einem Überprüfungsvorgang zu einem Pfarrer im Kreis Gardelegen, der im Oktober 1954 wegen »offener Arbeit« gegen »SED-nahe« Pfarrer angelegt wurde[72],

68 Derartige Briefe finden sich in fast allen die Jugendweihefrage betreffenden SfS-Unterlagen.

69 Nicht selten wird im Verteiler der Polizeimitteilungen neben dem Rat des Kreises und anderen staatlichen Einrichtungen das SfS bzw. später das MfS genannt. So auch in einer Mitteilung des VP-Kreisamtes Grimma die »Kanzelabkündigung der ev. Kirche gegen die Jugendweihe« betreffend vom 11.1.1955; BStU, MfS, BV Leipzig, AOP 293/61, Bd. Gruppenvorgang »Pfarrer«, Bl. 30.

70 Hans-Joachim Fränkel, 1909–1996, von 1964–1979 evangelischer Bischof der schlesischen Kirche mit Sitz in Görlitz.

71 Bericht des Volkspolizeikreisamtes Görlitz vom 31.1.1955; BStU, MfS, BV Dresden, AOP 219/60, Bd. 3, Bl. 220.

72 Beschluss für das Anlegen eines Überprüfungsvorganges der Kreisdienststelle Gardelegen vom 22.10.1954; BStU, MfS, BV Magdeburg, AOP 30/56, Bl. 10.

ab dem ersten Quartal des Jahres 1955 deutlich mehr Informationen zu den die Jugendweihe betreffenden Aktivitäten dieses Geistlichen. Ebenso in einem im Januar 1955 im Kreis Wolmirstedt wegen der früheren Zugehörigkeit eines Pfarrers zur Wehrmacht eingeleiteten Beobachtungsvorgang.[73] Ein von der Kreisdienststelle Stollberg im Bezirk Karl-Marx-Stadt von Juni 1954 bis August 1955 geführter Überprüfungsvorgang zu einem Pfarrer[74] enthält zahlreiche Unterlagen zu dessen Aktionen bezüglich der Jugendweiheproblematik im Januar 1955. In den im Bezirk Dresden angelegten Vorgängen zu Bischof Gottfried Noth und dem Oberlandeskirchenrat Gottfried Knospe einerseits[75] und zu dem Görlitzer Bischof Ernst Hornig und dem Oberkonsistorialrat Fränkel andererseits[76] ging es im ersteren Fall von Anfang an, im zweiten erst nach einiger Zeit vorrangig um die Jugendweihe.

Im Bezirk Leipzig rückten ebenfalls mehrere Pfarrer zu Beginn des Jahres 1955 wegen der Jugendweihefrage in das Blickfeld des SfS. Im November 1954 wurde im Kreis Döbeln der Beobachtungsvorgang »Antidemokratische Pfarrer« angelegt, in welchem sämtliche katholischen und evangelischen Geistlichen des Kreisgebietes erfasst wurden. Da hier »noch keine arbeitsfähige Agentur vorhanden war [also noch keine Geheimen Informatoren genutzt werden konnten], wurde zum größten Teil offizielles Material gesammelt«[77]. Die Jugendweihefrage bekam in diesem Vorgang in der Folgezeit eine breite Aufmerksamkeit. Von den zunächst 36 erfassten Personen wurden bald zahlreiche »abregistiert«. Bei denen, die weiterhin »unter Beobachtung« standen, handelte es sich vor allem um Geistliche, die in besonderer Weise gegen die Jugendweihe auftraten.[78]

Bereits im Januar 1955 griff der erst wenige Tage zuvor durch eine Dienstanweisung[79] mit neuen Anleitungen versehene Informationsdienst des SfS das Thema Jugendweihe auf: Während die Pfarrer in den vergangenen Wochen noch insbesondere in den Predigten gegen die Jugendweihe Stellung genommen hät-

73 Beschluss für das Anlegen eines Beobachtungsvorganges der Kreisdienststelle Wolmirstedt vom 25.1.1955; BStU, MfS, BV Magdeburg, AOP 149/60, Bl. 7.

74 Beschluss für das Anlegen eines Überprüfungsvorganges der Kreisdienststelle Stollberg vom 30.6.1954; BStU, MfS, BV Karl-Marx-Stadt, AOP 292/55, Bl. 4.

75 Beschluss für das Anlegen eines Überprüfungsvorganges der Abteilung V der Bezirksverwaltung Dresden vom 28. Januar 1955; BStU, MfS, BV Dresden, AOP 241/56, Bl. 5.

76 Beschluss für das Anlegen eines Kontrollvorganges der Abteilung V der Bezirksverwaltung Dresden vom 16.12.1954; ebenda, Bl. 7.

77 Sachstandsbericht des Beobachtungsvorganges »Antidemokratische Pfarrer« der Kreisdienststelle Döbeln vom 5.4.1956; BStU, MfS, BV Leipzig, AOP 390/61, Bd. 2, Bl. 7.

78 Sachstandsbericht des Beobachtungsvorganges »Antidemokratische Pfarrer« der Kreisdienststelle Döbeln vom 2.10.1956; ebenda, Bl. 13 ff.

79 Dienstanweisung 2/55 v. 12. Januar 1955: Der Informationsdienst des SfS wird, da er bisher den gestellten Anforderungen nicht mehr genügte und es erforderlich war, ihn »auf ein höheres Niveau zu heben«, mit der Dienstanweisung angewiesen, wöchentlich zweimal in Informationsberichten u. a. Einschätzungen der Situation zu geben. Vgl. Engelmann; Joestel: Grundsatzdokumente, S. 104.

ten, seien sie inzwischen »zu aggressiveren Mitteln« übergegangen und hätten in Elternversammlungen, bei denen es oftmals auch zur »Hetze« gegen die Regierung der DDR gekommen sei, auf die Eltern eingewirkt. Ein Mittel der Geistlichen bei der Einflussnahme seien Drohungen gewesen, die jugendgeweihten Kinder nicht zu konfirmieren, später nicht zu trauen oder zu bestatten und sie gar aus der Kirche auszuschließen. Der Informationsdienst berichtete auch über die Wirkung der »gegen die Jugendweihe gerichtete(n) Hetze«. Vielfach hätten sich bereits für die Jugendweihe Angemeldete wieder davon abgemeldet. Beispiele für Gemeinden und Städte, in denen zunächst bis zu 80 Prozent der Kinder zur Teilnahme an der Jugendweihe angemeldet gewesen seien, deren Zahl dann auf bis zu 8 Prozent gesunken sei, wurden genannt. Es sei außerdem festgestellt worden, dass Bürger, die sich anfangs zu einer Mitarbeit in den Ausschüssen für die Jugendweihe bereiterklärt, aufgrund der »Beeinflussung durch die Kirche« ihre Zusagen zurückzogen hätten. Auch eine »Verbreitung von Gerüchten« habe man beobachtet. So habe ein Pfarrer im Bezirk Karl-Marx-Stadt in einer Elternversammlung geäußert, dass nicht jugendgeweihten Kindern der Zugang zur Oberschule verwehrt werden würde. Auf einer Kreisvorstandssitzung der CDU in Oschersleben habe eine Kreistagsabgeordnete dieselbe Meinung vertreten. Der Informationsdienst hob hervor, dass »feindliche Elemente« im Zusammenhang mit der Jugendweihe gleichzeitig eine Hetze gegen die DDR entwickeln würden.[80] Die einseitige und unsachliche Berichterstattung des Informationsdienstes zur Jugendweiheproblematik wirkt im Ganzen dilettantisch und unvollkommen.

80 Beurteilung der Situation des Informationsdienstes des SfS hinsichtlich der Jugendweihe vom 18. Januar 1955; BStU, MfS, BV Leipzig, Leitung 00001/01, Bl. 14 ff. Die zweite Beurteilung vom 24. Januar 1955 unterscheidet sich inhaltlich nur darin von der ersten, dass andere Beispiele genannt werden. Vgl. BStU, MfS, BV Leipzig, Leitung 00001/03, Bl. 25 f.

5. »Schöner als eine Konfirmation« – Erste Jugendweihen

Wenige Tage vor Durchführung der ersten Jugendweihen wurde im Bistum Berlin aufgrund vielfacher Anfragen zum neuen Ritus eine Kanzelverkündigung verlesen, in der nochmals dessen Freiwilligkeit und Qualifizierung als Bekenntnis zur materialistischen Weltanschauung betont wurde.[81] Im Bistum Meißen wurden die Geistlichen am 15. März 1955 in einer Pastoralanweisung aufgefordert, die genaue Zahl der katholischen Jugendlichen zu ermitteln, die an der Jugendweihe teilnahmen. Die Seelsorger sollten versuchen, diejenigen Kinder, die sich bereits zur Teilnahme an der Jugendweihe gemeldet hatten, zurückzugewinnen.[82] Die offenkundig negative Haltung der Kirchen zu dem neuen Ritus und der zu erwartende Misserfolg hinsichtlich der Teilnehmerzahlen waren den staatlichen Stellen bekannt. Dennoch fanden am 27. März 1955 in Ostberlin die ersten Jugendweihen statt.[83] Die dabei verwendete Gelöbnisformel[84] blieb bis 1957 in Gebrauch. Offiziellen Quellen zufolge nahmen nur 17,7 Prozent der infrage kommenden Jugendlichen an der Feier teil.[85] Im Juli 1954 hatte man mit einer doppelt so hohen Teilnehmerzahl gerechnet. Der Informationsdienst des SfS bezifferte die voraussichtlichen Teilnehmerzahlen im Vorfeld für den Bezirk Rostock mit 14 Prozent, den Bezirk Erfurt mit 17 Prozent, den Bezirk Frankfurt/O. mit 10 Prozent und den Bezirk Halle mit 27 Prozent der Schulabgänger und machte die »Hetze und Beeinflussung der Bevölkerung durch die Pfarrer« für die geringe Beteiligung verantwortlich.[86] Aus ihm vorliegenden Berichten gab der Informationsdienst später über den Verlauf der durchgeführten Jugendweihen eine unvollständige und befangene Auskunft. Stimmen gegen die Jugendweihe berücksichtigte er nicht. Die Teilnehmer seien demnach mit dem Verlauf der Feierstunden sehr zufrieden gewesen. Die Zahl der Mitfeiernden war, gemessen an der der teilnehmenden Jugendlichen, relativ hoch. So nahmen etwa in der Landgemeinde Serba im Bezirk Gera an einer Feierstunde für fünf

81 Die bereits am 1. Februar 1955 dem katholischen Klerus des Bistums Berlin zugeleitete Kanzelverkündigung wurde am 6. März in allen in der DDR gelegenen Kirchen des Bistums Berlin verlesen. Vgl. Höllen: Loyale Distanz, Bd. I, S. 385.

82 Höllen: Loyale Distanz, Bd. I, S. 385.

83 Besier; Wolf: Pfarrer, Christen und Katholiken, S. 822.

84 Der Wortlaut dieser ersten Gelöbnisformel findet sich in: Jeremias: Jugendweihe, S. 60.

85 Pollack: Kirche in der Organisationsgesellschaft, S. 135.

86 Auskunft zur Jugendweihe des Informationsdienstes des SfS vom 21. März 1955; BStU, MfS, BV Leipzig, Leitung 00001/19, Bl. 26.

Schulabgänger 120 Personen, in Löbejün im Bezirk Halle für 23 Jugendliche 250 Personen teil. Alle Anwesenden seien beeindruckt gewesen und hätten sich lobend geäußert. Ein »parteiloser Arbeiter« etwa habe sich als von der »feierlichen Form« angenehm überrascht gezeigt und ein »parteiloser Genossenschaftsbauer« sich für seine Enkeltochter »einen schöneren Schulabschluß« gar nicht denken können. Der Großvater habe resümiert, dass diese Feierstunde »schöner als eine Konfirmation« gewesen sei.[87]

Mit der Beteiligung an dem neuen Ritus konnte man staatlicherseits jedoch nicht zufrieden sein. Noch stellten die katholischen Bischöfe auf ihrer Ordinarienkonferenz im April fest, dass mit der Jugendweihe bisher kein Einbruch in die katholische Jugend erreicht wurde.[88] Ähnliches traf auch auf die evangelische Kirche zu. In Leipzig nahmen nach kirchlichen Angaben im Jahr 1955 von 5 245 evangelischen Jugendlichen nur 65 an der Jugendweihe teil, das entsprach 1,2 Prozent.[89]

87 Auskunft zur Jugendweihe des Informationsdienstes des SfS vom 12. April 1955; BStU, MfS, BV Leipzig, Leitung 00001/25, Bl. 20.

88 Raabe: Jugendweihe als Instrument, S. 51.

89 Wilhelm: Die Diktaturen und die evangelische Kirche, S. 398.

6. Einheit in der Entweder-oder-Haltung der Kirchen – Das Jugendweihejahr 1955/1956

6.1 Abläufe

Nach den ersten Jugendweihefeierlichkeiten wurde die Propaganda für den neuen Ritus unmittelbar fortgesetzt. Im Juni 1955 gab der Zentrale Ausschuss eine Broschüre mit dem Titel »Jugendweihe« heraus. Sie enthielt völlig unkritische Berichte, Schreiben von Lehrern, Eltern und Schülern, die die ersten stattgefundenen Feierlichkeiten betrafen. Zudem wurden Zuschriften von vier vermeintlichen Pfarrern, die sich positiv zur Jugendweihe äußerten, wiedergegeben.[90] Einer dieser Kronzeugen war jedoch niemals als Pfarrer tätig, ein weiterer befand sich bereits im Ruhestand und widerrief seinen Beitrag später, ein dritter war nicht mehr im kirchlichen Dienst und ein vierter gehörte einer namentlich unbekannten ausländischen Sekte an. In dieser Broschüre findet sich erstmals öffentlich der Vorwurf gegen die Kirchen, durch den Entscheidungszwang hinsichtlich der Konfirmation eine Verletzung des in der Verfassung festgelegten Rechtes auf Glaubens- und Gewissensfreiheit zu begehen.[91] Andererseits glaubte der Zentrale Ausschuss in derselben Broschüre beurteilen zu können, dass die Jugendweihe eine freiwillige, vom Geist der Toleranz getragene Angelegenheit der ganzen Bevölkerung sei, die keine religiösen Gefühle verletze.[92]

Auf den in dieser Druckschrift vorgebrachten Vorwurf der Verletzung der Verfassung nahm Bischof Mitzenheim in seinem 40. Rundbrief an die Pfarrer der Thüringer Landeskirche Bezug und fügte seinem Schreiben die Auskunft des Leiters seiner Rechtsabteilung, Oberkirchenrat Gerhard Lotz, bei.[93] Der Jurist, der zu diesem Zeitpunkt bereits seit einigen Monaten inoffiziell unter dem Decknamen »Karl« mit dem SfS zusammenarbeitete, ging in seiner Abhandlung zur Broschüre »Jugendweihe« auf den dort dargelegten Grundsatz ein, die Eltern seien berechtigt, Jugendweihe und Konfirmation für ihre Kinder zu verlan-

90 Jeremias: Jugendweihe, S. 18.

91 Ebenda.

92 Urban; Weinzen: Jugend ohne Bekenntnis, S. 133.

93 Der Landesbischof der Evang.-Luth. Kirche in Thüringen. 40. Rundbrief an alle Pfarrer unserer Thüringer Landeskirche vom 20. Oktober 1955; BStU, MfS, AP 12249/92, Bl. 85 f.

gen. Die Kirche verstoße, so argumentierte Lotz sachgemäß, mit ihrer Erklärung der Unvereinbarkeit von Jugendweihe und Konfirmation nicht, wie behauptet, gegen die Verfassung der DDR. Juristisch völlig korrekt stellte er fest, dass der Staat nach den Bestimmungen der Artikel 41 ff. der Verfassung »religiös neutral, ja indifferent« sei. Der Staat müsse dem Bürger die Freiheit garantieren, sich »für oder gegen die Religion zu entscheiden«. Er dürfe keinesfalls »in das Verhältnis der Kirchen zu ihren Gemeindegliedern, zu den Gläubigen, reglementierend eingreifen«. Die Kirchen hätten das Recht und die Pflicht, ihr Verhältnis zu den Gemeindegliedern selbstständig zu regeln. Nur die Kirche selbst könne bestimmen, »ob und wann und unter welchen Voraussetzungen sie tauft, traut, bei einer Bestattung mitwirkt, zum Abendmahl zulässt und konfirmiert«. Es wäre der Beginn einer Staatskirche, wenn der Staat hier eingreife. Ferner stehe es, so der Oberkirchenrat, jedem frei, sein Kind zur Jugendweihe anzumelden, er löse damit jedoch im internen Verhältnis zwischen sich und seiner Kirche gewisse Wirkungen aus. Lotz erklärte zudem, dass dem Verfasser der Broschüre »Jugendweihe« in seiner Argumentation ein falsches Bild von der Kirche zugrunde liege. Sie sei keine öffentliche Anstalt, »die verpflichtet wäre, auf Anforderung stimmungsvolle Feiern und Festredner an Höhepunkten des menschlichen Lebens zu stellen«, sie sei viel mehr eine unter dem Wort Gottes stehende Gemeinschaft, die ihre innere Ordnung frei und in Bindung an ihren Herrn regele.[94] Der gesamten Abhandlung des Oberkirchenrates ist nichts zu entnehmen, was auf eine illoyale Haltung des Kirchenjuristen seinem Dienstherrn gegenüber hätte schließen lassen können.

Die Abteilung Allgemeinbildende Schulen und Kirchenpolitik beim ZK der SED zog Konsequenzen aus den Erfahrungen mit der ersten Jugendweihe 1955 und leitete dem Sekretariat des ZK der SED eine Vorlage zu, in der die Notwendigkeit, die wissenschaftlich-atheistische Propaganda unter den Genossen und den breiten Bevölkerungskreisen zu verstärken, betont wurde.[95] Das Sekretariat überarbeitete diesen Vorschlag. In den am 23. August an die Ersten Sekretäre der Bezirks- und Kreisleitungen gesandten Richtlinien zur Vorbereitung und Durchführung der Jugendweihe 1956 wurde schließlich die Notwendigkeit, der Bevölkerung die »gesellschaftsnützliche Bedeutung der Jugendweihe« zu erklären, unterstrichen.[96]

Obgleich das erste Jugendweihejahr für die Kirchen keine Niederlage brachte, konnte eine Reaktion aus ihren Reihen nicht ausbleiben. So wurde am 18. Mai 1955 auf der Synode der Evangelisch-Lutherischen Kirche in Thüringen eine

94 Material VII, Anhang des 40. Rundbriefes des Landesbischofs an alle Pfarrer der Thüringischen Landeskirche über Glaubens- und Gewissensfreiheit von Oberkirchenrat Gerhard Lotz; BStU, MfS, AP 12249/92, Bl. 87 f.

95 Raabe: Jugendweihe als Instrument, S. 52.

96 Wentker: Einführung, S. 156.

Änderung der Thüringer Kirchenordnung von 1930 beschlossen. Für die Seelsorge legte man fest, dass mit bereits Konfirmierten, die an der Jugendweihe teilgenommen hatten, ein seelsorgliches Gespräch geführt und ihnen mitgeteilt werden sollte, dass für sie die Rechte, Paten zu werden, ein kirchliches Amt zu bekleiden sowie das aktive und passive kirchliche Wahlrecht ruhten. Unter bestimmten Voraussetzungen sollten sie weiterhin zum Abendmahl zugelassen werden. Eine kirchliche Trauung war ihnen weitgehend und eine kirchliche Bestattung wie in jedem anderen Fall zu gewähren. Der jeweilige Pfarrer hatte in seelsorglicher Verantwortung zu entscheiden, ob und wann die ruhenden Rechte wieder aufleben würden. Erwachsene, die an der Vorbereitung und Durchführung der Jugendweihe mitwirkten, sollten ermahnt werden, sich einer weiteren Mitwirkung zu enthalten.[97] Ähnlich äußerten sich die anderen Teilkirchen in der DDR. Das sächsische Landeskirchenamt in Dresden gab am 20. Juni an alle Konventsvorsitzenden eine Anweisung zur Frage der Jugendweihe, in der es u. a. hieß, dass »im Falle der Teilnahme an einer Jugendweihe nach erfolgter Konfirmation« die Betreffenden davon schriftlich in Kenntnis zu setzten sind, dass ihnen die Rechte der Teilnahme am Abendmahl und ein Patenamt zu übernehmen sowie das aktive und passive Wahlrecht aberkannt werden.[98]

Am 5. August forderte der »Zentrale Ausschuss für Jugendweihe in der DDR« in seinem Mitteilungsblatt die Verantwortlichen auf, »die Massenbasis der Jugendweihe zu verbreitern« und deshalb die Betriebe und Massenorganisationen stärker als bisher zur Vorbereitung der Jugendweihe heranzuziehen.[99] Dass die Kirchenleitungen auch derartige Anweisungen wahrnahmen, lässt sich aus einem Bericht über einen Treff mit GM »Karl« vom 5. Oktober ersehen. Bischof Dibelius habe demnach »vertrauliche Schreiben vom zentralen Jugendweiheausschuss« besessen, in denen ausdrücklich das Mitteilungsblatt vom 5. August 1955 genannt wurde.[100]

In ihrer Ablehnung der Jugendweihe waren sich beide Konfessionen einig. Eine von der Arbeitsgruppe Kirchenfragen beim ZK der SED im Oktober 1955 erstellte »Analyse« deutete massive Angriffe der Kirchen gegen den Staat und einen Kampf um die Jugend an. Auch der angeblich von den Kirchen im Zusammenhang mit der Jugendweihe ausgeübte Gewissenszwang wurde genannt. Als

97 Vorabdruck der Anordnung zur Durchführung des Gesetzes zur Änderung des Gesetzes vom 15. März 1930 zur Erhaltung kirchlicher Ordnung und Sitte (Thüringer Kirchenordnung) vom 18. Mai 1955; BStU, MfS, AP 12249/92, Bl. 106 f.

98 Analyse der politischen und ökonomischen Lage des Bezirkes Leipzig, Punkt 9: Die Stellung der Kirche zu unserem Staat, o. D.; BStU, MfS, BV Leipzig, Leiter, 00932/02, Bl. 36.

99 Jeremias: Jugendweihe, S. 18.

100 Treffbericht GM »Karl« vom 5.10.1955; BStU, MfS, AIM 3043/86, Teil II, Bd. 1, Bl. 24 f.

Beispiel diente ein Hirtenwort des katholischen Bischofs von Fulda[101], in welchem den Teilnehmern an der Jugendweihe die Exkommunikation angedroht wurde.[102]

Im Oktober 1955 traten die Kirchen wieder vermehrt mit öffentlichen Verlautbarungen und Äußerungen in Erscheinung. Am 2. Oktober ließ die evangelisch-lutherische Landeskirche Sachsens ein Wort an die Gemeinden verlesen, in dem Eltern, Paten und Konfirmanden aufgerufen wurden, ihr Recht auf Glaubens- und Gewissensfreiheit wahrzunehmen.[103] In einem Brief an die Eltern der Konfirmanden in der Kirchenprovinz Berlin-Brandenburg vom 17. Oktober verglich Bischof Dibelius die Jugendweihe in der DDR mit der der Freidenker und wies darauf hin, dass das Lehrbuch für die Jugendstunden »Weltall, Erde, Mensch« den Eindruck entstehen lasse, dass allein die materielle Weltanschauung richtige Erkenntnisse vermittle. Für die Kirche, so der Bischof, bleibe es beim »entweder Konfirmation oder Jugendweihe«, hier könne man mit den Atheisten keine Kompromisse eingehen.[104]

Die Rolle der Ost-CDU im Kampf um die Jugendweihe ist weiter unten gesondert zu betrachten. Versuche Otto Nuschkes, zwischen Kirche und SED zu vermitteln, scheiterten[105] und ein Artikel des CDU-Vorsitzenden in der *Neuen Zeit* vom 16. Oktober zur Jugendweihefrage stieß vor allem bei kirchlich streng gebundenen CDU-Mitgliedern auf heftigen Widerspruch. So gab es unter den Mitgliedern der Partei im Kreis Grimma »heftige Diskussionen über den Artikel des Parteivorsitzenden, bei denen sich der überwiegende Teil der Anwesenden nicht mit dessen Ausführungen einverstanden erklärte«.[106]

Die Veröffentlichungen zur Jugendweihefrage in der DDR-Presse können auch im Jahr 1955 – wie für den gesamten Zeitraum des Kampfes um die Jugendweihe – kaum übersehen werden. Sie sind nicht selten von Unlauterkeit geprägt. So bekannte sich Paul Wandel in der Deutschen Lehrerzeitung vom 5. November 1955 grundsätzlich zur Freiheit der Entscheidung hinsichtlich der Jugendweihe und schrieb andererseits im gleichen Artikel von »angeblich bedrängten Lehrern«. In der gleichen Nummer dieser Zeitung wurden, das Freiheitsprinzip völlig außer Acht lassend, die Namen jener Schuldirektoren, deren Kinder nicht zur Jugendweihe gingen, bekanntgegeben.[107] Auch die inzwischen

101 Zum Bistum Fulda gehörten in der DDR die Gebiete Erfurt, Eichsfeld, »thüringische Diaspora« und die Rhön. Vgl. Pilvousek: Die katholische Kirche in der DDR, S. 140.

102 Höllen: Loyale Distanz, Bd. I, S. 400 f.

103 Wilhelm: Die Diktatur und die evangelische Kirche, S. 399.

104 Urban; Weinzen: Jugend ohne Bekenntnis, S. 131.

105 Wilhelm: Die Diktatur und die evangelische Kirche, S. 403.

106 Die feindliche Tätigkeit der evangelischen und katholischen Kirche gegen die Jugendweihe und ihre Auswirkungen betreffende Auskunft der Kreisdienststelle Grimma vom 10.11.1955; BStU, MfS, BV Leipzig, AOP 293/61, Bd. Gruppenvorgang, Bl. 63.

107 Tätigkeitsbericht des Ev.-Luth. Landeskirchenamtes zur Tagung der 17. Ev.-Luth. Landessynode am 5. März 1956 durch Landesbischof Noth; BStU, MfS, AP 10343/92, Bl. 102.

staatlicherseits vertretene Umdeutung der in der Verfassung der DDR vertretenen Glaubens- und Gewissensfreiheit und der daraus resultierende Vorwurf des Verfassungsbruchs wurden immer wieder dargelegt. So konnte man im *Neuen Deutschland* am 10. November hinsichtlich der Haltung der Kirchen zur Jugendweihe von einem »Verstoß gegen das moralische und verfassungsmäßige Recht jedes Bürgers unserer Republik auf Glaubens- und Gewissensfreiheit« lesen.[108] Die Kirchen ihrerseits hatten keine Möglichkeiten, sich öffentlich zu verteidigen oder zu diesem Thema zu äußern.

Am Ende des Jahres 1955 war keine Einigung zwischen Staat und Kirche in der Jugendweihefrage in Sicht. Eine Stellungnahme des »Zentralen Ausschusses« ließ daran keinen Zweifel aufkommen. Die »hohe Kirchenbehörde«, so im Mitteilungsblatt des Gremiums, werde nützliche Überlegungen anstellen, wenn sie erfahre, dass der Entweder-oder-Standpunkt ihr nur schade. So wurde unmissverständlich empfohlen, den Staatsanwalt zu bemühen, wenn »sich einzelne Würdenträger der Kirche zu Beleidigungen, Verleumdungen oder übler Nachrede hinreißen lassen«.[109]

Mit allen Mitteln suchte die ostdeutsche Staats- und Parteispitze in der zweiten Hälfte der fünfziger Jahre, vor allem als Reaktion auf die Hallstein-Doktrin[110], eine Trennung der ostdeutschen von den westdeutschen Landeskirchen, die als NATO-Kirche diffamiert wurden, zu forcieren.[111] Hinter den neu aufgeworfenen Behinderungen und Erschwernissen, die den Kirchen hier geschaffen wurden, trat die Jugendweiheproblematik scheinbar in den Hintergrund. Im Februar 1956 erhielten die Finanzämter der DDR die Anweisung, den Kirchen bei der Einziehung der Kirchensteuern nicht mehr behilflich zu sein. Als außerdem die vertraglich zugesicherten staatlichen Unterstützungen der Kirchen auf die Hälfte reduziert wurden[112], kamen diese in eine finanziell sehr prekäre Lage. Von ihrer Haltung zur Jugendweihe schwenkten die Kirchen jedoch auch in dieser Situation nicht ab. Wenn in den Kirchen über die aktuellen Probleme gesprochen wurde, fand die Jugendweihefrage regelmäßig Erwähnung. So sprach Bischof Mitzenheim am 19. Februar 1956 in der Salvatorkirche in Gera vor circa 1 200 Personen über die Gegenwartsfragen des kirchlichen Lebens und ging dabei auch auf die Jugendweihe ein. Er fasste dieses Problem, über das »nun schon viel geredet worden« sei, in dem Satz »Konfirmation und Jugendweihe sind unvereinbar« zusammen. Vorschnell glaubte er, sicher sein zu können, dass es in der

108 Kaltenborn: Magdeburger Schüler, S. 307.

109 Jeremias: Jugendweihe, S. 22.

110 Um die DDR außenpolitisch zu isolieren, formulierte Adenauer 1955 den außenpolitischen Grundsatz, dass die Bundesrepublik Deutschland diplomatische Beziehungen zu Ländern, die die DDR völkerrechtlich anerkannten, abbrechen solle. Die Doktrin wurde nach dem Staatssekretär im Auswärtigen Amt, Walter Hallstein, benannt.

111 Vgl. Lepp: Entwicklungsetappen der Evangelischen Kirche, S. 56.

112 Besier; Wolf: Pfarrer, Christen und Katholiken, S. 11.

DDR keinen Pfarrer gäbe, »der einen Jugendgeweihten konfirmieren würde«. Auch die katholische Kirche habe, so Mitzenheim, deutlich gemacht, dass die Jugendweihe mit dem christlichen Glauben unvereinbar sei. Als Begründung für die Ablehnung der Jugendweihe gab der Bischof an, dass sie »auf atheistischer materialistischer Grundlage« beruhe. Außerdem kritisierte er den Zeitpunkt der Feiern und die Bezeichnung als »Weihe«.[113]

6.2 Zielpersonen und Zielgruppen des MfS im Kampf um die Jugendweihe

Evangelische Kirche

In der Ablehnung der Jugendweihe waren sich die evangelischen Bischöfe zunächst weitgehend einig. Dennoch gerieten einzelne Bischöfe mehr als ihre Amtsbrüder in das Spannungsfeld des Kampfes um die Jugendweihe und damit auch stärker in das Blickfeld des SfS.

Gottfried Noth

Als konsequentester Gegner unter den im Bereich der DDR residierenden evangelischen Bischöfen trat der Landesbischof der Evangelisch-Lutherischen Landeskirche Sachsens, Gottfried Noth, in Erscheinung. Im Januar 1955 wurde gegen ihn durch die Abteilung V der Bezirksverwaltung Dresden ein Überprüfungsvorgang[114] angelegt. Bereits im Dezember 1954 hatte Staatssekretär Wollweber angeordnet, dass über »Pfarrer, Kirchenangestellte und fanatische Anhänger der katholischen und evangelischen, reaktionären Kirchenleitungen« Überprüfungsvorgänge anzulegen sind, »die durch aktive Bearbeitung in kurzer Zeit zu Operativ-Vorgängen entwickelt werden«.[115] Auf einer Aktivtagung des MfS im Mai 1956 wurde jedoch festgestellt, dass der hohe Prozentsatz der Nichtbestätigung des Verdachtes sowohl bei Überprüfungs- als auch bei Operativ-Vorgängen »einerseits eine Leichtfertigkeit bei der Anlegung eines Vorganges und zum anderen eine nichtgenügende Bearbeitung des Vorganges« indi-

113 Rede des Landesbischofs Mitzenheim am 19.2.1956 in der Salvatorkirche in Gera über Gegenwartsfragen des kirchlichen Lebens; BStU, MfS, AP 12249/92, Bl. 62 ff.

114 Die Vorgangsart Überprüfungsvorgang existierte von 1953 bis 1960.

115 Befehl Wollwebers vom 21.12.1954, GVS 2490/54; BStU, MfS, BdL/Dok. Nr. 271, Bl. 3.

zieren.[116] Die Erfassung Bischof Noths in einem Überprüfungsvorgang wurde damit begründet, dass er »der Initiator und Organisator von Rundschreiben, Entschliessungen, Befehlen und Anweisungen« sei, »die an die einzelnen Pfarrämter und Pfarrgemeinden geschickt werden« und dann »in Form von sogn. Kanzelabkündigungen in den einzelnen ev. Kirchen verlesen und somit der Masse der Kirchbesucher kund getan« worden seien.[117] Diese Kanzelabkündigungen richteten sich gegen die »demokratischen Erneuerungen« der DDR wie Freie Deutsche Jugend (FDJ), Volkswahlen, Familiengesetz und Jugendweihe. In diesem Zusammenhang geriet auch der sächsische Oberlandeskirchenrat Gottfried Knospe, der als »der politische Kopf des Landeskirchenamtes« betrachtet wurde, in das Blickfeld des SfS.[118] Zu beiden Geistlichen lagen dem MfS bereits Informationen hinsichtlich ihrer Aktivitäten gegen die Jugendweihe vor, die bis ins Jahr 1954 zurückreichten: die Schreiben des Bischofs an die Pfarrämter seines Amtsbereichs vom Dezember 1954 und Januar 1955 sowie seine Kanzelabkündigung vom Dezember 1954 und ein Vortrag Gottfried Knospes auf der Landeskirchentagung in der Dresdener Annenkirche am 17. Dezember 1954, bei dem er »von dem durch die Jugendweihe heraufbeschworenen Kulturkampf« sprach.[119] Das Interesse des Staatssicherheitsdienstes für den Landesbischof blieb nicht ohne Konsequenzen: Das SfS schloss sich der Ablehnung eines Reiseantrages des Bischofs zu einer Kirchentagung in England im ersten Quartal des Jahres 1955 durch die Hauptverwaltung Deutsche Volkspolizei an.[120]

Noch war das SfS in seinem Vorgehen gegen Bischof Noth vor allem auf öffentliche Verlautbarungen angewiesen. Doch selbst um an derartiges Material zu gelangen, war die Hilfe Geheimer Informanten unerlässlich. Schreiben, die nur für den innerkirchlichen Dienstgebrauch bestimmt waren, kamen, ebenso wie Briefe an die Pfarrer der Landeskirche, in die Hände der Mitarbeiter der Abtteilung V. Am 30. März 1955 richtete Bischof Noth zusammen mit Oberlandeskirchenrat Konrad Müller ein Schreiben, das Konfirmation und Jugendweihe betraf, an alle Pfarrer der sächsischen Landeskirche. Der 1. Vorsitzende der CDU im Bezirk Karl-Marx-Stadt, Walter Wagner, vom SfS als GI »Ottomar« geführt[121], gab das Schriftstück, das er von einem Geistlichen erhielt,

116 Referat auf der Aktivtagung des Ministeriums für Staatssicherheit am 11. Mai 1956; BStU, MfS, BdL/Dok. Nr. 6154, Bl. 34.

117 Beschluss für das Anlegen eines Überprüfungsvorganges über Lic. Gottfried Noth vom 28.1.1955; BStU, MfS, BV Dresden, AOP 241/56, Bl. 5.

118 BStU, MfS, BV Dresden, AOP 241/56, Bl. 5.

119 Bericht der KP »Mehnert« über die Landeskirchentagung in der Annenkirche zu Dresden am 17.12.1954 vom 20.12.1954; ebenda, Bl. 15.

120 Antwortschreiben der Abt. V/4, BV Dresden, auf eine Anfrage der HA II/5 vom 14.4.1955; ebenda, Bl. 43.

121 Auskunftsbericht zu GI »Ottomar«, Linie CDU, vom 7.2.1956; BStU, MfS, BV Karl-Marx-Stadt, AGI 4317/63, Teil P, Bl. 71.

den Mitarbeitern der Bezirksverwaltung Karl-Marx-Stadt zur Kenntnis.[122] Mit Blick auf die bevorstehenden Konfirmationsfeierlichkeiten wurde den Geistlichen darin geraten, sich dort, wo die Jugendweihen bereits stattgefunden hatten, zuverlässig davon zu überzeugen, dass kein Kind, das bereits an der Jugendweihe teilgenommen hatte, an der Konfirmation teilnehme. Ausnahmen sollte es nicht geben. Andeutungen über eine mögliche Nachkonfirmation von bereits Jugendgeweihten seien zu unterlassen. Ferner wurde angeordnet, die Konfirmationsgottesdienste nicht zur Polemik gegen die Jugendweihe zu nutzen.[123] Dass dieses kircheninterne Schriftstück, trotz ständiger Ermahnungen zur Zusammenarbeit mit den für den jeweiligen Sachverhalt zuständigen Abteilungen[124], nicht an die für den Landesbischof zuständige Abteilung V der Bezirksverwaltung Dresden gesandt wurde, ist für die noch mangelhafte Koordinierung innerhalb des Staatssicherheitsdienstes in den fünziger Jahren kennzeichnend.

Im Frühjahr 1956 sind im Umfeld Gottfried Noths Anwerbungsversuche des MfS festzustellen. Zunächst fiel die Aufmerksamkeit auf die Sekretärin des Landesbischofs. Ein Bericht über mehrere zum Teil unter Vortäuschung falscher Tatsachen zustande gekommene Versuche, sie zur Mitarbeit zu gewinnen, lässt keinen Werbungserfolg erkennen.[125] Weit günstiger und auf Zukunft erfolgversprechender verlief die Anwerbung des Oberlandeskirchenrates Dr. jur. Konrad Müller. Er war stellvertretender Präsident des sächsischen Landeskirchenamtes, arbeitete dort als Jurist, hatte Ambitionen, die Stelle des Präsidenten im Landeskirchenamt einzunehmen, besaß über alle innerkirchlichen Angelegenheiten einen guten Überblick und hatte vonseiten des Landeskirchenamtes den Auftrag, Verhandlungen zwischen Staat und Kirche zu führen. In alledem sah das MfS eine gute Grundlage für eine Zusammenarbeit. Am 14. März 1956 fand zwischen Mitarbeitern der Hauptabteilung (HA) V/4 und Konrad Müller eine Aussprache statt, die vonseiten des MfS positiv beurteilt wurde. Als Mitarbeiter der

122 Bericht über den Treff mit »Ottomar« am 7.4.1955; BStU, MfS, BV Karl-Marx-Stadt, AGI 4317/63, Teil A, Bl. 107.

123 Konfirmation und Jugendweihe betreffendes Schreiben des Evangelisch-Lutherischen Landeskirchenamtes Sachsen, unterzeichnet von Lic. Noth und Dr. K. Müller, an alle Pfarrer der Landeskirche vom 30.3.1955; BStU, MfS, BV Karl-Marx-Stadt, AGI 4317/63, Teil A, Bl. 110.

124 So wurden im November 1953 die Kreisdienststellen der Verwaltung Groß-Berlin ausdrücklich darauf hingewiesen, »jedes Material, das in der Linie II oder V liegt, mit den entsprechenden Abteilungen für die eigene Arbeit zu verwerten und praktische Hilfe von den Abteilungen zu fordern«. Vgl. Arbeitsrichtlinien für die Abteilungen und Kreisdienststellen der Verwaltung Groß-Berlin (Dienstanweisung 1/53) v. 25.11.1953; BStU, MfS, BV Berlin, BdL/Dok. Nr. 1225, Bl. 6. Da das MfS zentral geleitet wurde, ist anzunehmen, dass diese Anweisung für andere Bezirksverwaltungen in gleicher Weise galt.

125 Bericht über eine Aussprache mit der Sekretärin des Bischofs Noth am 31.3.1956; BStU, MfS, BV Dresden, AOP 241/56, Bl. 45. Auch weitere Recherchen zu der dort angegebenen Person haben keinen Hinweis auf eine erfolgreiche Werbung erbracht.

Dresdener Abteilung V dem Juristen bei einem weiteren Gespräch zu erkennen gaben, dass sie über einen anonymen Anruf seinerseits beim Staatssekretariat für Innere Angelegenheiten, durch den er die Einreise eines für die zukünftig zu besetzende Stelle des Präsidenten des Landeskirchenamtes Sachsens[126] vorgesehenen Juristen verhindern wollte, Bescheid wussten, ging er auf eine Zusammenarbeit mit dem MfS ein und wurde am 4. April 1956 mit dem Decknamen »Konrad« angeworben. Dabei kam dem Staatssicherheitsdienst auch zu Hilfe, dass der Oberlandeskirchenrat »mit einigen Massnahmen und Anweisungen des Landesbischofes Noth nicht einverstanden [war] in der Frage der Zusammenarbeit zwischen Staat und Kirche«. Das Ziel der Anwerbung sah man vor allem darin, Material über Personen aus dem Landeskirchenamt, die für weitere Anwerbungen infrage kämen, zu erhalten, aber auch Verbindungen zur Kirchenleitung in Westberlin zu ermöglichen.[127] Mit der Anwerbung Konrad Müllers befand man sich bereits auf der Linie später zunehmender Forderungen, wichtige Schlüsselpositionen innerhalb der Kirche durch inoffizielle Mitarbeiter zu besetzen.[128] Die Zusammenarbeit mit GI »Konrad« wurde im September 1959, wohl auch in dem Bestreben, besonders wichtige Vorgänge in der Berliner Zentrale zu lenken,[129] von der Hauptabteilung V/4 übernommen. Oberstleutnant Franz Sgraja wurde mit der Führung des Informanten betraut. Konrad Müller war bis zum 1. August 1959 am Landeskirchenamt Dresden tätig, wirkte von 1959 bis 1970 als Oberkirchenratspräsident der Evangelisch-Lutherischen Landeskirche Mecklenburgs und zählte auch dort noch »zu den sogenannten Spitzenagenturen« bis zu seinem altersbedingten Ausscheiden aus der Zusammenarbeit mit dem MfS.[130]

Beim ersten Treff mit seinem Führungsoffizier händigte GM »Konrad« das Protokoll über die am 15. Juni 1953 erfolgte Wahl Gottfried Noths zum Bischof der sächsischen Landeskirche aus; ein Ereignis, das Jahre zurücklag. Ferner übergab er einen Abzug des durch den Bischof bei der Tagung der 17. Evangelisch-Lutherischen Landessynode Sachsens vorgetragenen Tätigkeitsberichtes.[131] Auf diese Darlegung, in der Gottfried Noth die durch die Einführung der Jugendweihe entstandene Lage der evangelischen Kirche in der DDR drastisch schilderte und in der die »Förderung der Jugendweihe durch Mitwir-

126 Das Amt des Präsidenten des Evangelisch-Lutherischen Landeskirchenamtes Sachsens wurde von 1945 bis 1957 von Johannes Kurt Erich Kotte bekleidet.

127 Vorschlag zur Anwerbung eines GM mit Hinweis auf durchgeführte Werbung am 4.4.1956 vom 11.4.1956; BStU, MfS, AIM 1822/64, Teil P, Bl. 13 f.

128 Vgl. Goerner: Strukturen, S. 122.

129 Vgl. Vollnhals: Kirchenpolitische Abteilung, S. 10.

130 Auskunftsbericht über GM »Konrad« vom 14.9.1961; BStU, MfS, AIM 1822/64, Teil P, Bl. 130 ff.

131 Treffbericht mit GM »Konrad« vom 9.4.1956; BStU, MfS, AIM 1822/64, Teil A,1, Bl. 19 ff.

kung staatlicher Stellen« einen weiten Raum einnimmt, gilt es, im Folgenden in besonderer Weise einzugehen. Es ergab sich demnach für den Bischof folgendes Bild: Die Frage nach der Jugendweihe war seit ihrer Einrichtung »in einer nie geahnten Weise in das Licht des öffentlichen Interesses gerückt«. Alle evangelischen Gliedkirchen hatten von Anfang an die Unvereinbarkeit von Konfirmation und Jugendweihe erklärt und waren sich mit ihren Pfarrern und der überwiegenden Mehrzahl der Eltern einig, dass diese Haltung beibehalten werden musste. Vom Staat wurde zwar die Nichtstaatlichkeit und Freiwilligkeit der Jugendweihe betont, auf der sächsischen Frühjahrssynode 1955 hatte man jedoch festgestellt, dass »diese Grundsätze vielfach außer acht gelassen wurden«. Starker indirekter Druck führe oft, so der Befund der Kirchenversammlung, zu schweren Gewissenskonflikten. Auch für die bevorstehende Jugendweihe im Jahr 1956 wurden neben den Massenorganisationen die Schulen eingeschaltet, wodurch die christlichen Lehrer, die in Elternversammlungen und Hausbesuchen für die Jugendweihe werben sollten, erneut in Gewissensnöte kamen. Für diese Maßnahmen gab es zwar keine offiziellen Verordnungen, aber die Sprache in der *Deutschen Lehrerzeitung* war eindeutig. Auf breiter Front wurden Pfarrer, die die Haltung der Kirche vertraten, in der Presse »der Unwissenschaftlichkeit, der Starrheit und Lieblosigkeit, der Gewissensknechtung, des Vergehens gegen die Verfassung der DDR, ja vielfach ganz offen der Hörigkeit gegenüber dem Westen und der Vaterlandsfeindlichkeit verdächtigt«, woraus die Ängste der christlichen Lehrer und der Eltern um ihre Zukunft und persönliches Fortkommen erklärbar waren. Die Kirchen hatten zu alldem nicht geschwiegen. Ihre schriftlichen Eingaben führten im November 1955 zu einem Gespräch zwischen kirchlichen und staatlichen Vertretern, zu dem der stellvertretende Ministerpräsident Otto Nuschke eingeladen hatte. Bei diesem Gespräch, an dem auch Paul Wandel teilnahm, wurden staatlicherseits nochmals die Freiwilligkeit und die Nichtbenachteiligung jener Lehrer, die sich gegen die Jugendweihe entschieden, betont. Die Kirchen gaben die Ergebnisse dieser Verhandlung nach ihren bescheidenen Möglichkeiten bekannt. Auch Paul Wandel äußerte sich diesbezüglich in der *Deutschen Lehrerzeitung*. Er bekannte sich zwar grundsätzlich zur Freiwilligkeit der Jugendweihe, verharmloste jedoch die Nöte der »angeblich bedrängten Lehrer« und ging überdies auf eine nicht zutreffende Zeitungsnotiz über einen Schüler ein, der, weil er nicht am Konfirmationsunterricht teilnahm, durch einen Pfarrer bedrängt wurde und daher Selbstmord beging. Längst war jedoch geklärt, dass die Anschuldigungen gegen den Geistlichen völlig unbegründet waren. Die immer wieder vorgebrachten Vorwürfe gegen die Kirche, sie verletze durch ihre Haltung die Verfassung der DDR, waren nach Noths Ansicht völlig unbegründet, da die Kirche niemanden daran hindere, an der Jugendweihe teilzunehmen, es aber andererseits auch keinen wie auch immer gearteten Rechtsanspruch auf die Konfirmation gab. Erschwerend kam hinzu, dass den Kirchen nicht die Möglichkeit gegeben wurde, ihre Haltung und das Verhältnis der Verfassung der DDR zu den kirchlichen Entscheidungen und »deren kirchenrechtliche bzw. kirchenzuchtliche Folgen« öffentlich in der Presse bekanntzumachen. Selbst *Der Sonntag*, die Wochenzeitung der sächsischen Landeskirche, war »von einem bestimmten Zeitpunkt an überhaupt für eine klare Stellungnahme zu dieser die Gemeinde doch so bewegende Frage verschlossen«. Vielmehr mussten immer wieder falsche Zeitungsnotizen über einzelne Pfarrer richtiggestellt werden, wobei sich die Presse solchen Berichtigungen verschloss. Die *Wochenpost*, die auflagenstärkste Wochenzeitung der DDR, musste auf Anfrage zugeben, dass der von ihr abgedruckte Brief über die »angebliche Zustimmung eines Pfarrers zur Teilnahme an Jugendweihe und Konfirmation« in der eigenen Redaktion als »feuilletonistischer Beitrag« entstanden war.[132] All diesen öffentlichen Anschuldigungen in der Presse stand die Kirche hilflos gegenüber. Die staatlicherseits im Zusammenhang mit der Jugendweihe immer wieder erklärte Schonung der religiösen Gefühle war angesichts von Schlagworten wie das von dem »religiösen Aberglauben als absterbenden Restbestand einer vergangenen Epoche« zur Farce geworden. Vielmehr wurde einem militanten Atheismus der Weg bereitet. Die sächsische Landeskirche sah sich angesichts dieser Tatsachen vor die unausweichliche Aufgabe gestellt, eine »aufklärende Stellungnahme und seelsorgliche Stärkung der Gemeinden« zu schaffen und entschloss sich während einer Ephorenkonferenz im Oktober 1955 in allen Kirchenbezirken sogenannte »gottesdienstliche Versammlungen« mit dem Thema »Warum sagt die Kirche: Entweder Konfirmation oder Jugendweihe?« durchzuführen. Mit diesen Veranstaltungen sollten jene, die sich für die Konfirmation entschieden haben und damit der Jugendweihe eine Absage erteilten, gestärkt werden. Zu den Versammlungen, die zu Beginn der Jahres 1956 stattfanden, wurden als Redner Bischöfe und Kirchenmänner aus anderen Gliedkirchen eingeladen, um zu verdeutlichen, dass die sächsische Landeskirche in ihrer Haltung nicht allein stand. Der hier erstmals verwendete Begriff »Gottesdienstliche Versammlungen« wurde staatlicherseits als »absolutes Novum« verstanden. Mehreren Geistlichen, die diese Veranstaltungen vorbereiteten, gingen nachträglich Strafverfügungen zu, weil sie die für außergottesdienstliche Zusammenkommen vorgeschriebenen Anmeldungen unterlassen hatten. Insgesamt wurden 130 derartige Versammlungen unter sehr reger Teilnahme durchgeführt.[133] Diese Darstellung, die der sächsische Landesbischof auf der Tagung der Landessynode im März 1956 mit Blick auf die bis dahin um die Jugendweihe geführte Auseinandersetzung gab, spiegelt die Situation der evangelischen Kirche realitätsnah wider. Die hier angesprochenen permanenten Angriffe auf die Kirchen in der

132 Vgl. Tätigkeitsbericht des Ev. Luth. Landeskirchenamtes, erstattet zur Tagung der 17. Ev.-Luth. Landessynode am 5. März 1956. Nur für innerkirchlichen Dienstgebrauch; BStU, MfS, AP 10343/92, Bl. 103.

133 Ebenda, Bl. 92–104.

Presse der DDR, die die gesamte Phase der Einführung der Jugendweihe kennzeichnen, stellten eines der schmerzhaftesten Instrumente dar, die hierbei staatlicherseits angewandt wurden. Dabei wurde darauf geachtet, dass der Schein der Nichtstaatlichkeit dieses Vorgehens möglichst gewahrt blieb. Eine enge Beteiligung des MfS an diesen Kampagnen ist in einzelnen Fällen nicht zu übersehen. Die im Tätigkeitsbericht des Bischofs erwähnte landeskirchenweite Veranstaltungsreihe, bei der Gastprediger zur Unvereinbarkeit der Konfirmation mit der Jugendweihe sprachen, wurde von staatlichen Stellen beobachtet und war von Einschüchterungsversuchen vor und während der Veranstaltungen begleitet.[134] Schon im Vorfeld war der Staatssicherheitsdienst von dem kirchlichen Vorhaben informiert. Der durch die HA V geführte GM »Karl« legte seinem Führungsoffizier im November 1955 ein an Bischof Mitzenheim gerichtetes Originalschreiben des Präses des Evangelisch-Lutherischen Landeskirchenamtes Johannes Kurt Erich Kotte vor, in welchem der Bitte des Bischofs Noth Ausdruck verliehen wurde, Mitzenheim möge am 28. und 29. Januar 1956 in einigen Kirchen der Landeskirche Sachsens zur Jugendweihefrage predigen.[135] Eine unmittelbare Reaktion des MfS auf diese Information ist nicht erkennbar.

Über die Veranstaltungsreihe ist auch an anderen Stellen berichtet worden. In einem unter den Decknamen »Antidemokratische Pfarrer« in der Kreisdienststelle Döbeln geführten Beobachtungsvorgang finden sich vier einschlägige Berichte. Oberkirchenrat Dr. Meyer[136] aus Rochlitz trat am 28. Januar, 17.00 Uhr in der Matthäikirche zu Leisnig vor circa 250,[137] in Döbeln um 20.00 Uhr vor circa 400 Zuhörern[138] und am 29. Januar um 15.00 Uhr in Ostrau[139] als Redner in Erscheinung. Neben der Absicht, die der Kirche im Zusammenhang mit der Jugendweihe gemachten Vorwürfe der Intoleranz, der Unwissenschaftlichkeit und der Unruhestiftung zu entkräften, betonte der Oberkirchenrat die Einheit der gesamten evangelischen Kirche in der Entweder-oder-Haltung. Am 29. Januar sprach Oberkirchenrat Gottfried Fuß vom Landeskirchenamt Dresden in Hartha zum Thema Jugendweihe oder Konfirmation. Die Veranstaltung wurde kirchlicherseits im Nachhinein als Abendgottesdienst bezeichnet. Auch Fuß betonte vor den etwa 320 Anwesenden die Einmütigkeit aller Bischöfe und Pfarrer in der Jugendweihefrage. Der Verfasser des diesbezüglichen Berichtes stellte

134 Vgl. Wilhelm: Die Diktatur und die evangelische Kirche, S. 401.

135 Treffbericht des GM »Karl« der HA V vom 25.11.1955; BStU, MfS, AIM 3043/86, Teil II,1, Bl. 27.

136 An anderer Stelle Dr. Meier.

137 Überwachungsbericht über eine Predigt des Oberkirchenrates Dr. Meyer in der Matthäikirche zu Leisnig am 28.1.1956. Der Bericht ist mit Pochtmann unterzeichnet. BStU, MfS, BV Leipzig, AOP 390/61, Bd. 1, Bl. 253 f.

138 Bericht über den Besuch der Nicolaikirche in Döbeln am 28.1.1956, 20.00 Uhr. Der Bericht ist mit Riefenstahl unterzeichnet. BStU, MfS, BV Leipzig, AOP 390/61, Bd. 1, Bl. 257.

139 Bericht über den Kirchenbesuch in Ostrau am 29.1.1956, 15.00 Uhr. Der Bericht ist offenbar auch von Riefenstahl abgefasst. Ebenda, Bl. 255 ff.

den gottesdienstlichen Charakter der Veranstaltung infrage und hielt fest, dass man die dort gehörte Ansprache »unmöglich als eine der üblichen Predigten eines Gottesdienstes« betrachten könne.[140] Aus dem Kreis Annaberg im Bezirk Karl-Marx-Stadt berichtete der Leiter der Abteilung E des Volkspolizei-Kreisamtes Ende Januar von zwei festgestellten Veranstaltungen der Kirche zum Thema »Warum sagt die Kirche entweder Konfirmation oder Jugendweihe?«. In der Annenkirche zu Annaberg sprach Oberkirchenrat Schröter aus Dessau vor circa 1 000, in Sehma Superintendent Jahn aus Aue vor etwa 600 Besuchern.[141]

Hans-Joachim Fränkel, Oberkonsistorialrat der Restschlesischen Landeskirche in Görlitz, war ebenfalls am 28. Januar als Referent zu einer Veranstaltung unter dem Thema »Was sagt die Kirche: Konfirmation oder Jugendweihe?« in der evangelischen Kirche zu Nossen eingeladen. Zusammen mit Bischof Ernst Hornig war er seit Dezember 1954 in einem wegen angeblicher »antidemokratischer Hetze« vom MfS angelegten Kontrollvorgang erfasst. Der Vortrag, der vor einer Zuhörerschaft von 200 Personen gehalten wurde, unter denen sich nach Angabe des Auswerters des Abhörberichtes 40 SED-Genossen befanden, stellt eine bemerkenswerte Apologie der Entweder-oder-Haltung der evangelischen Kirche dar. Dem Vorwurf der Engherzigkeit der Kirche stellte Fränkel die Grenzen, wo »Dinge nicht mehr vereinbar sind« mit der »Zugehörigkeit zu Jesus Christus«, entgegen. Hier müsse die Kirche »Entweder-oder« sagen. Auch habe die Kirche keine Angst vor der Wissenschaft, sie sei aber eine Gegnerin des »Missbrauchs der Wissenschaft«. Hinsichtlich der Behauptung, die Kirche übe verfassungswidrigen Druck auf die Bevölkerung aus, wies er darauf hin, dass Artikel 41 der Verfassung die Grenzen der Staatsgewalt aufzeige und dass der Staat seine Machtmittel nicht verwenden dürfe, »seine Bürger zu einer bestimmten Weltanschauung zu zwingen«. Zur garantierten Gewissensfreiheit gehöre es außerdem, dass die Kirche selbst entscheide, was sich mit ihrem Glauben vereinbare. Der Oberkonsistorialrat schrieb es ferner den Vertretern der Propaganda für die Jugendweihe zu, »heimlich Sorgen und Angst um die Zukunft« der Kinder »in die Herzen der Eltern« zu bringen. Zudem unterstrich er die geistige Grundlage der Jugendweihe, die als auf den dialektischen Materialismus aufgebauter Marxismus die Wirklichkeit Gottes leugne. Diese Anschauung sei auch der geistige Inhalt des Buches »Weltall, Erde, Mensch«, dessen Inhalt den der Jugendstunden und der Jugendweihe selbst widerspiegle. Bisher sei es so gewesen, dass die Kinder in steigendem Maße Schulen mit marxistischer Weltanschauung besuchen mussten, nun gehe die Jugendweihe »noch über die Schule hinaus in einem Ge-

140 Bericht über den Besuch der Kirche in Hartha am 29.1.1956, 20.00 Uhr. Der Bericht ist mit Otto, offenbar Mitarbeiter der VP, unterzeichnet (vgl. Bericht über Versammlung mit Gottfried Fränkel am 28.1.1956 in Nossen). Ebenda, Bl. 252.

141 Abschrift einer Mitteilung der Abt. E des Volkspolizei-Kreisamtes Annaberg zu Veranstaltungen der Kirche zum Thema Jugendweihe – Konfirmation vom 30.1.1956; BStU, MfS, BV Karl-Marx-Stadt, AP 3/68.

löbnis und einem Weiheakt«, von denen zwar gesagt werde, sie seien harmlos, zu denen er aber sagen wolle: »Wir sind doch nicht so naiv, dass wir nicht ganz genau wüssten, was diese Worte: Fortschritt, Demokratie und Friede bedeuten.« Diese Worte seien nicht leer, sondern inhaltlich gefüllt und von der marxistischen Propaganda geprägt. Demokratie heiße »marxistischer Weltanschauungs-Staat und sonst nichts«, Friede »Friede im Marxismus – Erziehung zum Haß eingeschlossen«.[142]

Die von der sächsischen Landeskirche, präziser von deren Ephorenkonferenz, ausgegangene Veranstaltungsreihe wurde vom MfS registriert und Informationen darüber in die Vorgänge sowohl der Referenten als auch der einladenden Pfarrer abgelegt. Konsequenzen für die Beteiligten lassen sich nicht nachweisen. Eine Koordinierung der Informationen fand offenbar auch hier nicht statt. So wurde letztlich auch der Überprüfungsvorgang zu Bischof Gottfried Noth, der als Schirmherr der Informationsveranstaltungen galt, im Juli 1956 geschlossen, da keine Beweise für dessen Feindtätigkeit erbracht werden konnten.[143] Bischof Noth blieb schärfster Gegner der Jugendweihe. Einschlägige Informationen zu ihm gingen immer wieder beim MfS ein.

Moritz Mitzenheim

Bischof Mitzenheim war zeitlebens eindeutiger Gegner der Jugendweihe. Dennoch konnten die Vertreter der Jugendweihe mit Unterstützung des MfS in seinem Umfeld einen bahnbrechenden Sieg erringen.

Als sich der Landesbischof im Januar 1955 mit einem Protest gegen den atheistischen Charakter der Jugendweihe und die Werbung dafür an den Schulen an die Staatsorgane wandte, verglich er die Situation mit der eben erst überwundenen Verfolgung der Jungen Gemeinde.[144] In einem Schreiben an die Vorsitzenden der Bezirksräte im Bereich der Landeskirche in Thüringen warf er die Frage auf, »ob es nicht ein verfassungswidriger Eingriff in das Leben der Kirche ist, wenn christliche Kinder zur Teilnahme an einer atheistischen Feier veranlasst werden«.[145] Der hier angedeutete Vorwurf eines Verfassungsbruchs, der bezüg-

142 Niederschrift über den Ausspracheabend in der evangelischen Kirche zu Nossen am 28.1.1956, 19.30 Uhr, vom 29.1.1956. Es handelt sich dabei offenbar um einen überarbeiteten Abhörbericht der VP. Die Richtigkeit der Abschrift wurde durch Unterkommissar der VP Otto bestätigt. Offensichtlich derselbe, der den Bericht über die Ansprache des Oberkirchenrates Fuß in Hartha am 29.1.1956 unterzeichnet hat. BStU, MfS, BV Dresden, AOP 219/60, Bd. 3, 148–151.

143 Beschluss über das Ablegen des Überprüfungsvorganges zu Landesbischof Gottfried Noth vom 4.7.1956; BStU, MfS, BV Dresden, AOP 241/56, Bd. 1, Bl. 49.

144 Neubert: Geschichte der Opposition in der DDR, 1949–1989, S. 118.

145 Der Brief des Bischofs vom 21.1.1955 ist abgedruckt in: Urban; Weinzen: Jugend ohne Bekenntnis, S. 126 f.

lich der Jugendweihefrage später immer wieder auftauchen sollte, hatte, da er berechtigt war, durchaus das Pozential, eine Verärgerung staatlicher Stellen hervorzurufen. Aus einem Gespräch des Bischofs mit einem Eisenacher Parteifunktionär erfuhr die SED, dass Mitzenheim über die staatlichen Maßnahmen, vor allem über die Jugendweihe, sehr verärgert war und die Möglichkeit der »friedlichen Koexistenz von Staat und Kirche« gefährdet sah.[146] Diese Feststellung wog umso schwerer, als das Oberhaupt der Thüringischen Landeskirche staatlicherseits stets als wichtigster Vertreter der evangelischen Kirche in der DDR galt. Die Bedeutung des Bischofs, aber auch die sich im Laufe der Zeit ergebenden Möglichkeiten der Einflussnahme auf den Kirchenmann, waren dem MfS Ansporn zu Aktivitäten. Ohne dass Moritz Mitzenheim im Zusammenhang mit der Einführung der Jugendweihe in einem Vorgang erfasst wurde, holte der Staatssicherheitsdienst in dieser Frage mehr Informationen zu ihm ein und nahm stärker Einfluss auf ihn als auf alle anderen Kirchenvertreter.[147] Im gesamten Zeitraum der Einführung der Jugendweihe und darüber hinaus wurden Rundbriefe, die der Thüringer Oberhirt an seine Pfarrer sandte, dem MfS/SfS vorgelegt und von diesem in den »Handakten Mitzenheim«[148] abgelegt. In fast jedem dieser Schreiben ging der Bischof auf die Jugendweihefrage ein, mahnte zur Standhaftigkeit und erklärte die Haltung der Kirche in dieser Situation.[149] Darüber hinaus informierten auch einzelne Pfarrer den Staatssicherheitsdienst über die Anordnungen des Bischofs.[150]

Am 16. März 1955 sprach der Landesbischof in Sondershausen zum Thema »Die Kirche und ihre Jugend«. In der mit circa 800 Personen gefüllten Kirche nahm er auf die erst zwei Jahre zurückliegende Verfolgung der Jungen Gemeinde Bezug und kritisierte, auf die erneut tiefbewegten Zeiten hinweisend, die Wortbrüchigkeit der Regierung hinsichtlich der Nichtstaatlichkeit der Jugendweihe und die in der DDR-Presse verbreiteten Lügen über einige Pfarrer. Diese hielten sich demnach angeblich nicht mehr an die Anweisungen ihrer Bischöfe und ließen Jugendgeweihte zur Konfirmation zu. Ferner sei über zahlrei-

146 Besier: SED-Staat. Weg in die Anpasung, S. 180.

147 Vgl. Kapitel 9.3.

148 Allein im genannten Zeitraum wurden zu Bischof Mitzenheim vier Handakten von der Hauptabteilung V angelegt, die als Allgemeine Personenablagen (AP) archiviert wurden. Zeitraum 1954–1956: BStU, MfS, AP 12249/92; Zeitraum 1957–1958: BStU, MfS, AP 11226/92; Zeitraum 1959–1962: BStU, MfS, AP 12250/92; Zeitraum 1963–1967: BStU, MfS, AP 11363/92.

149 Allein im Februar 1955 verfasste Mitzenheim drei derartige Rundbriefe, die vollständig in die Hände des SfS gelangten. BStU, MfS, AP 12249/92, Bl. 121–134.

150 So informierte der später zum GI geworbene Pfarrer von Weißbach im Kreis Schmölln (KP Stephan) im Februar 1955 einen Mitarbeiter der Abteilung V/4 von einer Anordnung Mitzenheims, wonach alle Pfarrer angewiesen wurden, die Lehrer und Leiter der Schulen aufmerksam zu machen, dass sie ihre Unterstützung der Jugendweihe zu unterlassen haben. BStU, MfS, AIM 6204/67, Teil P, Bl. 28.

che Kirchenaustritte, die tatsächlich nicht erfolgten, berichtet worden.[151] Ein Brief des Sondershausener Superintendenten Scriba an Mitzenheim, der die Wirkung dieses Vortrages beschrieb, wurde von Mitarbeitern der Erfurter Abteilung V/4 einbehalten und eine Abschrift davon an die Hauptabteilung V/4 weitergeleitet. Die Worte des Thüringer Oberhauptes hätten, so Scriba, im Gottesvolk ein dankbares Echo gefunden, die Wahrheit breche sich Bahn, die Gegenseite tobe. Der Superintendent benachrichtigte den Bischof ferner von einem Treffen der SED-Genossen nach der Veranstaltung, bei dem sie ihre Wut über Mitzenheim, der ihrer Meinung nach »an den Galgen« gehöre, ausließen.[152]

In seiner Pfingstabkündigung des Jahres 1955, die er als an beiden Feiertagen in den Gottesdiensten zu verlesendes »Wort des Landesbischofs an die Gemeinden« am 24. Mai an alle Pfarrämter, Superintendenturen und Kreiskirchenämter verschickte, forderte der Bischof die Gläubigen auf, am Bekenntnis der Hoffnung festzuhalten und eine klare Entscheidung zur Konfirmation zu treffen. Den evangelischen Jugendlichen, die durch ihre Teilnahme an der Jugendweihe »schuldig geworden« seien, tat er in Übereinstimmung mit der Synode kund, dass für sie, soweit sie als Konfirmierte an der Jugendweihe teilgenommen haben, die Rechte, die ihnen durch die Konfirmation verliehen wurden, ruhten. Aber auch die Eltern, die ihre Kinder zur Jugendweihe veranlasst und die Erwachsenen, die die Jugendweihe gefördert hatten, wies er darauf hin, dass »sie sich als Christen« an der ihnen und der Kirche »anvertrauten Jugend schuldig gemacht haben«.[153] Diese durchaus harten Vorhaltungen Mitzenheims wurden auch von Vertretern aus der Pfarrerschaft – jedenfalls teilweise – zurückgewiesen. Die Abteilung V/4 der Bezirksverwaltung Leipzig des SfS, in deren Wirkungsbereich Teile der Thüringer Landeskirche fielen, konnte durch ihre Kontaktperson (KP) Stephan[154] in Erfahrung bringen, dass von den 55 Katecheten, Pfarrern und Mitgliedern der Landeskirche, die am Hauptkonvent des Kirchenkreises Schmölln am 15. Juni teilnahmen, einige Geistliche aufstanden und erklärten, dass sie die Pfingstabkündigung des Bischofs Mitzenheim nur teilweise verlesen hätten, da sie mit den darin formulierten Schuldzuweisungen an die Ju-

151 Ein die am 16.3.1955 in Sondershausen stattgefundene Veranstaltung zum Thema »Die Kirche und ihre Jugend« betreffendes Schreiben der Bezirksverwaltung Erfurt, Abteilung V/4, an das SfS, Hauptabteilung V/4 vom 4.4.1955; BStU, MfS, AP 12249/92, Bl. 111 f.

152 Abschrift eines Briefes des Sondershausener Superintendenten Scriba an Landesbischof Mitzenheim vom 22.3.1955; ebenda, Bl. 113.

153 Sammelrundschreiben Nr. 9/55 an alle Pfarrämter, Superintendenturen und Kreiskirchenämter (Abschrift)/Wort des Landesbischofs Mitzenheim zum Pfingstfest. Dresden, 24.5.1955; ebenda, Bl. 101.

154 Johannes Stephan, 8.6.1908, Pfarrer in Weißbach, Kreis Schmölln, arbeitete seit dem 8.3.1955 mit dem SfS als KP zusammen und wurde am 29.7.1955 auf der Linie Ev. Kirche durch die Abt. V der BV Leipzig mit dem Decknamen »Wagner« angeworben. Nach seiner 1960 mithilfe des MfS erreichten Übersiedlung nach Westdeutschland wurde er der HA XX/4 zur weiteren Zusammenarbeit übergeben. BStU, MfS, AIM 6204/67.

gendlichen und die Eltern nicht einverstanden seien. Auch Oberkirchenrat Günter Heerden, der auf dem Hauptkonvent ein Referat hielt, habe sich von dem Schreiben Mitzenheims insofern distanziert, als er zum Ausdruck brachte, dass »diese Ankündigung dem Landeskirchenrat nicht vorgelegt worden sei und daß der Bischof hier eigenmächtig gehandelt« habe. Auf die Frage einzelner Pfarrer nach dem Verhältnis zwischen Kirche und Staat, habe der Oberkirchenrat geantwortet, dass dies »kühl, aber nicht unerträglich« sei. Er habe ferner darauf hingewiesen, dass durch das Verhalten des Pfarrers Zunkel[155] aus Dobitschen, der »ohne Genehmigung und Billigung eine öffentliche Versammlung einbe-rief«, großer Schaden entstanden sei. Die Geistlichen seien sich auf dem Hauptkonvent des Kirchenkreises Schmölln weitgehend einig gewesen, Sanktionen gegen Jugendliche und Eltern wegen der Jugendweihe abzulehnen und in dieser Frage eine landeskirchliche Anweisung mit einer einheitlichen Linie zu fordern.[156]

Am 20. Oktober 1955 sandte Bischof Mitzenheim an alle Pfarrer der Landeskirche einen Rundbrief zur Jugendweihe. Der Oberhirte wies darin seine Geistlichen an, den Kindern und Eltern in der Auseinandersetzung um die Jugendweihe »mit ihrem Rat unverzüglich zur Seite zu stehen«. In der Jugendweiheaktion sei, so Mitzenheim, nichts anderes zu sehen als ein zweiter Angriff des Atheismus auf die evangelische Jugend. Ferner trat der Bischof in dem Rundbrief einem durch die Presse genährten Gerücht entgegen, der Bischof der Kirchenprovinz Sachsen, Johannes Jänicke, halte Konfirmation und Jugendweihe für vereinbar, und es herrsche innerhalb der evangelischen Kirche in dieser Frage keine Einheit mehr. Dem Schreiben ist zudem eine einsetzende verstärkte Zuwendung des Landesbischofs zu den evangelischen Lehrern, die in besonderer Weise von der Jugendweiheproblematik betroffen waren, zu entnehmen. Er wies darauf hin, dass von »massgeblicher politischer Seite« dem Bevollmächtigten des Rates der Evangelischen Kirche in Deutschland bei der Regierung der DDR, Propst Heinrich Grüber, erklärt worden sei, dass kein Lehrer benachteiligt werden dürfe, wenn er sich nicht an der Werbung für die Jugendweihe beteilige. Mitzenheim fügte dem Rundbrief einen Brief bei, den die Pfarrer der Landeskirche allen Lehrern ihrer Gemeinden aushändigen sollten. Der Bischof schloss sein Schreiben mit einer Warnung vor den inzwischen bekanntgewordenen Versuchen, Zwiespalt in die Pfarrerschaft zu tragen.[157] Aber nicht alle Pfarrer reichten den Rundbrief für die Lehrer an seine Adressaten weiter. Auf den Hinweis des GI »Wagner« an seinen Führungsoffizier, dass er Mitzenheims Rundschrei-

155 Zu Pfarrer Martin Zunkel siehe Exkurs: Martin Zunkel.

156 Bericht über den Treff mit der KP Pfarrer Stephan aus Weißbach am 16.6.1955 in der Wohnung der KP; BStU, MfS, AIM 6240/76, Teil P, Bl. 46 f.

157 Kopie des 40. Rundbriefes des Landesbischofs der Evangelisch-Lutherischen Kirche in Thüringen an alle Pfarrer der Thüringer Landeskirche vom 20.10.1955; BStU, MfS, AP 12249/92, Bl. 85 f.

ben an alle Evangelischen Lehrer bereits seit über drei Wochen in Besitz habe, jedoch nicht gedenke, davon Gebrauch zu machen, bat ihn der Mitarbeiter des SfS, ihm das Schreiben »leihweise« auszuhändigen.[158] Bischof Mitzenheim setzte mit diesem Brief die evangelischen Lehrer von der in der »Pressepolemik« verzerrt und verfälscht wiedergegebenen kirchlichen Stellungnahme zur Jugendweihe in Kenntnis, begründete die Unvereinbarkeit der Konfirmation mit der atheistischen, direkt an die der Freidenkerveranstaltungen der Jahre nach dem ersten Weltkrieg anknüpfende Jugendweihe, kritisierte den für die dazugehörige Feierstunde festgelegten Zeitpunkt und lehnte sie als eine Überhöhung des materialistisch-atheistischen Weltbildes ab. Der Landesbischof wies aber auch darauf hin, dass die Kirche mit zunehmender Besorgnis feststellte, dass die Schulen, nachdem Erfolge im Jahr 1955 ausgeblieben waren, immer mehr Lehrer einspannten, »für die kommende Jugendweihe propagandistisch zu wirken« und er mahnte, sich »weder freiwillig noch unter Druck für die Förderung dieser Veranstaltung zur Verfügung zu stellen«.[159] In der Folgezeit wies der Bischof immer wieder auf die durch die Jugendweihefrage problematisch gewordene Situation der evangelischen Lehrer hin.[160]

Die im Wesentlichen mit dem sächsischen Landesbischof übereinstimmende Haltung Mitzenheims in der Jugendweihefrage führte schließlich auch dazu, dass er in die Gestaltung der Veranstaltungsreihe der Sächsischen Landeskirche zu dem Thema »Warum sagt die Kirche: Entweder Konfirmation oder Jugendweihe?« zu Beginn des Jahres 1956 einbezogen wurde.[161]

Obgleich der Staatssicherheitsdienst über die Haltung Mitzenheims und dessen Aktivitäten hinsichtlich der Jugendweihefrage informiert war, kam eine aktive Einflussnahme auf ihn nur schleppend voran. Eine wesentliche Rolle kam schließlich dem Juristen beim Landeskirchenamt und engem Mitarbeiter des Bischofs, Gerhard Lotz, zu. Bereits beim ersten Treffen des Kirchenangestellten mit seinem späteren Führungsoffizier, Hauptmann Sgraja von der Hauptabteilung V/4, am 21. März 1955 in Eisenach wurde die Jugendweihefrage angesprochen. Sgraja, der eigens von Berlin anreiste, um mit Lotz in Verbindung zu treten und ihn für eine Zusammenarbeit mit dem SfS zu gewinnen, konnte nach mehreren Telefonaten ein Treffen mit dem Juristen realisieren. Zu Beginn des Zusammenkommens, an dem auch ein Mitarbeiter der Bezirksverwaltung Erfurt teilnahm, stellte sich der Hauptmann als Vertreter des SfS vor und konnte

158 Eine Kopie des Schreibens Mitzenheims an die Lehrer findet sich im Arbeitsvorgang des GI »Wagner«. BStU, MfS, AIM 6204/67, Teil A, Bl. 22 f.

159 Kopie des Briefes des Landesbischofs der Evangelisch-Lutherischen Kirche in Thüringen an die Lehrer und Lehrerinnen im Thüringer Land vom 20.10.1955; ebenda.

160 Neben Bischof Mitzenheim richtete vor allem auch Bischof Dibelius Briefe an die evangelischen Lehrerinnen und Lehrer, als sie bei der Vorbereitung der Jugendweihen verstärkt herangezogen wurden. Vgl. Mau, Realsozialismus, S. 24.

161 Vgl. auch unter 6.2. Gottfried Noth.

rasch Vertrauen zu Gerhard Lotz aufbauen. An diesem Abend kamen die Generalsynode in Espelkamp, die kirchliche Lage in Thüringen und die Politik der Regierung gegenüber der Kirche zur Sprache. Der Kirchenangestellte vertrat bei dem Gespräch die Meinung, dass »die Landeskirche Thüringen mit Bischof Mitzenheim an der Spitze die harmloseste in der DDR« sei. Hinsichtlich der Jugendweihe teilte er mit, dass laut kirchlichen statistischen Erhebungen an ihr etwa 3 Prozent von denen, die zur Konfirmation gingen, teilnehmen würden. Lotz kritisierte, dass der Staat an die Jugendweihe ohne »Perspektivplan« und nicht etappenweise herangegangen sei. Es wäre besser gewesen, so der Kirchenjurist, zunächst einen allgemeinen Aufruf ohne die Formulierung »ungeachtet ihrer Weltanschauung« zu erlassen. Auch der Themenplan hätte im ersten Jahr anders aufgestellt sein müssen und die weltanschauliche Auseinandersetzung nicht an den Anfang gesetzt sein dürfen.[162]

Das am Schluss des Berichts über dieses Treffen angegebene Ziel der Zusammenarbeit mit Gerhard Lotz lässt die Ambitionen des SfS-Mitarbeiters deutlich erkennen: die Zusammenarbeit mit dem Kirchenjuristen sollte als Informationsquelle, zur Realisierung einer Anwerbung des Bischofs Mitzenheim und der »Organisierung von Maßnahmen durch die Kirchenleitung Thüringen, die sich für die gesamte Republik auswirken können«, dienen.[163] Besonders das letztgenannte Anliegen spielte, wie sich zeigen wird, bezüglich der Einführung der Jugendweihe eine eminente Rolle.

Da sich Lotz bei diesem Treffen bereits zu einer inoffiziellen Zusammenarbeit mit dem SfS bereiterklärte und schon hier den Deckname »Karl« wählte,[164] stand für Sgraja einer Werbung des Kirchenjuristen nichts mehr im Wege. Am 7. Mai reichte er, da Werbungen von Geistlichen »nur mit Sanktion der Hauptabteilung V des SfS durchzuführen« waren,[165] einen entsprechenden Vorschlag ein. Dabei charakterisierte er den Juristen als Stellvertreter des Bischofs, den dieser in allen Fragen berate, und auf den sich Mitzenheim »ganz und gar« verlasse. Lotz sei es zu verdanken, so der SfS-Hauptmann, dass »die Landeskirche bisher nicht so im Schlepptau von Dibelius« liege. Generalleutnant Mielke genehmigte Gerhard Lotz als GM. Von einer schriftlichen Verpflichtung wurde, wie bei vielen Geistlichen und Kirchenangestellten,[166] vorerst Abstand genommen.[167] Die Zusammenarbeit des GM »Karl« mit dem Staatssicherheitsdienst

162 Bericht des Hauptmanns Sgraja, HA V/4, vom 24.3.1955 über ein Treffen mit Gerhard Lotz am 21.3.1955 in Eisenach; BStU, MfS, AIM 3043/86, Teil I, Bl. 31–34.

163 Ebenda.

164 BStU, MfS, AIM 3043/86, Teil I, Bl. 12.

165 Befehl des Staatssekretärs Wollweber vom 21.12.1954; BStU, MfS, BdL/Dok. Nr. 271, Bl. 3. Dies geschah, obgleich Lotz kein Geistlicher im engeren Sinn war.

166 Vgl. Vollnhals: Kirchenpolitische Abteilung, S. 20.

167 Vorschlag zur Werbung des Oberkirchenrates Gerhard Lotz als Geheimen Mitarbeiter vom 7.5.1955; BStU, MfS, AIM 3043/86, Teil I, Bl 11–13.

schätzte Sgraja schon bald als äußerst positiv ein. Sie erfolge aus Überzeugung, aus welchem Grund auch auf jede finanzielle und materielle Unterstützung verzichtet werde. Der Kirchenjurist übergab neben mündlichen Informationen Protokolle aus Sitzungen und Besprechungen sowie Schreiben der evangelischen Kirche. Der Wert dieser Unterlagen war sehr hoch geschätzt, »da durch ihn Informationen dem M.f.S. zugänglich waren, die bisher von keiner anderen Stelle gebracht wurden«. Die Zusammenarbeit wurde nach Sgrajas Ansicht aber noch dadurch bereichert, dass mit dem Geheimen Mitarbeiter »Aktionspläne erarbeitet und durchgeführt« wurden, die »für die Gesamtpolitik äusserst wertvoll« gewesen seien. Treffs mit ihm dauerten bis zu acht Stunden.[168] In der Jugendweihefrage nahm GM »Karl« noch im ersten Jahr seiner Zusammenarbeit mit dem Staatssicherheitsdienst Einfluss auf die Amtsführung des Landesbischofs. Als er im September 1955 aus seinem Urlaub zurückkehrte, fand er den Entwurf für einen die Jugendweihe betreffenden Hirtenbrief des Bischofs zur Überarbeitung vor. Er änderte den Text vor allem da, wo es um Maßnahmen gegen Christen ging, die an der Jugendweihe teilnehmen wollten.[169]

Im Kampf um die Einführung der Jugendweihe kam Gerhard Lotz im späteren Verlauf durch seinen Einfluss auf den Landesbischof eine entscheidende Rolle zu, zunächst im Raum der Thüringer Landeskirche, dann aber auch in der gesamten DDR.

Seelsorger vor Ort

Im Kampf um die Jugendweihe gerieten vor allem die Geistlichen vor Ort in eine schwierige Lage. Sie hatten die zahlreichen Anordnungen der Kirchenleitungen umzusetzen. Ihren Ausgang nahmen diese Verfügungen im Wesentlichen in der Empfehlung einer diesbezüglichen Fachreferentenkonferenz der EKD-Gliedkirchen in der DDR vom 11. Mai 1955. Diese Empfehlung nahm Bezug auf die schon bestehenden kirchlichen Lebensordnungen, wonach jene von der Konfirmation auszuschließen seien, die an Veranstaltungen, die der Konfirmation entgegenstünden, teilnähmen. Diese alte Festlegung wurde undifferenziert auf die Jugendweiheteilnehmer übertragen. So befürwortete die Konferenz, Jugendgeweihten die Konfirmation zu verwehren, beziehungsweise jenen, die bereits konfirmiert waren und später an der Jugendweihe teilnahmen, die durch die Konfirmation gewährten Rechte abzuerkennen.[170] Die Anweisungen der einzelnen Gliedkirchen entsprachen weitgehend den Richtlinien der

168 Charakteristik des GM »Karl« vom 8.1.1958; ebenda, Bl. 64 f.

169 Bericht zum Treff mit GM »Karl« am 26.9.1955 vom 27.9.1955; BStU, MfS, AIM 3043/86, Teil II, 1, Bl. 21 f.

170 Vgl. Urban; Weinzen: Jugend ohne Bekenntnis, S. 128.

Fachreferenten. Während die Thüringer Landeskirche ihr »Gesetz zur Erhaltung kirchlicher Ordnung und Sitte« von 1930 präzisierte und festlegte, dass die mit der Konfirmation erworbenen Rechte nur solange ruhten, »bis das Gemeindeglied zu erkennen gibt, dass es sich der Kirche wieder zugewandt hat«[171], drängte das Konsistorium der Kirchenprovinz Sachsen in seiner Rundverfügung vom 22. Juni 1955 bei Bruch des Konfirmationsgelübdes auf Ausübung der kirchlichen Zucht.[172] Das Landeskirchenamt Dresden erteilte am 20. Juni 1955 allen Konventsvorsitzenden die Anweisung, Jugendliche »im Falle der Teilnahme an einer Jugendweihe nach erfolgter Konfirmation« davon schriftlich in Kenntnis zu setzen, dass ihnen die Rechte der Teilnahme am Abendmahl und ein Patenamt auszuüben sowie das aktive und passive Wahlrecht aberkannt werden.[173] Die BV Leipzig des SfS stellte dazu fest, dass »die Mehrheit der im Bezirk vorhandenen Pfarrer dieser Weisung Folge leiste, dabei fast ausnahmslos entsprechend ihrer inneren Überzeugung« handele und »zugleich ihre ablehnende Haltung zur DDR zum Ausdruck« bringe.[174] Der Widerstand der Kirchenleitungen gegen die Jugendweihe fachte Reaktionen des Zentralen Ausschusses an, die sich vor allem gegen die aus Sicht des Ausschusses »reaktionären klerikalen Kreise«, die auf Kirchenzuchtmaßnahmen gegen Jugendgeweihte drängten, richteten. Paul Wandels Forderung auf einem Seminar der ersten Bezirks- und Kreissekretäre der SED im Februar 1955, dass das erste Prinzip der Jugendweihepolitik der SED »überzeugen, überzeugen und noch einmal überzeugen« sein müsse und dabei die religiösen Gefühle der Gläubigen nicht verletzt werden dürften,[175] bewirkte für die Geistlichen vor Ort keinen Schutz vor Drangsalierung. Denn tatsächlich wurde die Jugendweihe in erster Linie nicht über Benachteiligung konfirmierter Kinder, sondern durch Beeinflussung der Bevölkerung gegen die Kirche durchzusetzen versucht.[176] Vermeintliche Anzeichen des Erfolgs dieser Taktik suchte das MfS in seinen Berichterstattungen zu übersteigern, indem Meldungen einzelner mit Kirchenzuchtmaßnahmen im Zusammenhang stehender Kirchenaustritte und Kritiken an der Kirche gesammelt[177] und pauschalisierend ausgewertet wurden. So informierte die Bezirksverwaltung Leipzig

171 Ebenda.

172 Myrrhe: Geschichte als Beruf, S. 308.

173 Analyse der politischen und ökonomischen Lage des Bezirkes Leipzig, o. D.; BStU, MfS, BV Leipzig, Leiter, Nr. 00932/02, Bl. 36.

174 BStU, MfS, BV Leipzig, Leiter, Nr. 00932/02, Bl. 36.

175 Höllen: Loyale Distanz, Bd. I, S. 388.

176 Wentker: Einführung, S. 153.

177 Solche Meldungen gingen oftmals durch Berichte der BDVP über die Tätigkeit der Kirche an das MfS. (Beispielsweise meldete das VPKA Altenburg im März 1956, dass in Wintersdorf, Kreis Altenburg, zehn Eltern ihren Austritt aus der Kirche erklärten, da sich der Pfarrer »erdreistet, die Kinder dieser Eltern an den festgelegten Tag nicht zu konfirmieren, weil von diesen Kindern die Jugendstunde besucht wurde«. BStU, MfS, BV Leipzig, Leiter, Nr. 00007/03, Bl. 108.)

die Berliner Informationsabteilung im Januar 1956 per Fernschreiben darüber, dass nach der Veröffentlichung eines Aufrufs des »Blocks der antifaschistischen Parteien und Massenorganisationen« in der Leipziger Volkszeitung im Dezember 1955 unter dem Titel »Wer gegen die Jugendweihe ist, verneint den Fortschritt«[178] Kirchenaustritte – vor allem aus der Arbeiterschaft – von bis zu 40 Bürgern zu verzeichnen waren. Dabei konnten Äußerungen Einzelner wie »Das, was die Pfarrer gegen die Jugendweihe unternehmen, ist nicht richtig«, »Das Auftreten der Pfarrer ist empörend« oder »Die Pfaffen sind alle eine große Gaunerbande« den Eindruck erwecken, als richtete sich die Entrüstung der Betreffenden mehr gegen die Geistlichen im Pfarramt als gegen die Kirchenleitungen.[179]

Tatsächlich war die Loyalität der weitaus meisten Geistlichen ihren Bischöfen gegenüber ein Ärgernis. Bereits im Oktober 1955 musste die Abteilung Kirchenfragen beim ZK feststellen, dass nicht einmal die von der SED geförderten »fortschrittlichen Pfarrer« in der Jugendweihefrage die Linie der Partei vertraten.[180]

Seit dem Aufruf zur Jugendweihe hatten zahlreiche Seelsorger in Wahrnehmung ihrer seelsorglichen Verantwortung immer wieder Briefe an Eltern und Jugendliche gesandt und sie auf die Folgen einer Teilnahme an der Jugendweihe aufmerksam gemacht.[181] Diese unmissverständlichen Bemühungen der Pfarrer um das Heil ihrer Gläubigen entgingen dem SfS/MfS nicht. Sie waren die augenfälligsten und zugleich substanziell nachweisbaren Reaktionen der Kirche auf die Einführung der Jugendweihe. Meist kamen die Schreiben, die nicht selten vom Pfarrer als Vorsitzenden des Gemeindekirchenrates verfasst wurden, durch die Empfänger selbst in die Hände staatlicher Stellen und damit auch in die des Staatssicherheitsdienstes. Im Juli 1955 gaben Abschriften solcher Briefe, die dem Leiter der BV Magdeburg, Reinhold Knoppe, von einigen Kreisdienststellen zugesandt wurden und die von ihm als eine »glatte Drohung und Einschüchterung« der Bürger und als »ein Verstoß gegen das Gesetz zum Schutze des Friedens« und gegen die Verfassung empfunden wurden, Anlass, allen Leitern der Kreisdienststellen des Bezirkes Magdeburg einen Vorschlag für das Vorgehen in solchen Fällen zu unterbreiten. Die »Bearbeitung« der betreffenden

178 Siehe dazu auch Jeremias: Jugendweihe, S. 21 f.

179 Informationsbericht der BV Leipzig vom 5.1. bis 12.1.1956 an das MfS, Abt. Information, Fernschreiben vom 12.1.1956; BStU, MfS, BV Leipzig, Leiter, Nr. 00007/03, Bl. 8.

180 Vgl. Wentker: Einführung, S. 152.

181 Zunehmend wurden auch Versuche der Geistlichen, auf Lehrer Einfluss auszuüben und sie von einer Werbung für die Jugendweihe abzubringen, festgestellt. Vgl. dazu z. B. Bericht der BDVP Leipzig vom 1.1.1956 über einen Brief des Pfarrers von Neukieritzsch an ein Lehrerkollegium mit der Aufforderung, die Kinder keinesfalls zur Teilnahme an der Jugendweihe zu beeinflussen. BStU, MfS, BV Leipzig, Leiter, Nr. 00007/01, Bl. 1; ferner ein Bericht der BV Leipzig an das SfS, Abt. Information vom 31.10.1955 über einen Pfarrer im Kreis Wurzen, der mit Lehrern Aussprachen führte, dass sie von einer Werbung für die Jugendweihe Abstand nähmen; BStU, MfS, BV Leipzig, Leiter, Nr. 00810/07, Bl. 40 u. a.

Pfarrer in einem operativen Vorgang sei, so der Dienststellenleiter, eine Seite, die andere Seite müsse darin bestehen, »nach Beratung mit dem 1. Sekretär der Kreisleitung der Partei« zu prüfen, ob einzelne Personen aus dem entsprechenden Kirchenrat »zur Anwerbung geeignet« seien, danach alle Mitglieder des Kirchenrates einzeln vorzuladen und zu befragen, ob sie mit dem Inhalt des Briefes des Pfarrers einverstanden seien. Gelinge es, dass einige der befragten Mitglieder von dem Schreiben Abstand nehmen und es als eine »Eigenmächtigkeit des Pfarrers« hinstellen, so sei diese Tatsache in der Presse auszuwerten. Daraus ergebe sich die Möglichkeit, mit dem Pfarrer eine »ernsthafte Aussprache herbeizuführen« und ihn einzuschüchtern. Sei es jedoch möglich, den gesamten Gemeindekirchenrat zur Ablehnung des Pfarrers zu bewegen, so solle man gegen ihn »mit Hilfe der Kirchenratsmitglieder« Front machen, um eine Versetzung des Geistlichen zu bewirken oder eine Beschwerde gegen ihn bei seinen Vorgesetzten einzureichen. Knoppe empfahl ferner, die von Pfarrern angeschriebenen Personen anzusprechen, ihnen jede Unterstützung des SfS zu gewähren, »um die Drohungen des Pfarrers zu zerschlagen« und gegebenenfalls mit ihrer Hilfe »Material gegen den Pfarrer zu sammeln, um ihn operativ zu belasten«.[182] Das Schreiben Knoppes enthielt mit dem vorgesehenen Einsatz geheimer Mitarbeiter, der Einbindung der Presse, der Erfassung in einem Operativen Vorgang, Differenzierungsmaßnahmen und Einschüchterung bereits beinahe die gesamte Bandbreite der die Kirchen betreffenden Arbeitsweisen des MfS der fünfziger Jahre. Im Zuständigkeitsbereich anderer Bezirksverwaltungen gab es ähnliche Vorgaben.

Im November 1954 wurden durch die Kreisdienststelle Döbeln im Bezirk Leipzig sämtliche evangelischen und katholischen Pfarrer des Kreisgebietes, insgesamt 36, in dem Beobachtungsvorgang[183] »Antidemokratische Pfarrer« erfasst. Aufgrund fehlender Geheimer Mitarbeiter kamen zunächst keine Maßnahmen zustande. Am 30. Januar 1954 wurden bis auf sieben evangelische Pfarrer alle weiteren im Vorgang erfassten Personen abregistriert. Die weiterhin erfasst Gebliebenen waren vorrangig als Gegner der Jugendweihe aufgefallen, hatten eine »sture Haltung gegenüber der Jugendweihe«, versuchten Eltern und Kinder zu überzeugen und »betr. Jugendweihe die Linie der Kirche durchzusetzen«.[184] Bereits im Dezember 1954 intensivierte sich wegen der Beschwerde eines Pfarrers über eine nicht erteilte Druckgenehmigung für Einladungen zu einer Aussprache über Konfirmation und Jugendweihe die Aufmerksamkeit in der Führung des Vorganges auf die Jugendweihefrage.[185] Das

182 Schreiben des Leiters der Bezirksverwaltung Magdeburg des SfS an alle Leiter der Kreisdienststellen vom 22.7.1955; BStU, MfS, BV Magdeburg, Leiter, Nr. 80, Bl. 193 f.

183 Vorgangsart von 1953 bis 1960.

184 Sachstandsbericht zum Beobachtungsgruppenvorgang »Antidemokratische Pfarrer« vom 2.10.1956; BStU, MfS, BV Leipzig, AOP 390/61, Bd. 1, Bl. 13.

185 Schreiben des stellvertretenden Vorsitzenden des RdK Döbeln an das SfS mit Informationen über Aussprachen mit zwei Pfarrern im Kreis Döbeln vom 28.12.1954; ebenda, Bl. 173 .

Vorgehen des SfS blieb jedoch weiterhin fragmentarisch und planlos. Material, das auf eine besondere Konfrontationsstellung einzelner Geistlicher zur Jugendweihe hinwies, wurde, wie das Protokoll über die Vernehmung von vier Schülern zu ihrem Pfarrer, unberücksichtigt im Dossier abgelegt. Die Befragung von Schülern der siebten Klasse einer Schule im Kreis Döbeln über ihren Pfarrer ergab, dass dieser nach dem Konfirmandenunterricht im Februar 1955 einen gegen die Sowjetunion gerichteten Witz erzählt hatte. Zwei der einzeln befragten Schüler ergänzten, dass »der Pfarrer ein Volksfeind sei«, da er nicht zur Wahl gegangen sei und »gegen die Jugendweihe hetzen« würde.[186]

Zu den im Vorgang »Antidemokratische Pfarrer« neu registrierten Geistlichen zählte auch der Roßweiner Pfarrer Paul Streibert[187]. In einem vom VEB Schmiedewerke »Hermann Matern« verfassten und in der Leipziger Volkszeitung am 3. Dezember 1955 unter der Überschrift »So denken die Werktätigen, Herr Streibert« erschienenen Artikel wurde sein Vorgehen gegen die Jugendweihe angegriffen. Auf den Zeitungsbeitrag reagierten neun Pfarrer mit einem Antwortschreiben an die Verfasser und baten zur Kenntnis zu nehmen, dass Pfarrer Streibert, als er den Eltern jugendgeweihter Kinder mitteilte, dass ihre kirchlichen Rechte ruhten, »ganz im Sinne der Verordnung des Ev. luth. Landeskirchenamtes Sachsen« gehandelt habe und dass sie selbst ebenso handeln und sich damit in Übereinstimmung mit der gesamten Pfarrerschaft der evangelischen Landeskirchen innerhalb der DDR befinden würden.[188] In einem Sachstandsbericht vom Oktober 1956 zum Beobachtungsvorgang »Antidemokratische Pfarrer« hieß es, Pfarrer Streibert habe »bis vor einigen Monaten« großen Einfluss unter der Bevölkerung gehabt, der aber durch seine Haltung zur Jugendweihe erheblich gesunken sei. Durch sein Verhalten seien aus dem VEB »Hermann Matern« in Roßwein 50 Arbeiter aus der Kirche ausgetreten.[189] Dass der Austritt so vieler Arbeiter im Zusammenhang mit dem Agieren eines Pfarrers gegen die Jugendweihe manipuliert war, liegt auf der Hand. Wer in diesem Fall agierte, lässt sich jedoch nicht erkennen.

Die Kreisdienststelle Grimma legte am 2. Juni 1955 einen Beobachtungsgruppenvorgang unter dem Decknamen »Pfarrer« an und erfasste darin 34 Geistliche aus dem Kreisgebiet, von denen die meisten aus Sicht des SfS eine negative Einstellung zur DDR hatten. Ihnen wurde vor allem die Nichtteilnahme an der Volkswahl und die Verweigerung einer Unterschrift zugunsten des Wie-

186 Abschrift eines Protokolls über die Vernehmung von vier Schülern einer 7. Klasse durch deren stellvertretenden Direktor vom 3.3.1955; ebenda, Bl. 192.

187 Geb. am 20.12.1911 in Wurzen.

188 Von neun Geistlichen unterzeichnetes Schreiben an den VEB Schmiedewerke »Hermann Matern« vom 5.12.1955; BStU, MfS, BV Leipzig, AOP 390/61, Bd. 1, Bl. 249.

189 Sachstandsbericht zum Beobachtungsgruppenvorgang »Antidemokratischer Pfarrer« vom 2.10.1956; BStU, MfS, BV Leipzig, AOP 390/61, Bd. 2, S. 13–16.

ner Appells[190] vorgeworfen.[191] Unter den im Vorgang erfassten Personen lenkte der Naunhofer Pfarrer Helmut Friedrich wegen seiner entschiedenen Ablehnung der Jugendweihe bereits im Vorfeld die Aufmerksamkeit des SfS auf sich. Seine Aktivitäten gegen den sozialistischen Ritus standen im Mittelpunkt des Interesses des Sicherheitsdienstes und führten schließlich zum Anlegen eines Überprüfungsvorganges. Schon vor den ersten Jugendweihen war man auf ihn aufmerksam geworden, weil er während eines Gottesdienstes gegen die Feier Stellung bezog und einen einschlägigen Elternabend einberief. Der Sicherheitsdienst bekam darüber durch ein Schreiben des Volkspolizei-Kreisamtes Grimma Kenntnis.[192] Wegen der Aktivitäten der im Visier stehenden Pfarrer gegen die Jugendweihe sah sich der Vorsitzende des Rates des Kreises gezwungen, am 25. Oktober 1955 den Superintendenten Lehman und »die übelsten Hetzer«, unter ihnen Friedrich, zu einer Aussprache zu laden, um ihnen darzulegen, dass die Verfassung der DDR der Kirche für ihre inneren Angelegenheiten großzügige Freiheit garantiere. Damit sei aber, so ließ er sie wissen, nicht erlaubt, »dass einige Pfarrer die Behauptung aufstellen, bei uns, und damit ist die Jugendweihe gemeint, werden die Kinder zu Lügnern erzogen«. Die Geistlichen ihrerseits wiesen darauf hin, dass durch die Jugendweihe in die inneren Angelegenheiten der Kirche eingegriffen werde. Die Aussprache endete mit den vom Superintendenten ausgesprochenen Worten: »Sie wollen den Kulturkampf und ich sage, Sie sollen ihn haben.«[193]

In dem Beobachtungsgruppenvorgang »Pfarrer« wurden drei auf einen gemeinsamen Fragenkatalog basierende Untersuchungen zur »feindlichen Tätigkeit der evangelischen und katholischen Kirche gegen die Jugendweihe in den Gemeinden« abgelegt. Bemerkenswert ist, dass in diesen am Ende des Jahres 1955 von der Kreisdienststelle (KD) Grimma und vom Rat des Kreises Grimma, Abteilung Kirchenfragen, gefertigten Analysen soziale Merkmale der von den Geistlichen Beeinflussten besondere Beachtung fanden. Man konstatierte, dass der Einfluss der Pfarrer »praktisch in alle sozialen Schichten«, auch in Arbeiterkreise ging.[194] Die beim Rat des Kreises Grimma für Kirchenfragen Verant-

190 1955 fand gegen die Vorbereitung eines Atomkrieges eine weltweite Unterschriftensammlung für den Wiener Appell des Weltfriedensrates statt.

191 Beschluss über das Anlegen eines Beobachtungsvorganges zu Pfarrern im Kreisgebiet Grimma vom 2.6.1955; BStU, MfS, BV Leipzig, AOP 293/61, Gruppenvorgang, Bl. 9.

192 Meldung des VP-Kreisamtes Grimma zu den Kanzelabkündigungen der evangelischen Kirche gegen die Jugendweihe vom 11.1.1955. Im Verteiler des Schreibens ist neben dem Rat des Kreises und der Kreisleitung das SfS aufgeführt. Ebenda, Bl. 30.

193 Aktennotiz zu einer Aussprache zwischen Pfarrern aus dem Kreis Grimma und dem Vorsitzenden des Rates des Kreises vom 26.10.55; ebenda, Bl. 46.

194 Das wird in beiden Untersuchungen der KD Grimma gleichermaßen festgestellt: Untersuchung zur feindlichen Tätigkeit der Kirchen gegen die Jugendweihe vom 9.11.1955 (BStU, MfS, BV Leipzig, AOP 293/61, Gruppenvorgang, Bl. 53 f.) und vom 10.11.1955 (ebenda, Bl. 59–64).

wortlichen stellten ferner bei Umsiedlern und bei den Großeltern der Konfirmanden eine besondere Anfälligkeit für die Beeinflussung durch die Geistlichen fest.[195]

Als das MfS im Januar 1956 wahrnahm, dass Pfarrer Helmut Friedrich in den Gottesdiensten wieder verstärkt gegen die Jugendweihe auftrat, notierte es, dass die von dem Geistlichen benutzten Argumente als ein Angriff gegen den Staat zu betrachten seien.[196] In diesem Zeitraum wandte sich die Arbeiterin Elsbeth Piegsa aus dem VEB Sachsenpelz in Naunhof in einem offenen Brief in der *Leipziger Volkszeitung* gegen den Pfarrer. In dem spitzfindig abgefassten Beitrag wird zunächst festgestellt, dass der Präsident der DDR ein »Kämpfer für den Fortschritt und für alles Neue« sei und er demgemäß auch die Jugendweihe bejahe. Umso unverständlicher sei es nun, dass Pfarrer Friedrich einer von jenen Pfarrern im Kreis Grimma sei, »die einen Feldzug gegen die Jugendweihe und damit einen Kampf gegen den Fortschritt, gegen das neue Leben, führen«. Der Pfarrer begebe sich damit auf einen »sehr dunklen Weg« und lenke auf diese Weise die »demokratischen Kräfte« von wichtigeren Aufgaben ab.[197]

Erst im Oktober 1957 kam ein Geheimer Informator zum Einsatz. Mit der Überwachung einer Predigt und der Verlesung einer Kanzelabkündigung durch Pfarrer Friedrich wurde der gerade einen Monat zuvor geworbene GI »Iris« beauftragt. Die 22-jährige Informantin berichtete mehrfach über kirchliche Angelegenheiten und über die im Oktober in allen Landeskirchen der DDR verlesene Kanzelabkündigung, die sich auf die Jugendweihe und die Sonneberger Rede Walter Ulbrichts bezog.[198]

Das weitere Vorgehen des MfS gegen den Geistlichen kam nur schleppend voran und auch die Befragung einer Jugendlichen, die »für ihn geschwärmt« hatte, brachte nur die schon bekannte Ablehnung der Jugendweihe durch den Pfarrer und dessen allseits »einnehmendes Wesen« in Kenntnis.[199] Die »provokatorischen Äußerungen gegen die Jugendweihe« führten schließlich am 14. November 1957 zur Eröffnung eines Überprüfungsvorganges gegen Helmut Friedrich, der unter dem Decknamen »Schwarzkittel« geführt wurde. Er sei, so die Begründung, »einer der übelsten Hetzer im Kreis Grimma« und habe in letzter Zeit »hetzerische Äußerungen« gegen den 1. Sekretär des ZK Genossen Walter Ul-

195 Bericht des RdK Grimma, Kirchenfragen, über Stand und Werbung, Einfluss der Kirche und eingeleitete Maßnahmen zur Jugendweihe, o. D.; BStU, MfS, BV Leipzig, AOP 293/61, Gruppenvorgang, Bl. 56–58.

196 Aktennotiz zum Auftreten des Pfarrers Friedrich aus Naunhof gegen die Jugendweihe vom 10.1.1955; BStU, MfS, BV Leipzig, AOP 293/61, Überprüfungsvorgang, Bl. 35.

197 Offener Brief an Pfarrer Friedrich in Naunhof. Abgedruckt am 24.1.1956 in der LVZ; ebenda, Bl. 36.

198 Bericht zum Treff mit GI »Iris« vom 22.10.1957 sowie zwei Berichte des GI »Iris« vom 21. und 27.10.1957; BStU, BV Leipzig, AIM 205/59, Teil A, Bl. 18 ff.

199 Bericht über die Vernehmung einer Jugendlichen über Pfarrer Friedrich vom 30.6.1958; BStU, MfS, BV Leipzig, AOP 293/61, Überprüfungsvorgang, Bl. 83.

bricht ausgesprochen.[200] Gemeint war damit die von GI »Iris« dem MfS hinterbrachte Information, der Geistliche habe bei der Verlesung der Kanzelabkündigung »sämtliche Ämter von U. aufgezeichnet und mehrmals [...] vorgelesen«[201]. Das Aktenmaterial zu Pfarrer Friedrich wurde an die Bezirksverwaltung Leipzig gesandt, deren Leiter es am 19. November an den Leiter der Kreisdienststelle Grimma zurückschickte und anmerkte, dass das vorliegende Material nicht ausreichend sei, um Maßnahmen gegen Helmut Friedrich einleiten zu können. Es sei notwendig, dass die bekannten Ausführungen des Geistlichen »erhärtet und dafür Zeugen in Vorschlag gebracht werden«. Die Aufzählung der Ämter Walter Ulbrichts könne »unter keinen Umständen als Hetze aufgefasst werden«. Der Bezirksverwaltungsleiter empfahl dem Kreisdienststellenleiter, »in der Richtung zu arbeiten«, dass ähnliches Material wie bei der Befragung der Jugendlichen geschaffen werde. Dies zielte offensichtlich darauf ab, kompromittierendes Material gegen den Pfarrer zu suchen.[202] Doch konnten entsprechende Belege nicht erbracht werden. Da sich »der Verdachtsmoment der Feindtätigkeit nicht bestätigte«, wurde der Überprüfungseinzelvorgang »Schwarzkittel« am 18. Oktober 1958 abgelegt.[203]

Bereits auf einer Aktivtagung des MfS im Mai 1956 wurde ein hoher Prozentsatz von Nichtbestätigungen der angeführten Verdachtsmomente bei Überprüfungs- und Operativvorgängen beanstandet, der mit einer Leichtfertigkeit beim Anlegen und einer ungenügenden Bearbeitung der Vorgänge begründet werden konnte.[204] In diese Fülle ergebnislos abgeschlossener Vorgänge kann der Überprüfungsvorgang »Schwarzkittel« unverkennbar eingereiht werden. Auffallend ist vor allem der kurze Zeitraum zwischen der Eröffnung des Vorganges und dem ersten Versuch, eine Verhaftung zu erwirken. Die Vorgangsbearbeitung beschränkte sich, wie in vielen Fällen, auf Sammeln von Material gegen den Verdächtigten.

Über den Delitzscher evangelischen Pfarrer Rudolf Werner[205] wurde der KD Delitzsch des MfS bereits im Juli 1952 zugetragen, dass er »eine unverschämte Hetze gegen die DDR und die SU von der Kanzel herab« betreibe. Eine intensivere Beobachtung Werners kam, nicht zuletzt weil er sich nach dem 17. Juni 1953 »einige Zeit loyal« verhielt, vorerst nicht zustande. Das Interesse

200 Beschluss für das Anlegen eines Überprüfungsvorganges zu Pfarrer Helmut Friedrich vom 14.11.1957; ebenda, Bl. 9.

201 BStU, BV Leipzig, AIM 205/59, Teil A, Bl. 22.

202 Schreiben des Leiters der BV Leipzig an den Leiter der KD Grimma vom 19.11.1957; BStU, MfS, BV Leipzig, AOP 293/61, Überprüfungsvorgang, Bl. 61.

203 Beschluss über das Ablegen des Überprüfungseinzelvorganges »Schwarzkittel« vom 18.10.1958; ebenda, Bl. 97.

204 Referat auf einer Aktivtagung des MfS am 11. Mai 1956, Verfasser unbekannt; BStU, MfS, BdL/Dok. Nr. 6154, Bl. 3.

205 Rudolf Werner, geb. 18.12.1909.

des SfS an den Geistlichen erwachte wieder, als sich Werner ab Dezember 1954 »aktiv an der Hetze gegen die Jugendweihe« beteiligte. In einem Brief an die Direktorin der Delitzscher Hilfsschule bezeichnete er alle Lehrer, die an der Vorbereitung der Durchführung der Jugendweihe mitwirkten, als »bewusste Lügner«. Er machte der Schulleiterin insbesondere zum Vorwurf, dass sie als stellvertretende Vorsitzende des Delitzscher Jugendweiheausschusses fungierte. Das Schreiben hatte zur Folge, dass Albin Beer, Mitglied des Kreisausschusses für Jugendweihe, am 23. Dezember 1955 in der Leipziger Volkszeitung einen offenen Brief an den Superintendenten König unter der Überschrift »Unsere Arbeiter- und Bauernmacht ist unantastbar« richtete. Er ersuchte den Empfänger, auf Pfarrer Werner einzuwirken, dass er von seinem eingeschlagenen Weg abgehe. Fünf Tage später erschien in derselben Zeitung ein Artikel der »Erzieherschaft des Kreises Delitzsch«, in welchem zu dem »provokatorischen Brief« des Pfarrers an die Schulleiterin Stellung genommen und eine Meinungsäußerung des demokratischen Blocks zu der Angelegenheit gefordert wurde. Die Kirche reagierte mit einem öffentlichen »Ausspracheabend« in der Marienkirche zu Delitzsch am 4. Januar 1956, an dem circa 500 Personen teilnahmen. Pfarrer Werner, der auf die Veröffentlichungen in der Presse einging und die Position der Kirche erläuterte, »erhielt von der Mehrzahl der Kirchenbesucher Beifall, Zustimmung oder Gelächter«.[206] Diese Ansprache gab dem MfS den Anlass, zu Rudolf Werner den Überprüfungseinzelvorgang »Testament« anzulegen.[207] Begründet wurde der Schritt damit, dass der Geistliche »in letzter Zeit wiederholt antidemokratische Hetze« betreibe.[208] Öffentliche Meinungsäußerung zur Jugendweihe wurde hier sichtlich mit »antidemokratischer Hetze« gleichgesetzt.

Als in der ersten Hälfte des Jahres 1957 durch Postüberwachung, Einsatz von Geheimen Informatoren und Kontaktpersonen sowie durch offizielle Stellen bekannt wurde, dass Pfarrer Werner an eine andere Dienststelle versetzt werden sollte, wurde von weiterem Vorgehen gegen den Geistlichen durch das MfS Abstand genommen[209] und der Überprüfungseinzelvorgang archiviert.[210]

Die Überwachung Geistlicher und eine Einflussnahme auf sie durch das MfS/SfS kam oft aus Mangel an geeigneten Geheimen Informanten nicht zustande. So musste die Kreisdienststelle Gardelegen der Abteilung V der Bezirks-

206 Sachstandsbericht der Abteilung V/4, BV Leipzig, vom 13.1.1956 zu Pfarrer Rudolf Werner; BStU, MfS, BV Leipzig, AOP 6/58, Bl. 15–17.

207 Sachstandsbericht zum Überprüfungseinzelvorgang »Testament« vom 23.4.1957; ebenda, Bl. 65.

208 Beschluss über das Anlegen eines Überprüfungseinzelvorganges zu Pfarrer Rudolf Werner vom 25.1.1956; ebenda, Bl. 10.

209 Sachstandsbericht zum Überprüfungseinzelvorgang »Testament« vom 23.4.1957; ebenda, Bl. 63–66.

210 Beschluss über das Ablegen des Überprüfungseinzelvorganges »Testament« vom 30.12.1957; ebenda, Bl. 105.

verwaltung Magdeburg im August 1955 mitteilen, dass sie zur Überwachung des Superintendenten Walter Münker[211], der seit Oktober 1954 in einem Überprüfungsvorgang erfasst war[212] und zunehmend auch im Zusammenhang mit der Einführung der Jugendweihe ins Blickfeld geriet, bisher keinen Geheimen Informator zum Einsatz bringen konnte. In der gesamten Kreisdienststelle waren keine Agenturen[213] auf der Linie der evangelischen und katholischen Kirche verfügbar.[214] Da kein ausreichendes Material, das zu einer Festnahme des Superintendenten führen würde, erbracht werden konnte, wurde der Überprüfungsvorgang im Januar 1956 zur Ablage gebracht.[215]

In Gera wurde im Oktober 1955 ein Beobachtungsvorgang zu vier evangelischen Pfarrern angelegt, die im Zusammenhang mit der Jugendweihe »angefallen« waren. Die Bearbeitung der Geistlichen ergab nach einer dreijährigen Laufzeit des Vorganges »betreffs der Jugendweihe keinerlei wesentliches Material«. Aus diesem Grunde wurde der Vorgang eingestellt.[216] Eine Vielzahl weiterer Vorgänge des Staatssicherheitsdienstes zu evangelischen Geistlichen, die das Thema Jugendweihe berühren, ist belegbar.

Die Seelsorger waren hinsichtlich ihrer Äußerungen zur Jugendweihe stets der Gefahr der Denunziation ausgesetzt. So berichteten Schüler der 8. Klasse einer Grundschule in Leipzig über ihren Pfarrer, dass er ihnen ein Schreiben des Bischofs Noth vorgelesen habe, in dem die Unvereinbarkeit von Jugendweihe und Konfirmation erläutert wurde.[217]

Versuche, geeignete Kandidaten für die Zusammenarbeit mit dem MfS/SfS im Umkreis von Geistlichen, die sich negativ über die Ein- und Durchführung der Jugendweihe äußerten, zu finden, sind mehrfach nachweisbar. Nicht selten gehörten die Angesprochenen selbst zum Kreis der Jugendweihegegner. So sollte in Schwerin im Dezember 1955 ein Schlosser, der aus Sicht des MfS im »Verdacht der Agententätigkeit und Hetze gegen die DDR« stand und deshalb in ei-

211 Walter Münker, 19.11.1913, Superintendent in Gardelegen.

212 Beschluss über das Anlegen des Überprüfungsvorganges »Glocke« vom 22.10.1954; BStU, MfS, BV Magdeburg, AOP 30/56, Bl. 10.

213 Das Wort Agentur wurde vom MfS/SfS in den 1950er und frühen 1960er Jahren für die Gesamtheit der Geheimen Informatoren (GI) und Geheimen Mitarbeiter (GM) einer Diensteinheit verwendet. So in der Dienstanweisung 3/54: »Doppelzüngler, Desinformatoren, dekonspirierte und unfähige GI und GM sind aus der Agentur bis zum 1.3.54 auszuschließen.« BStU, MfS, BdL/Dok. Nr. 3036, Bl. 4.

214 Schreiben der KD Gardelegen an die Bezirksverwaltung Magdeburg, Abt. V, bezüglich der Agenturen und Vorgänge auf der Linie der evangelischen und katholischen Kirche vom 9.8.1955; BStU, MfS, BV Halle, AIM, Teil I, 3507/78, Bl. 7.

215 Beschluss über das Einstellen eines Überprüfungsvorganges vom 6.1.1956; BStU, MfS, BV Magdeburg, AOP 30/56, Bl. 56.

216 Schlussbericht zu einem Beobachtungsvorgang vom 6.2.1959; BStU, MfS, BV Gera, AOP 100/56, Bl. 225.

217 Information zur Aufklärung und Propaganda für die Jugendweihe in der 63. Grundschule in Leipzig vom 3.2.1955; BStU, MfS, BV Leipzig, AOP 31/57, Bl. 49.

nem Überprüfungsvorgang erfasst war, aufgrund des gegen ihn vorhandenen belastenden Materials als Geheimer Informator angeworben werden. Da sich der Schlosser besonders stark gegen die Jugendweihe eingesetzt hatte, sah das MfS perspektivisch vor, ihn zur Bespitzelung seines Pfarrers, der als »Gegner der Jugendweihe« galt, einzusetzen.[218]

Das kontinuierliche Sicherstellen von einschlägigen Informationen und fortwährende Versuche, einen Zusammenhang zwischen der Ablehnung der Jugendweihe durch Geistliche und Hinweise auf sogenannte staatsfeindliche Hetze nachzuweisen, sind ausreichende Indizien dafür, dass die Mitarbeiter des MfS/SfS hinsichtlich der Jugendweihefrage wirksam sensibilisiert wurden.

Katholische Kirche

Die Hirtenbriefe der katholischen Bischöfe und bischöflichen Kommissare vom Dezember 1954 hinsichtlich der Jugendweihefrage enthielten klare Aussagen. Dennoch kam auch innerhalb der katholischen Kirche immer größere Unsicherheit darüber auf, wie man den neuen Problemen seelsorgerisch begegnen sollte. Im Januar 1955 forderte deshalb Bernhard Schräder, bischöflicher Kommissar in Mecklenburg, in einem Schreiben an den Berliner Bischof klare Anweisungen. Im Amtsblatt des bischöflichen Ordinariats Berlin wurden am 1. Februar »Richtlinien für die Behandlung der durch die Jugendweihe erwachsenden seelsorglichen Aufgaben« veröffentlicht.[219] Auch der Kapitelsvikar Piontek in Görlitz, das Bischöfliche Kommissariat Schwerin und der Magdeburger Weihbischof Rintelen gaben noch vor den ersten Jugendweihen Einschätzungen und Richtlinien heraus, die als Maßnahmen für den Fall der Teilnahme eines Jugendlichen an dem atheistischen Ritus unter anderem Ablehnung sämtlicher kirchlicher Ehrenämter, Nichtzulassung zum Sakrament der Firmung und im Todesfall auch die Verweigerung einer kirchlichen Beerdigung vorsahen.[220]

Der im Januar in Umlauf gebrachte Themenplan für die Vorbereitung der Jugendweihe bestärkte die meisten katholischen Kirchenoberen in ihrer Ablehnung des Ritus. Am 6. März, drei Wochen vor den ersten Jugendweihen, ließ das Bischöfliche Ordinariat Berlin in Ostberlin und in den auf dem Boden der DDR befindlichen Pfarreien des Bistums nochmals eine Kanzelverkündigung verlesen, in der die Freiwilligkeit der Jugendweihe betont und diese als ein Bekenntnis zur materialistischen Weltanschauung sowie die Beteiligung an ihr als eine Verleugnung des Glaubens bezeichnet wurden. Als Konsequenz ergab sich

218 Abschlussbericht des Überprüfungsvorganges 103/54 vom 22.12.1955; BStU, MfS, BV Schwerin, AOP 124/56, Bl. 130 f.

219 Raabe: Jugendweihe als Instrument, S. 50.

220 Pilvousek: Kirchliches Leben, S. 23 f.

aus dieser Charakterisierung des sozialistischen Ritus erneut, dass die Eltern, die ihre Kinder zur Jugendweihe schickten, die Jugendlichen, die an ihr teilnahmen und die, die sich an der Vorbereitung und Durchführung der Jugendweihe beteiligten, zu den Sakramenten nicht mehr zugelassen würden, bis sie ihr Vergehen bereut und wiedergutgemacht hätten. Die Gesinnung der Reue sollte durch eine schriftliche Erklärung vor dem Seelsorger und zwei Zeugen kundgetan werden.[221] Das Ordinariat Berlin, aber auch das des Bistums Meißen[222] versandten außerdem an ihre Pfarreien Fragenkataloge, um sich einen Überblick über die Auswirkungen der Jugendweihe zu verschaffen.[223]

Auch unter den katholischen Jugendlichen kam die Jugendweihe im Jahr 1955 nicht zum Durchbruch. So dankte der bischöfliche Kommissar in Meiningen, Prälat Joseph Schönauer, am 3. April in einem Pfarrbrief den Eltern und Jugendlichen für den erfolgreichen Widerstand gegen die Jugendweihe. Dem Brief waren zwei Schreiben als Anlagen beigefügt, in denen die Entweder-oder-Haltung für katholische Christen betont und darauf hingewiesen wurde, dass diese Sünde in der Beichte nicht ohne Weiteres losgesprochen werden könne. Eine schriftliche Reueerklärung des Jugendgeweihten und Widerruf vor zwei Zeugen seien vorher einzuholen.[224]

Auf den Start der Vorbereitung des zweiten Jugendweihedurchganges durch die zuständigen Ausschüsse reagierte Bischof Weskamm mit Oberhirtlichen Weisungen, die er seinem Klerus am 18. Oktober 1955 zukommen ließ. Darin bezeichnete er die Jugendweihe als »mehr als eine einzelne Episode«. Sie sei »wie ein Gericht über unsere Seelsorge«, die nun auf ihre Echtheit geprüft werde.[225] Die Oberhirtliche Weisung kam auch der Informationsabteilung des MfS zur Kenntnis.[226]

Außerdem verfassten die Bischöfe und bischöflichen Kommissare der DDR eine am 23. Oktober 1955 in den Gottesdiensten zu verlesende Erklärung, die die freiwillige Teilnahme an der Jugendweihe als »Einübung des Unglaubens« qualifizierte und die Unvereinbarkeit des katholischen Glaubensbekenntnisses mit der Jugendweihe nochmals hervorhob.[227]

Die Haltung der katholischen Kirche zu der sozialistischen Jugendfeier war weitgehend mit der der evangelischen Kirche identisch. Dennoch lässt sich ein nicht nur quantitativer Unterschied des Vorgehens des MfS/SfS in Bezug auf die Jugendweihe gegenüber den beiden Kirchen feststellen, der nicht allein durch

221 Höllen: Loyale Distanz, Bd. I, S. 385 f.
222 Vgl. dazu ebenda, S. 385.
223 Raabe: Jugendweihe als Instrument, S. 51.
224 Pilvousek: Kirchliches Leben, S. 23 f.
225 Höllen: Loyale Distanz, Bd. I, 407.
226 Der Bischof von Berlin. Oberhirtliche Anweisung vom 18.10.1955; BStU, MfS, ZAIG, Nr. 103, Bl. 77 f.
227 Raabe: Jugendweihe als Instrument, S. 52.

den prozentual geringeren Anteil der Katholiken in der Bevölkerung erklärt werden kann. Unter den im hier untersuchten Zeitabschnitt amtierenden katholischen Bischöfen und bischöflichen Kommissaren der DDR waren lediglich Heinrich Wienken und in der Folge Otto Spülbeck in einem registrierpflichtigen Vorgang des MfS/SfS erfasst. Zu einigen ihrer Amtsbrüder legte der Sicherheitsdienst lediglich angefallene Unterlagen in der Allgemeinen Personenablage innerhalb der operativen Hauptablage ab.

Wilhelm Weskamm (1891–1956), seit 1949 Weihbischof in Paderborn mit Sitz in Magdeburg, wurde 1951 zum Bischof von Berlin ernannt.[228] Zugleich war er von 1951 bis 1956 Vorsitzender der Berliner Ordinarienkonferenz[229]. Vom Ministerium für Staatssicherheit wurde Material zu seiner Person lediglich in der Allgemeinen Personenablage der Hauptabteilung XX gespeichert.[230] Hinsichtlich der Jugendweihe finden sich in dieser Ablage keine relevanten Informationen. Lediglich die Äußerungen, die der Bischof Ende Dezember in einem Interview mit Auslandskorrespondenten auch zur Jugendweihe machte und die ihren Niederschlag in einem Beitrag in der *Neuen Zürcher Zeitung* vom 1. Januar 1955 fanden,[231] wurden mit der Randbemerkung »Ablage Akte Weskamm« zu den Unterlagen genommen. Der Bischof gab den Auslandskorrespondenten einen Überblick über die Lage der katholischen Kirche in der DDR, stellte den mit dem »Regime Grotewohl« im Sommer 1953 geschlossenen »Waffenstillstand« als »ausgehöhlt und verbogen« dar und kritisierte, dass die staatliche Jugenderziehung der Kirche kaum Möglichkeiten einräume, die Jugend geistig zu schulen und dass sie zur Unwahrhaftigkeit und zu einem Doppelleben gezwungen werde. Hinsichtlich der Jugendweihe, die vom Staat als »Krönung der materialistischen Schulbildung« propagiert werde, äußerte Weskamm »die Zuversicht, dass das Regime angesichts des Widerstandes durch Elternhaus und Jugend seine Kampagne, besonders in Bezug auf die geplante Schulung für die Jugendweihe, etwas einschränken werde«.[232]

An der Spitze des Bistums Meißen[233] stand seit 1951 Bischof Heinrich Wienken (1883–1961). Als er 1957 aus gesundheitlichen Gründen auf den Bischofsstuhl verzichtete, übernahm Otto Spülbeck (1904–1970), der bereits seit 1955

228 Zur Struktur der katholischen Kirche in der DDR siehe u. a. Schäfer: Katholische Kirche, S. 58, und Knauft: Katholische Kirche in der DDR, S. 14 ff.

229 Später Berliner Bischofskonferenz.

230 BStU, MfS, HA XX, AP 12181/92.

231 Siehe dazu auch Kösters: Die Kirchenpolitik in der Amtszeit von Bischof Weskamm, S. 86, und Höllen: Loyale Distanz, Bd. I, S. 401.

232 Die Nöte der katholischen Kirche im Machtbereich der SED. In: Neue Zürcher Zeitung v. 1.1.1955; BStU, MfS, HA XX, AP 12181/92, Bl. 9.

233 Abgesehen von vier einzelnen Pfarreien östlich der Neiße lag das Bistum Meißen als einzige Diözese Ostdeutschlands völlig innerhalb der Grenzen der DDR. Ende 1979 wurde es in Bistum Dresden-Meißen umbenannt. Im März 1980 wurde der Bischofssitz von Bautzen nach Dresden verlegt.

als Koadjutorbischof die meisten Amtsgeschäfte wahrgenommen hatte, die Leitung des Bistums. Wienken wurde durch die Bezirksverwaltung Dresden des SfS bereits im November 1953 in dem Gruppenvorgang »Der Alte« wegen Verdachts auf »Spionage im Auftrage der westkapitalistischen Staaten« erfasst. In dem Vorgang wurden darüber hinaus zunächst die Domkapitulare und Ordinariatsräte Johannes Hötzel (Jg. 1901) und Gustav Palm (Jg. 1896) registriert.[234] Das MfS hielt in einem Sachstandsbericht im Januar 1956 fest, dass Wienken sich »entschieden gegen die Jugendweihe« stelle.[235]

Auch Otto Spülbeck wurde nach seinem Amtsantritt als Weihbischof in die Bearbeitung des Gruppenvorganges, der im Januar 1958 den neuen Decknamen »Schwarze Pest« erhielt, einbezogen.[236] Als der Vorgang im Juni 1959 archiviert wurde, hatten sich laut Abschlussbericht die Anschuldigungen der Spionage gegen Bischof Wienken als haltlos erwiesen. Zu Spülbeck schätzte der Sicherheitsdienst ein, dass seine Bestrebungen dahin gingen, »in Verbindung mit dem Vatikan und den westlichen kapitalistischen Ländern ideologische Zersetzung in der DDR zu führen«. Einer »Feindtätigkeit« konnte er dennoch »nicht überführt werden«. Das Gleiche wurde auch zu den anderen im Vorgang registrierten Personen festgestellt. Alle dort erfassten Geistlichen sollten weiterhin »in Handakten bearbeitet« werden.[237]

Der Jugendweihefrage kommt im Vorgang »Der Alte« resp. »Schwarze Pest« kaum Bedeutung zu. Nur sporadisch wurden Informationen zu ihr wahrgenommen. So nahmen die Mitarbeiter des Sicherheitsdienstes drei Tage nach Verlesen des Hirtenbriefes Wienkens vom 26. Dezember 1954 einen darüber verfassten GI-Bericht zur Kenntnis.[238] In einem im Januar 1956 verfassten Sachstandsbericht zum Gruppenvorgang »Der Alte« wurde die Haltung Bischof Wienkens zur Jugendweihe festgehalten.[239] Vereinzelt geriet Bischof Spülbeck in diesem Zusammenhang ins Blickfeld des MfS.

Der zur DDR gehörende Ostteil des Bistums Fulda wurde durch einen Generalvikar für das Kommissariat Heiligenstadt und die Dekanate Erfurt, Geisa und Weimar vertreten. Das Amt übte seit 1946 Propst Dr. Joseph Freusberg (1881–1964) aus, der 1953 zum Weihbischof in Fulda mit Sitz in Erfurt ernannt wurde. Das zum Bistum Würzburg zählende Kommissariat Meiningen stand

234 Beschluss über das Anlegen eines Gruppenvorganges zu Heinrich Wienken vom 20.11.1953; BStU, MfS, BV Dresden, AOP 71/59, Bd. I, Bl. 11 f.

235 Sachstandsbericht zum Gruppenvorgang »Der Alte« vom 4.1.1956; BStU, MfS, BV Dresden, AOP 71/59, Bd. II, Bl. 175–177.

236 BStU, MfS, Karteikarte F22, Gruppenvorgang 45/53.

237 Abschlussbericht zum Vorgang »Schwarze Pest« vom 18.3.1959; BStU, MfS, BV Dresden, AOP 71/59, Bd. III, S. 38–41.

238 Abschrift des Berichtes des GI »Helga« über die Verlesung des Hirtenbriefes am 26.12.1954 vom 29.12.1954; BStU, MfS, BV Dresden, AOP 71/59, Bd. I, Bl, 149.

239 Sachstandsbericht vom 4.1.1956; BStU, MfS, BV Dresden, AOP 71/59, Bd. II, Bl. 175.

unter der Leitung des Prälaten Joseph Schönauer (1894–1984). Aus den diese beiden Geistlichen betreffenden Akten lässt sich kein verstärktes Interesse des MfS/SfS an Aktivitäten, die im Zusammenhang mit der Jugendweihe standen, erkennen. Lediglich das anfangs vorhandene Engagement Joseph Freusbergs für die Ost-CDU und damit auch deren Umgang mit der Jugendweiheproblematik finden in den Unterlagen Erwähnung.

Dr. Ferdinand Piontek (1878–1963) vertrat als Kapitelsvikar im »Erzbischöflichen Amt Görlitz« den auf dem Boden der DDR liegenden Rest des alten Erzbistums Breslau. Auf einer zu ihm in der Vorverdichtungs-, Such- und Hinweiskartei (VSH)-Kartei der Abteilung X[240] angelegten Karteikarte wurde vermerkt, dass zu ihm »auf Grund des Alters keine Karte in der XII gest[ellt]« wurde.[241]

Das Erzbischöfliche Kommissariat Magdeburg war Teil des Erzbistums Paderborn. Der Paderborner Generalvikar Friedrich Maria Rintelen (1899–1988) wurde 1952 zum Weihbischof und Erzbischöflichen Kommissar in Magdeburg berufen und löste damit Wilhelm Weskamm ab. Das MfS, das auch zu Rintelen keinen Vorgang anlegte, schätzte ein, dass dieser »kein hundertprozentiger Gegner der Jugendweihe« sei.[242] Dem entspricht auch die Mitteilung des Schweriner GI »Gerold«, der im Januar 1955 über eine Priesterkonferenz, die die Jugendweihe zum Hauptthema hatte, berichtete und die dort besprochene Uneinigkeit der katholischen Bischöfe während ihrer Sitzung in Berlin hinsichtlich der Jugendweihe erwähnte. Er informierte den SfS-Mitarbeiter, dass die Bischöfe von Sachsen und Sachsen-Anhalt, also Wienken und Rintelen, mit einem ähnlichen Druck auf Eltern und Jugendliche wie in der evangelischen Kirche nicht einverstanden seien.[243] Die Bedenken der beiden Oberhirten galten zweifellos nicht der Ablehnung der Jugendweihe als solcher. In einem vom MfS abgefangenen Brief Rintelens an das katholische Pfarramt Leuna vom 5. Februar 1958 gab er dem dortigen Pfarrer recht, der zwei Schülerinnen mitgeteilt hatte, dass eine Teilnahme an der Jugendweihe für Katholiken unmöglich sei. Der Weihbischof verwies gleichzeitig darauf, dass er sich des starken Druckes, der bezüglich der Jugendweihe ausgeübt werde, bewusst sei und er bat den Pfarrer, ihn über das weitere Schicksal der beiden Mädchen in Kenntnis zu setzen.[244]

Allein bei Heinrich Wienken und Friedrich Maria Rintelen hätten sich dem MfS in der Jugendweihefrage Möglichkeiten andeuten können, Differenzie-

240 Die Abt. X beim MfS war zuständig für internationale Beziehung. Offenbar war Piontek in dieser Kartei wegen seiner Beziehungen zu dem inzwischen in Polen liegenden Breslau erfasst.

241 VSH-Karteikarte der Abt. X zu Ferdinand Piontek.

242 Einschätzung zu Weihbischof Dr. Friedrich Rintelen, o. D.; BStU, MfS, AP 4457/92, Bl. 71.

243 Treffbericht des GI »Gerold« vom 15.1.1955; BStU, MfS, BV Schwerin, AIM 690/55, Arbeitsakte, Bl. 20 ff.

244 Brief des Weihbischofs Friedrich Maria Rintelen an das kath. Pfarramt Leuna b. Merseburg vom 5.2.1958; BStU, MfS, BV Magdeburg, Abt. XX, ZMA, Nr. 5224, I, Bl. 9.

rungmaßnahmen innerhalb des katholischen Episkopates vorzunehmen. Sie hatten aber ungenutzt bleiben müssen, sicher nicht zuletzt aus der Erkenntnis heraus, dass die Haltung der beiden Geistlichen nicht einer Zustimmung zur Politik der SED entsprang, sondern allein ihrer Sorge für und ihrem Mitleid mit den ihnen anvertrauten Gläubigen, die von beiden auch anderenorts überliefert sind.

Dem Bischöflichen Kommissariat Mecklenburg, das als Teil des Bistums Osnabrück in das Gebiet der DDR hineinragte, stand seit 1946 in Schwerin Bernhard Schräder (1900–1971) vor. 1959 wurde er zum Weihbischof ernannt und geweiht. Das MfS schätzte ihn als Geistlichen ein, der seit 1954 besonders negativ zur Jugendweihe gestanden und »gehetzt« habe.[245] Schräder geriet mehrmals, u. a. wegen des Verdachts auf Agententätigkeit und wegen Beihilfe zur Republikflucht, ins Blickfeld des Staatssicherheitsdienstes.[246] Am 24. Dezember 1954, unmittelbar nachdem der Jugendweihehirtenbrief des Weihbischofs den Geistlichen des bischöflichen Kommissariates Schwerin durch Sonderboten ausgehändigt wurde, übergab der GI »Gerold«[247] das Schreiben den Vertretern des MfS zur Abschrift mit der dringenden Bitte, ihn bis zum 25. Dezember wieder zurückzuerhalten.[248] Der Informant berichtete bei einem weiteren Treff über Priester, die für eine Verbindungsaufnahme mit dem SfS geeignet wären und über einen Geistlichen, der als Gegner der Jugendweihe auftrat.[249] Bei einem Treff im März 1955 informierte er erneut über eine Priesterkonferenz, die sich vor allem mit der Jugendweihefrage auseinandersetzte und übergab zugleich seinem Führungsoffizier die Richtlinien, die das Bischöfliche Kommissariat den Geistlichen für die Behandlung der durch die Jugendweihe erwachsenden seelsorglichen Aufgaben zugesandt hatte.[250] Dieses Schreiben war ausdrücklich »nicht zum Vorlesen bestimmt«.[251] GI »Gerold« verstarb am 10. Juli 1955.[252]

GI »Paulus«[253], Bote am Schweriner Kommissariat, berichtete am 7. Januar 1955 mündlich von der Verlesung eines Hirtenbriefes und wurde sogleich mit

245 Sachstandsbericht zum Material Schräder, Bernhard vom 10.1.1959; BStU, MfS, AP 11085/92, Bl. 82 ff.

246 Siehe dazu auch unter Kapitel 9.3.

247 Joseph Schreiber, geb. 13.10.1910, kath. Geistlicher in der Gemeinde Warin, Kreis Sternberg; BStU, MfS, BV Schwerin, AIM 690/55, Personalakte, Bl. 16.

248 Bericht über den Treff mit GI »Gerold« am 24. Dezember; BStU, MfS, BV Schwerin, AIM 690/55, Arbeitsakte, Bl. 13.

249 Bericht über einen Treff mit GI »Gerold« am 7.2.1955; ebenda, Bl. 33 ff.

250 Bericht über einen Treff mit GI »Gerold« am 14.3.1955; ebenda, Bl. 39 f.

251 Abschrift der Richtlinien für die Behandlung der durch die Jugendweihe erwachsenden seelsorglichen Aufgaben, Bischöfliches Kommissariat Schwerin, 1.3.1955; ebenda, Bl. 41 f.

252 Beschluss über das Abbrechen der Verbindung mit dem Geheimen Informator »Gerold« vom 18.7.1955; BStU, MfS, BV Schwerin, AIM 690/55, Personalakte, Bl. 43.

253 Willy Gdanitz, geb. 29.1.1898, Bote am Bischöflichen Kommissariat Schwerin; BStU, BV Schwerin, AIM 434/56, Personalakte, Bl. 43.

der Anfertigung eines schriftlichen Berichtes darüber und der Zusammenstellung einer Liste von Personen, die diese Berichterstattung bestätigen könnten, beauftragt.[254] Eine weitere Beobachtung des bischöflichen Kommissars durch das SfS in dieser Richtung blieb aus.

In den zu katholischen Geistlichen angelegten MfS-Unterlagen wurde bislang kein Material aufgefunden, in dem die Jugendweihefrage einen hervorragenden Platz einnimmt. In einer Einschätzung der feindlichen Tätigkeit der evangelischen und katholischen Kirche gegen die Jugendweihe im Kreis Döbeln wird im November 1955 resümiert, dass die katholische Kirche »nicht im Vordergrund« stehe, »da sie in der Minderzahl« sei.[255]

Der vom MfS als GM »Ernst Paul« geführte Pfarrer der Christus-König-Kirche in Berlin-Adlershof[256] wusste von einer am 12. Oktober 1955 abgehaltenen Dekanatskonferenz zu berichten, in der zur Jugendweihe »nur am Rande gesprochen« wurde. Dort sei erwähnt worden, dass es seit 1910 eine Anweisung gebe, wonach Schulkinder im Alter von zehn bis zwölf Jahren zur Erstkommunion geführt werden sollten. Wenn man diese Bestimmung einhalte, so der Informant, »entständen keine Schwierigkeiten zwischen Jugendweihe und Zulassung zur Erstkommunion«.[257] Unabhängig von einer Verifizierbarkeit dieser Information wird an dieser Stelle die unterschiedliche Bedeutung der Jugendweiheproblematik für die evangelische und die katholische Kirche deutlich.

In dem von der Verwaltung Groß-Berlin angelegten Objektvorgang »Katholische Jugend«[258] wurde im November 1955 der Bericht eines MfS-Mitarbeiters über den »Kampf der katholischen Kirche gegen die Jugendweihe« abgelegt. Die von Unkenntnis katholischer Gegebenheiten und Hilflosigkeit gekennzeichnete Darlegung bleibt, wie die Überwachung der katholischen Kirche durch den Staatssicherheitsdienst in diesem Zeitraum überhaupt, am Äußeren haften, ohne in die Tiefe zu dringen. Der Verfasser des Berichtes beschreibt die Haltung der katholischen Kirche zur Jugendweihefrage als uneingeschränkt abweisend. Sie habe auf den Aufruf des Zentralen Ausschusses für Jugendweihe so-

254 Bericht über den durchgeführten Treff mit GI »Paulus« am 7.1.1955; BStU, BV Schwerin, AIM 434/56, Arbeitsakte, Bl. 117.

255 Einschätzung der Kreisdienststelle Döbeln zur feindlichen Tätigkeit der evangelischen und katholischen Kirche gegen die Jugendweihe und ihre Auswirkungen vom 9.11.1955; BStU, MfS, BV Leipzig, AOP 390/61, Bd. 1, Bl. 241. Siehe dazu auch 6.3.

256 Ernst Daniel, geb. 23.12.1896, Pfarrer an der Christus-König-Kirche in Berlin-Adlershof, arbeitete seit dem 28.5.1951 als GM »Ernst Paul« mit dem MfS zusammen, verstorben am 26.6.1975. BStU, MfS, AIM 650/68, Personalakte, Bl. 9 u. 105.

257 Bericht des GM »Ernst Paul« vom 14.10.1955; BStU, MfS, AIM 650/68, Arbeitsakte, Bl. 41.

258 Der Objektvorgang wurde angelegt, da die katholische Kirche nach Sicht des MfS versuchte, »ihren Einfluß in den Schulen und Jugendorganisationen FDJ und JP geltend zu machen«. Vgl. Beschluss über das Anlegen des Objektvorganges »Katholische Jugend« vom 26.5.1954; BStU, MfS, AS, Nr. 2598/67, Bd. 1, Bl. 8.

fort reagiert und später im katholischen Petrusblatt eine Auswertung der ersten Jugendweihe veröffentlicht. Mehrfach habe die katholische Kirche betont, dass es für sie in dieser Angelegenheit nur ein Entweder-oder gebe. Kinder, die an der Jugendweihe teilgenommen hatten, und deren Eltern seien gehalten, eine schriftliche Reueerklärung abzugeben und unter Zuziehung von zwei Zeugen einen Widerruf zu leisten. Es genüge nicht, die Teilnahme an der Jugendweihe zu beichten. Wer die von der Kirche verlangte Wiedergutmachung in foro interno et externo[259] verweigere, sollte nicht zur Hl. Firmung zugelassen und im Falle seines Todes nicht kirchlich beerdigt werden. Auf die Freiwilligkeit der Jugendweihe hinweisend, fordere die katholische Kirche ihre Gläubigen auf, ihre volle Glaubens- und Gewissensfreiheit in Anspruch zu nehmen. Der Verfasser des Berichtes betonte, dass die katholische Kirche ihre die Jugendweihe ablehnenden Erklärungen weiterhin in Umlauf bringe, obwohl zu verzeichnen sei, »dass die Schulabgänger, die Angehörige der katholischen Kirche sind, fast gar nicht an der Jugendweihe« teilnähmen. Der MfS-Mitarbeiter schloss seine Darstellung mit der Feststellung, dass »auf dem Gebiet der katholischen Kirche« keine »einzelnen Beispiele gegeben werden« könnten. Dieser bezugslos an eine wörtlich wiedergegebene Erklärung der Bischöfe angeschlossene Satz gibt nicht an, wofür keine Beispiele gegeben werden konnten, spiegelt aber wider, dass in dieser Richtung offenbar auch keinerlei Anstrengungen unternommen wurden. Auch seien, so endet der Bericht, keine »Beispiele von Bestrafungen durch einzelne Geistliche der katholischen Kirche«, womit offensichtlich Kirchenzuchtmaßnahmen gemeint sind, bekannt geworden.[260]

Ost-CDU

Die Ost-CDU, seit 1948 unter dem Vorsitz von Otto Nuschke, übte schon in den frühen fünfziger Jahren nicht mehr die Funktion einer Interessenvertretung christlicher Belange aus. Auf ihrem 6. Parteitag im Oktober 1952 unterwarf sie sich vollends dem Führungsanspruch der SED. Fortan stellte sich ihre Parteileitung auch dann, wenn Streitfragen zwischen Staat und Kirche entstanden, auf die Seite der SED. Parallel zu dieser Entwicklung entfernte sich auch die Mehrheit der Ost-CDU-Mitglieder in ihrem Zugehörigkeitsgefühl von ihrer Führungsspitze. Als sich die Partei 1952/53 an der Bekämpfung der Jungen Gemeinde beteiligte, wuchsen die inneren Spannungen. Die Jugendweihefrage

259 Im Gewissensbereich (foro interno) durch die Beichte, aber auch in der Öffentlichkeit (foro externo) durch Reueerklärung und Widerruf unter Zeugen.

260 Bericht der Abteilung V/4 der Verwaltung Groß-Berlin über den »Kampf der katholischen Kirche gegen die Jugendweihe« vom 23.11.1955; BStU, MfS, AS, Nr. 2598/67, Bd. 1, Bl. 109–113.

brachte die zweitgrößte Partei der DDR schließlich in kaum zu überwindende Konflikte.[261]

Dem MfS/SfS standen bereits zu diesem frühen Zeitpunkt, anders als in vielen anderen Bereichen, auf allen Ebenen der ostdeutschen Christdemokraten Geheime Mitarbeiter zur Verfügung. Sie informierten die Staatssicherheit über Parteiinterna aus dem Hauptvorstand der Christlichen Union, als persönliche Referenten des Generalsekretärs Gerald Götting, als Verbindungsmann der Pressestelle der Christdemokraten sowie aus verschiedenen Bezirks- und Kreisvorständen.[262]

Auch hier beschränkte sich die Tätigkeit des Sicherheitsdienstes in der Jugendweihefrage im Wesentlichen auf Informationsbeschaffung. Dabei wird aus den meisten Äußerungen der Informanten deutlich, in welch missliche Lage die Ost-CDU durch den neuen Ritus gebracht wurde. Eindringlich und scharf umriss Herbert Trebs, seit 1954 im Hauptvorstand der CDU und als Mitarbeiter der *Neuen Zeit* tätig, in einer zehnseitigen Stellungnahme zur Jugendweihe, die er als GI »Anton« im März 1955 seinem Führungsoffizier übergab, die für seine Partei heikle Situation.[263] Diesem Bericht zufolge werde in kirchlichen Kreisen die Jugendweihe »sowohl innerhalb als auch außerhalb der CDU, in Ost- wie in Westdeutschland« als Angriff auf die Kirche empfunden. Ein neuer Kampf gegen die »Junge Gemeinde« sei entbrannt. Da die Aktion »von oben« kam und »ohne Vorbereitung übers Knie gebrochen wurde«, fehle es überall an Kadern, die die Jugendstunden »mit Niveau durchführen« könnten. In vielen Ortsgruppen innerhalb der Christdemokraten werde die Forderung erhoben, etwas gegen die Jugendweihe zu tun. Ihre Aufgabe, »die kirchlich eingestellten Kreise für die Entwicklung in der DDR zu gewinnen«, könne die Ost-CDU nur dann erfüllen, wenn »sie sich an der Jugendweihe zumindest nicht beteiligt«. So sei nach Ansicht des GI eine absolute Zurückhaltung die einzige mögliche Haltung, die man zurzeit in der Jugendweihefrage einnehmen könne. »Anton« befürchtete ferner, dass die Tatsache, dass Gerald Götting über die Einführung der Jugendweihe nicht informiert wurde und sie »erst aus der Zeitung erfahren« habe,

261 Vgl. Agethen: Die CDU in der DDR, S. 228 f., aber auch Rißmann: Zur Rolle der Ost-CDU im politischen System der DDR, S. 79.

262 So berichteten u. a. aus dem Hauptvorstand der CDU Adolf Niggemeier (»Benno Roth«; BStU, MfS, AIM 11943/89) und Herbert Trebs (»Anton«; BStU, MfS, AIM 10990/68), die persönlichen Referenten Gerald Göttings Gerhard Fischer (GI »Albrecht«; BStU, MfS, AIM 22797/62) und Gerhard Quast (GI »Otto«; BStU, MfS, AIM 3010/68), der freischaffende Journalist Josef Ragsch (GM »Thaddus«; BStU, MfS, BV Dresden, AIM 103/64) als Verbindungsmann zur Pressestelle der CDU in Berlin, aus dem Bezirksvorständen der CDU in Schwerin Charlotte Hallscheidt (GI »Berlin«; BStU, MfS, BV Schwerin, AIM 460/56) und in Karl-Marx-Stadt der 1. Vorsitzende der CDU Walter Wagner (GI »Ottomar«; BStU, MfS, BV Karl-Marx-Stadt, AIM 4317/63) zur Jugendweihefrage.

263 Bericht zum Treff mit GI »Anton« am 3.3.1955; BStU, MfS, AIM 10990/68, Arbeitsakte, Bd. 1, Bl. 287.

eine »allgemeine Diskreditierung der Blockpolitik zur Folge« haben werde. In Westdeutschland verstünde man die Jugendweihe ferner als »Neuauflage des ›alten Kurses‹ gegen die Kirche«, die die Befürworter der Adenauerpolitik als Argument benützten. Hermann Kalb habe sich deshalb zu der Erklärung hinreißen lassen, dass »wenn es einen Saboteur im Zentralkomitee der SED gäbe und dieser hätte der DDR schaden können, so hätte er nichts anderes zu tun brauchen, als die Einführung der Jugendweihe vorzuschlagen«. Auch Gerald Götting, Günther Wirth und Ulrich Fahl hätten sich ähnlich geäußert und vorgebracht, dass »ein bewusster Feind der SED keine schlimmere Absicht einreden könnte, als sie in der Jugendweihe praktiziert wurde«. Die Position der kirchlichen »Reaktionäre« hingegen sei nach Ansicht des Geheimen Informators in der Jugendweihefrage vorteilhaft, da sie an einem Punkt angegriffen wurden, in dem sie »formal völlig unangreifbar sind«. Jeder Angriff auf die Haltung der Kirchenleitungen müsse in den Augen der christlichen Bevölkerung als »unberechtigt und eine Verletzung der Verfassung erscheinen«. Auch jene Pfarrer, die der SED als fortschrittlich galten, wären nun gezwungen, sich auf die Seite ihrer Kirchenleitungen zu stellen. Vor allem an dem sakralen Charakter des Wortes »Jugendweihe«, an deren Termin und an jenen Formen, »die als eine zu deutliche Imitation der Konfirmation aufgefasst wurden« habe die Kirche Anstoß genommen. Hier sei, so GI »Anton«, über »Vorschläge für eine gütliche Regelung« nachzudenken. Über all diese Fragen könne und solle man mit den Kirchenvertretern sprechen.[264]

Von überallher gingen Berichte Geheimer Informanten – oft mit Warnungen vor den Folgen – beim Staatssicherheitsdienst ein, die die ablehnende Haltung der CDU-Mitglieder zur Jugendweihe beschrieben. So berichtete aus dem Kreisvorstand in Heiligenstadt Theodor Weinrich als GI »Franz« im Januar 1955, dass man sich mit dem Problem der Jugendweihe befasst habe und eine Mitwirkung ablehne. Er fügte als persönliche Stellungnahme dem Bericht an, dass er den Zeitpunkt der Einführung der Jugendweihe, »wo es gilt, alle Menschen zur Verhinderung der Pariser Verträge zu gewinnen«, für falsch halte.[265]

Bereits im Februar 1955 war der Informationsdienst des SfS darüber informiert, dass es unter CDU-Mitgliedern weitgehend eine »negative Haltung zur Durchführung der Jugendweihe« gab. Dabei wurde die fehlende Bereitschaft zur Mitarbeit im Ausschuss für die Jugendweihe mit einer ablehnenden Haltung zur Jugendweihe gleichgesetzt.[266]

264 Stellungnahme des GI »Anton« zur Jugendweihe vom 3.3.1955; ebenda, Bl. 291–300.

265 Bericht des GI »Franz« zur Jugendweihe vom Januar 1955; BStU, MfS, BV Erfurt, AIM 1601, Arbeitsakte, Bd. 1, Bl. 51.

266 Darstellung des Informationsdienstes des SfS über die »Stimmung zur Jugendweihe« vom 8.2.1955; BStU, MfS, BV Leipzig, Leiter, Nr. 00001, Bd. 7, Bl. 16.

Einzelne MfS-Informanten hielten eine Mitwirkung der CDU an der Einführung der Jugendweihe aus politischem Kalkül für falsch, andere vertraten die Meinung, die Kirche richte sich mit Recht gegen den neuen Ritus. Der persönliche Referent beim Generalsekretär Götting, Gerhard Fischer, vom MfS als GI »Albrecht« geführt, übergab Anfang März 1955 eine diesbezügliche Einschätzung. Dabei hielt er seine persönliche Meinung, die »Besorgnisse der Kirche in Bezug auf weltanschaulichen Charakter der Jugendweihe« seien »nicht unberechtigt«, nicht zurück.[267]

Immer wieder wurde dem Geheimdienst von Lehrern berichtet, die sich weigerten, aktiv für die Jugendweihe einzutreten. Viele von ihnen gehörten der Ost-CDU an. GI »Ottomar«, selbst Christdemokrat, berichtete darüber, dass der Kreisschulrat von Rochlitz in eigener Initiative am 15. März 1955 alle der CDU angehörenden Lehrer zu einem Gespräch einlud und ihnen erklärte, dass »alle die Lehrer, welche die Jugendweihe nicht aktiv unterstützten, Feinde unserer Entwicklung seien und den Gegnern unseres Staates Vorschub leisten, dass sie den Kriegstreibern und kapitalistischen Kräften in die Hände arbeiten«. »Ottomar« machte darauf aufmerksam, dass solches Vorgehen eine »Verletzung des Prinzips der Freiwilligkeit« der Jugendweihe darstelle, und er vertrat offensichtlich Interessen seiner Partei, als er ersuchte, dass derartige »Spannungen und Spaltungen politischer Kräfte« vermieden werden sollten.[268] Auch der Geheime Informator »Anton« machte in seinen Berichten mehrfach auf die Bedrohungen der CDU-Lehrer aufmerksam. Innerhalb der Partei, in der die Jugendweihefrage nach wie vor der kritische »Schwerpunkt der gesamten Arbeit« war, würde man, so der CDU-Funktionär, die Lehrerproblematik immer wieder diskutieren. Christdemokratische Lehrer seien »in letzter Zeit Drohungen seitens einzelner Schulräte und Direktoren ausgesetzt« gewesen und auf Kreislehrerkonferenzen als »trübe Tassen« bezeichnet worden, für die man »die Konsequenzen ziehen müsse, wenn sie sich nicht für die Propagierung der Jugendweihe zur Verfügung stellen wollen«.[269] Mit den in beiden Fällen dargestellten besonderen Bedrohungen von christdemokratischen Lehrern verfolgten die Berichterstatter offensichtlich Parteiinteressen. Die angedeuteten Einschüchterungen und Verängstigungen trafen jedoch in gleicher Weise auch parteilose Lehrer.

Auch in der CDU-Parteispitze konnte man sich den Problemen, die die Einführung der Jugendweihe für die ostdeutschen Christdemokraten mit sich brachte, nicht verschließen. Nachdem Versuche Nuschkes scheiterten, in der Jugendweihefrage zwischen SED und CDU eine Vermittlung zustande zu bringen,

267 Bericht des GI »Albrecht« zur Jugendweihe vom 23.2.1955; BStU, MfS, AIM 22797/62, Arbeitsakte, Bl. 205 f.

268 Abschrift eines Berichtes des GI »Ottomar« vom 16.3.1955; BStU, MfS, BV Karl-Marx-Stadt, AIM 4317/63, Arbeitsakte, Bd. 3, Bl. 85.

269 Treffbericht mit GI »Anton« vom 8.10.1955; BStU, MfS, AIM 10990/68, Arbeitsakte, Bd. 1, Bl. 381.

ging der Parteichef in der Absicht, den Lehrern zu helfen, am 16. Oktober 1955 mit einem Artikel in der *Neuen Zeit* an die Öffentlichkeit.[270] Der Geheime Informator »Anton« lobte diesen Beitrag und erkannte ihn als notwendig an, da ein weiteres Schweigen der CDU ihre »verstärkte Isolierung« und ihre Ablehnung durch christliche Kreise bewirkt hätte.[271] Das SfS selbst musste hingegen feststellen, dass Nuschkes Artikel bei CDU-Mitgliedern »negative Diskussionen« auslöste[272] und dass sich der überwiegende Teil der Ost-Christdemokraten mit den darin gemachten Ausführungen »nicht einverstanden« erklärte. Der Parteivorsitzende habe nicht die Interessen der Parteimitglieder vertreten, sondern getan, was die SED ihm gesagt hätte.[273]

Im Januar 1956 wandte sich Gerald Götting in einem Brief an den Leiter der Abteilung Kirchenfragen des ZK der SED Willi Barth und bat ihn, die Spannungen zwischen Kirche und Staat hinsichtlich der Jugendweihefrage zu beseitigen. Als Möglichkeiten dazu wies er auf die Änderung des Namens, die Prüfung des Geschenkbuches »Weltall, Erde, Mensch« in Hinsicht auf religionsfeindliche Äußerungen und auf die Beschränkung der Jugendweihe auf Kinder, die nicht an der Konfirmation teilnehmen, hin.[274] Diese Bemühungen des Generalsekretärs zu Beginn des Jahres 1956 fanden in den MfS-Unterlagen jedoch keinen Niederschlag.

6.3 Analysen des Staatssicherheitsdienstes

Es liegen einzelne Analysen und Untersuchungen des MfS/SfS zur Jugendweihefrage von der Abteilung Information des MfS in Berlin, der Abteilung V der Bezirksverwaltung Leipzig, der Informationsgruppe der Bezirksverwaltung Leipzig und der Kreisdienststellen Grimma und Döbeln vor.[275] Die Untersuchungen

270 Wilhelm: Die Diktaturen und die evangelische Kirche, S. 403.

271 Notizen des GI »Anton« vom 22.10.1955; BStU, MfS, AIM 10990/68, Arbeitsakte, Bd. 1, Bl. 392.

272 Analyse der Informationsgruppe der BV Leipzig über die feindliche Tätigkeit der evangelischen und katholischen Kirche gegen die Jugendweihe und ihre Auswirkungen im Bezirk Leipzig vom 14.11.1955; BStU, MfS, BV Leipzig, Leiter, Nr. 00811, Bd. 4, Bl. 13.

273 Zusammenfassung der KD Grimma zur feindlichen Tätigkeit der evangelischen und katholischen Kirche gegen die Jugendweihe und ihre Auswirkungen vom 10.11.1955; BStU, MfS, BV Leipzig, AOP 293/61, Bd. 1, Bl. 63.

274 Wentker: Einführung, S. 157 f.

275 In zeitlicher Abfolge liegen folgende Analysen und Zusammenfassungen vor: Analyse der politischen und ökonomischen Lage des Bezirkes Leipzig, o. D., 2. Hälfte 1955 (BStU, MfS, BV Leipzig, Leiter, Nr. 932, Bd. 2, Bl. 3 ff.), Analyse der Abt. V, BV Leipzig, über die gegenwärtige politische und ökonomische Lage im Bezirk Leipzig vom 14.9.1955 (BStU, MfS, BV Leipzig, Leiter, Nr. 932/05, Bl. 77 ff.), Berichte der Kreisdienststelle Grimma vom 9.11.1955 und vom 10.11.1955 über die feindliche Tätigkeit der evangelischen und katholischen Kirche gegen die Jugendweihe in den Gemeinden (BStU, MfS, AOP 293/61, Bl. 53 ff. u. 59 ff.), Bericht

tragen verschiedene Bezeichnungen, die offenbar die Intention der Verfasser einerseits, die entsprechende Kompetenz der verfassenden Abteilung andererseits widerspiegeln. Sie alle beschrieben die politisch ideologische Lage im Bezirk, die »feindliche Tätigkeit« der Kirchen gegen die Jugendweihe, die allgemeinen Maßnahmen zur Einführung des neuen Ritus und die Beteiligung daran. Im Folgenden sollen die in den Untersuchungen mehrfach geschilderten und damit für die Verfasser relevanten Sachverhalte beleuchtet werden. Insbesondere wird auf die dort dargestellten Anweisungen der Kirchenleitungen und Methoden der Kirchen gegen die Jugendweihe, auf die Auswirkungen dieser kirchlichen Aktionen und die diesbezüglichen Maßnahmen des MfS/SfS, der Massenorganisationen und Ausschüsse für die Jugendweihe einzugehen sein. Die Anweisungen der Kirchenführungen zur Jugendweiheproblematik wurden, soweit sie überhaupt Berücksichtigung fanden, nur marginal berührt. Eine nähere Betrachtung der Direktiven aus den Kirchenleitungen, die die Ausgangspunkte aller weiteren Reaktionen der Geistlichen beider Konfessionen bildeten, wäre aber notwendig gewesen, um die Ursachen für die heftige Ablehnung der Jugendweihe zu verstehen. In den vorliegenden Texten finden sich, neben gelegentlichen Erwähnungen von Hirtenbriefen und Kanzelabkündigungen, lediglich Hinweise auf die Anweisungen des Landeskirchenamtes Dresden zum Umgang mit der Jugendweihe vom 20. Juni 1955 und auf die oberhirtliche Anweisung des katholischen Berliner Bischofs vom 18. Oktober 1955. Die sächsische Landeskirche mahnte demnach die Geistlichen, die Teilnehmer an der Jugendweihe schriftlich über die Folgen ihres Handelns, die einzeln genannt wurden, zu informieren.[276] Der Berliner Bischof Wilhelm Weskamm wies seinen Priester an, die Eltern dahingehend zu unterrichten, alles, was mit der Jugendweihe zu tun habe, abzulehnen.[277] In beiden Fällen ging es folglich um Sanktionen und For-

der Kreisdienststelle Döbeln vom 9.11.1955 über die feindliche Tätigkeit der evangelischen und katholischen Kirche gegen die Jugendweihe und ihre Auswirkung (BStU, MfS, AOP 390/61, Bd. 1, Bl. 241 ff.), Analyse der Informationsgruppe der BV Leipzig über die feindliche Tätigkeit der evangelischen und katholischen Kirche gegen die Jugendweihe und ihre Auswirkungen im Bezirk Leipzig vom 14.11.1955 (BStU, MfS, BV Leipzig, Leiter, Nr. 811/04, Bl. 9 ff.), Analyse der Informationsgruppe der BV Leipzig über die ökonomische und politische Lage im Bezirk Leipzig für die Zeit vom 15.9 bis 20.12.1955 vom 21.12.1955 (BStU, MfS, BV Leipzig, Leiter, Nr. 812/05, Bl. 6 ff.), Analyse der Abteilung Information des MfS in Berlin über die feindliche Tätigkeit der evangelischen und katholischen Kirche gegen die Jugendweihe vom 27.12.1955 (BStU, MfS, HA XX/4, Nr. 2341, Bl. 27 ff.), Analyse der Informationsgruppe der BV Leipzig über die Beteiligung an der Jugendweihe 1955/56 vom 13.4.1955 (BStU, MfS, BV Leipzig, Leiter, Nr. 816/02, Bl. 31 ff.).

276 Analyse der Abteilung V, BV Leipzig, über die gegenwärtige politische und ökonomische Lage im Arbeitsbereich vom 14.9.1955; BStU, MfS, BV Leipzig, Leiter, Nr. 932, Bd. 5, Bl. 80.

277 Analyse der Abteilung Information in Berlin über die feindliche Tätigkeit der evangelischen und katholischen Kirche gegen die Jugendweihe vom 27.12.1955; BStU, MfS, HA XX/4, Nr. 2341, Bl. 30.

derungen, nicht um Begründungen. Die den Anforderungen einer Analyse nicht entsprechende mangelhafte Auseinandersetzung mit den einschlägigen kirchlichen Grundsatzdokumenten dürfte auch dadurch verursacht sein, dass das MfS keine Kompetenz hatte, Gründe seines Handelns zu hinterfragen.

Unbestreitbar versuchten die Verfasser der Untersuchungen, durch Anwendung von Pleonasmen und Übertreibungen den Eindruck entstehen zu lassen, als wendeten die Kirchen umfangreiche Methoden gegen die Jugendweihe an. Sachlich betrachtet ist jedoch kein methodisches Vorgehen der Kirchen, sondern bloßes Reagieren zu erkennen. Als »Methoden der Kirche gegen die Jugendweihe«[278] wurden im Wesentlichen Nichtzulassung zur Konfirmation, Verlust kirchlicher Rechte resp. Kirchenzuchtmaßnahmen, Durchführung von Elternversammlungen und Briefe an Konfirmandeneltern zur Aufklärung über die Jugendweihe sowie Schreiben an christliche Lehrer mit der Aufforderung, sich nicht an der Werbung für die Jugendweihe zu beteiligen, beschrieben. Auffällig ist auch hier die enge Nebeneinanderstellung von »Hetze gegen den Staat« und »Hetze gegen die Jugendweihe«.[279] Die Informationsgruppe der Bezirksverwaltung Leipzig schlussfolgerte in ihrer Analyse vom 14. November 1955 gar, dass von Geistlichen die Hetze gegen die Jugendweihe benutzt werde, »um offen gegen unseren Staat aufzutreten«.[280] Die gleiche Abteilung stellte in einer Analyse im April 1956 als »Neue Methoden der Kirche zur Beeinflussung der Eltern und Kinder gegen die Jugendweihe« heraus, dass die Kirche ihren »Entweder-oder-Standpunkt in vielerlei Formen den Eltern begreiflich zu machen« versucht hätte. So seien Eltern aufgefordert worden, eidesstattliche Erklärungen über die Nichtteilnahme an der Jugendweihe abzugeben. Ferner habe man Konfirmandenscheine erst nach Abschluss der Jugendweihe ausgeteilt. Weitgehend musste aber festgestellt werden, dass sich die neuen »Methoden der Kirche« nicht wesentlich von denen des vorangegangenen Jahres unterschieden hätten.[281]

Weitgehend stimmen die Analysen und Untersuchungen in der Annahme überein, die katholische Kirche habe in der Jugendweihefrage die gleiche Haltung wie die evangelische eingenommen. Dabei habe sie »ähnliche Methoden wie die evangelische Kirche zur Hetze gegen die Jugendweihe« benutzt, wäre aber »nicht so aktiv in Erscheinung« getreten wie ihr konfessionelles Gegenüber.[282]

278 BStU, MfS, BV Leipzig, Leiter, Nr. 00811, Bd. 4, Bl. 9: hier und anderenorts werden »Methoden der Kirche gegen die Jugendweihe« genannt.

279 Z. B. in der Analyse der Abteilung Information in Berlin vom 27.12.1955; BStU, MfS, HA XX/4, Nr. 2341, Bl. 30.

280 BStU, MfS, BV Leipzig, Leiter, Nr. 811, Bd. 4, Bl. 9.

281 Analyse der Informationsgruppe der BV Leipzig über die Beteiligung an der Jugendweihe 1955/56 vom 13.4.1956; BStU, MfS, BV Leipzig, Leiter, Nr. 00816, Bd. 2, Bl. 34.

282 Analyse der Abteilung Information in Berlin über die feindliche Tätigkeit der evangelischen und katholischen Kirche gegen die Jugendweihe vom 27.12.1955; BStU, MfS,

Die aus dem Vorgehen der Kirchen gegen den neu eingeführten Ritus resultierenden Auswirkungen nehmen in den Abhandlungen einen breiten Raum ein. Vor allem die mangelnde Beteiligung an der Jugendweihe in den ersten beiden Jahren sei Folge des kirchlichen Eifers gewesen. Trotz leichter Schwankungen in den Angaben sowohl der Untersuchungen des MfS als auch der einschlägigen Literatur, können die vorliegenden Ergebnisse bezüglich der Teilnahme an der Jugendweihe als realistisch angesehen werden. Einer Leipziger Analyse zufolge nahmen 17 Prozent der infrage kommenden Jugendlichen des Bezirkes Leipzig im Jahr 1955 an der Jugendweihe teil, im Jahr 1956 stieg die Teilnahme auf 24 Prozent.[283] Die »Analyse über die feindliche Tätigkeit« der Kirchen gegen die Jugendweihe gibt für beide Jahre republikweit an, dass sich im Jahr 1956 »nur 18,6 Prozent zur Teilnahme an der Jugendweihe« angemeldet hätten. Das entsprach laut derselben Studie einem Prozent mehr als im Vorjahr.[284] Die Analyse wurde jedoch bereits im Dezember 1955 angefertigt und blieb wenigstens für das Jahr 1956 hypothetisch. Im Sekretariat des ZK der SED wurde schließlich festgehalten, dass sich 18,9 Prozent der Schulabgänger im Jahr 1955 an der Jugendweihe beteiligten.[285]

Als Ursache für die mangelhafte Beteiligung wurden vor allem die bereits genannten kirchlichen Reaktionen aufgeführt. Dass sich der Einfluss der Kirchen nicht nur auf alle sozialen Schichten, sondern auch auf SED-Genossen erstreckte, empfand man als unerhört, erwartete man doch, dass »die Funktionäre und SED-Mitglieder mit gutem Beispiel« vorangehen. So erfuhr man von Mitgliedern des Kreisausschusses für Jugendweihe im Kreis Gadebusch/Schwerin, dass »von 94 Genossen – im Kreisgebiet – 73 Genossen ihre Kinder nicht zur Jugendweihe angemeldet« hatten.[286]

Die Ausführungen in den Analysen zur Stimmungslage unter der Bevölkerung, die die Einführung der Jugendweihe, die staatlichen Maßnahmen dazu und die Reaktionen der Kirchen ausgelöst hatten, sind durchgängig parteiisch. Ein Großteil der Bevölkerung stünde demnach der Jugendweihe aufgeschlossen gegenüber[287] und es wären keine direkten Einwände gegen die Jugendweihe zu

HA XX/4, Nr. 2341, Bl. 37.

283 BStU, MfS, BV Leipzig, Leiter, Nr. 00811, Bd. 4, Bl. 16.

284 Analyse der Abteilung Information in Berlin über die feindliche Tätigkeit der evangelischen und katholischen Kirche gegen die Jugendweihe vom 27.12.1955; BStU, MfS, HA XX/4, Nr. 2341, Bl. 39. Für die Jugendweihe im Jahr 1955 werden hier folgende Zahlen der einzelnen Bezirke angegeben: Leipzig 23,7 %; Berlin 20,7 %; Magdeburg 17,1 %; Karl-Marx-Stadt 20 %; Gera 20 %; Dresden 17,2 %; Halle 19,2 %; Erfurt 24,6 %; Frankfurt/O. 17,1 %; Rostock 12 %; Potsdam 15 %; Suhl 11 %; Neubrandenburg 8,7 %; Schwerin 12,8 %; Cottbus 14 %.

285 Raabe: Jugendweihe als Instrument, S. 51.

286 BStU, MfS, HA XX/4, Nr. 2341, Bl. 43.

287 Hier in: ebenda, Bl. 41.

verzeichnen.[288] Dies widerspricht jedoch den in den Untersuchungen dargestellten Folgen des kirchlichen Einflusses unter der noch weitgehend christlich geprägten Bevölkerung.

Eine im November 1955 von der Informationsgruppe der Bezirksverwaltung Leipzig gefertigte Analyse zur Jugendweihefrage[289] geht auf die Aufklärungsarbeit der Partei- und Massenorganisationen sowie der Schulen und der Ausschüsse für die Jugendweihe ein. Im Gegensatz zur Aktivität der evangelischen Kirche, so die Untersuchung, werde von den genannten Einrichtungen wenig »zur Aufklärung über die Jugendweihe unter den Schülern und Eltern getan«. Die unsystematische und nicht kontinuierliche Arbeit dieser Organisationen, die für die Erfolge der Kirche verantwortlich sei, wurde beklagt. Zugleich habe man festgestellt, dass an Orten, wo beharrlich an diesem Problem gearbeitet wurde, »eine größere Beteiligung an der Jugendweihe vorhanden« gewesen sei.[290] Die in der Öffentlichkeit stets proklamierte Nichtstaatlichkeit der Jugendweihe schien, wie sich hier zeigt, aus MfS-Sicht unbedeutend.

Mit den Maßnahmen des MfS bezüglich der Jugendweiheproblematik setzt sich eine Analyse der Berliner Abteilung Information über die feindliche Tätigkeit der Kirchen gegen die Jugendweihe vom 27. Dezember 1955 auseinander.[291] Zunächst wurde unter Gliederungspunkt 1 auf eine noch im Dezember 1955 geplante Tagung jener Referatsleiter, die »auf der Linie ev[angelische] Kirche« tätig waren, verwiesen. Dort sollte über die Jugendweihefrage ausführlich gesprochen werden.[292] Alle anschließend angeführten Maßnahmen richteten sich allein gegen Pfarrer, »die verstärkt gegen die Jugendweihe« auftraten. Schritte gegen Eltern oder Jugendliche wurden nicht erwähnt. Gegen Pfarrer, die als Gegner der Jugendweihe in Erscheinung traten, sollten Protestbewegungen der Eltern, deren Kinder jugendgeweiht wurden und daraufhin Briefe von den Geistlichen erhielten, organisiert werden. Der Partei war »geeignetes Material zur Auswertung für Artikel in der Presse« zur Verfügung zu stellen und es waren »geeignete Maßnahmen zur Diskriminierung der Pfarrer« einzuleiten.[293] Initiierte Protestbewegungen der Eltern, Zeitungskampagnen und Diskriminierung von Geistlichen gehörten bereits zum festen Bestandteil der operativen Arbeit des Staatssicherheitsdienstes im Kampf um die Einführung der Jugendweihe. Außerdem sah das

288 Hier in: BStU, MfS, BV Leipzig, AOP 293/61, Bd. 1, Bl. 57.

289 Analyse der Informationsgruppe der BV Leipzig über die feindliche Tätigkeit der evangelischen und katholischen Kirche gegen die Jugendweihe und ihre Auswirkungen im Bezirk Leipzig vom 14.11.1955; BStU, MfS, BV Leipzig, Leiter, Nr. 00811, Bd. 4, Bl. 9–17.

290 BStU, MfS, BV Leipzig, Leiter, Nr. 00811, Bd. 4, Bl. 15 f.

291 Analyse der Abteilung Information in Berlin über die feindliche Tätigkeit der evangelischen und katholischen Kirche gegen die Jugendweihe vom 27.12.1955; BStU, MfS, HA XX/4, Nr. 2341, Bl. 27–47.

292 Material zu dieser Tagung ist bislang nicht aufgefunden worden.

293 BStU, MfS, HA XX/4, Nr. 2341, Bl. 47.

MfS vor, mit den Bezirksausschüssen der Jugendweihe unverzüglich Verbindung aufzunehmen, um ihnen »jede erdenkliche Unterstützung« durch seine operative Arbeit zukommen zu lassen. Ferner sollten Protestschreiben der Eltern von Jugendgeweihten verfasst und an die Pfarrer und Bischöfe verschickt werden. Im Punkt 5 des Maßnahmekatalogs wurde empfohlen, unter den Pfarrern inoffizielle Mitarbeiter zu werben, die als Geistliche die Möglichkeit hatten, »öffentlich zur Jugendweihe in positivem Sinne Stellung zu nehmen« oder Protestschreiben an die vorgesetzte kirchliche Einrichtung bzw. an andere Pfarrer zu richten.[294]

Derartige Analysen und Darstellungen sind nur für die erste Phase der Einführung der Jugendweihe vorhanden.

Exkurs: Martin Zunkel

Als Rolf Schulze, Leiter der Kreisdienststelle Schmölln des SfS, am 8. Juli 1955 den Beschluss unterzeichnete, über den in Lumpzig und Dobitschen angestellten Pfarrer Martin Zunkel einen Beobachtungsvorgang anzulegen, weil dieser gegenüber den Staatsfunktionären herausfordernd und provozierend und den Lehrern gegenüber verleumderisch aufgetreten sei,[295] waren dem bereits Ereignisse im Kreis Schmölln vorausgegangen, die in außerordentlicher Weise die Jugendweihefrage betrafen und in diesem Maße für diese Zeit bemerkenswert waren. Am 22. Februar 1955 empfing der Direktor der Grund- und Oberschule von Dobitschen, Hoppe[296], einen Brief des dortigen Pfarrers Martin Zunkel und einen weiteren des zuständigen Gemeindekirchenrates des evangelischen Pfarramtes. Der Geistliche unterrichtete mit seinem Schreiben den Schulleiter darüber, dass es Gespräche zwischen Landesbischof Mitzenheim und den Vorsitzenden der Bezirksräte gegeben habe, in denen erklärt worden sei, dass der Staat mit der Jugendweihe nicht in Berührung stünde. Der Bischof sei aus diesem Grunde nicht damit einverstanden, wenn in den Schulen Werbung für die Jugendweihe durchgeführt werde. Zunkel informierte den Schulleiter daher, dass er sich im Falle einer weiteren Werbung für den neuen Ritus in der Schule gezwungen sehe, eine öffentliche Elternversammlung einzuberufen, um diesbezüglich »klärende Worte zu sprechen«.[297]

Der Kirchengemeinderat seinerseits erhob in seinem Schreiben Protest gegen kirchenfeindliche Äußerungen einzelner Lehrer an der Grund- und Oberschule Dobitschen und bat den Schulleiter, die entsprechenden, namentlich genannten

294 Ebenda.

295 Beschluss über das Anlegen eines Beobachtungsvorganges vom 8.7.1955; BStU, MfS, BV Leipzig, AOP 54/59, Bl. 26.

296 Vorname unbekannt.

297 Originalbrief des Pfarrers Martin Zunkel an Schulleiter Hoppe vom 22.2.1955; BStU, MfS, BV Leipzig, AOP 54/59, Bl. 37 f.

Lehrer anzuweisen, sich derartiger Bemerkungen zu enthalten. Zugleich informierte das Kirchengremium den Pädagogen, dass es Pfarrer Zunkel beauftragt habe, den Landesbischof über die Vorkommnisse zu informieren. Der Geistliche selbst fügte dem Schreiben des Gemeindekirchenrates einen Nachsatz an und teilte darin mit, dass er am 27. Februar mit dem zu einer Glockenweihe im benachbarten Dobraschütz weilenden Bischof reden werde, und dass er hoffe, dort eine inzwischen stattgefundene Belehrung der genannten Lehrer durch den Schulleiter melden zu können.[298]

Da Hoppe auf beide Schreiben und überdies auf ein weiteres nicht reagierte, setzte der Pfarrer eine Kirchgemeindeversammlung für den 24. März fest, zu der auch der Direktor und alle Lehrer der Grund- und Oberschule von Dobitschen eingeladen wurden. An diesem Abend sollte nicht zuletzt der Standpunkt der Kirche zur Jugendweihefrage dargelegt werden.[299]

Über die sich entwickelnde Konfrontation kamen der Vorsitzende des Rates des Kreises Schmölln, Wiese, und der Kreisschulrat Kahle in Kenntnis. Als sie Zunkel in seiner Wohnung aufsuchten, um zu vermitteln, ließ dieser sie unmissverständlich wissen, dass »er das Streichholz in der Hand habe und sich über Dobitschen schwere Gewitterwolken zusammengezogen« hätten.[300] Diese Warnung wurde im März 1955 in einem Flugblatt des Blockes der antifaschistisch-demokratischen Parteien des Kreises Schmölln aufgegriffen und als Drohung eines »Kriegstreibers« verzerrt.[301] Zunkel selbst stellte in einer eigenen Darstellung später klar, dass er die Versammlung abberufen hätte, wenn er vom Schulrat eine Erklärung erhalten hätte, dass »diesen Dingen ein Ende gemacht werden würde«.[302]

Am 23. März informierte die Kreisdienststelle Schmölln die Leipziger Dienststelle des Staatssicherheitsdienstes fernschriftlich über die bevorstehende Kirchgemeindeversammlung und den Beschluss der Kreisleitung, den Vorsitzenden des Rates des Kreises und weitere Mitglieder der Kreisleitung an der Veranstaltung teilnehmen zu lassen. In dem Fernschreiben wurde eingeräumt, dass sich die Lehrer der Schule in Dobitschen »seit geraumer zeit unklug ueber die verhaeltnisse kirche und staat sowie konfirmation und jugendweihe benommen« hätten, obgleich sie bereits mehrmals von der Kreisleitung »auf ihre handlungen

298 Originalbrief des Gemeindekirchenrates Dobitschen mit Nachsatz des Pfarrers Zunkel vom 22.2.1955; ebenda, Bl. 39 f.

299 Abschrift des Briefes des Gemeindekirchenrates Dobitschen an die Lehrer der Grund- und Oberschule Dobitschen vom 20.5.1955; ebenda, Bl. 42.

300 Bericht über die Aussprache zwischen Pfarrer Zunkel, den Vorsitzenden des Rates des Kreises Schmölln Wiese und dem Kreisschulrat Kahle am 21.3.1955 in Lumpzig. Der am 29.3.1955 verfasste Bericht wurde von Wiese unterzeichnet. Ebenda, Bl. 55–59.

301 Flugblatt vom März 1955: »Einwohner von Dobitschen und Umgebung«; im Besitz der Familie Zunkel.

302 Bericht über die Kirchenversammlung am 24. März 1955 in der HO-Gaststätte Rolika, verfasst von Pfarrer Martin Zunkel am 26.6.1955; im Besitz der Familie Zunkel.

hingewiesen wurden«. Zugleich wurde der Leipziger Bezirksverwaltung eine Berichterstattung über die bevorstehende Versammlung zugesichert.[303]

Ein ausführliches Protokoll, gefertigt von einem Mitarbeiter des Rates des Kreises, gibt über den Ablauf der Kirchengemeindeversammlung, die am 24. März in der HO-Gaststätte im benachbarten Rolika stattgefunden hatte, minutiös Aufschluss.[304] An der kirchlichen Veranstaltung, in der Spannungen zwischen Kirche und Schule in Dobitschen bereinigt und der kirchliche Standpunkt zur Jugendweihe erörtert werden sollten, nahmen 500 Einwohner teil. Hinsichtlich der Jugendweiheproblematik warf Zunkel die Fragen auf, warum in der Schule für den neuen Ritus geworben werde, während dieser, ständigen Beteuerungen nach, mit dem Staat nichts zu tun habe, wer »die Träger und die Verantwortlichen für die Durchführung der Jugendweihe« seien und schließlich ob für Jugendliche, die nicht an ihr teilnähmen, Nachteile in beruflicher Hinsicht entstünden. Der Frage nach einer möglichen Benachteiligung Nichtjugendgeweihter begegnete der Kreisschulrat mit dem Hinweis darauf, dass zahlreiche Pfarrerkinder die Oberschule besuchen dürften.[305] In der Tat war eine Benachteiligung der Schüler, die an der Jugendweihe nicht teilnahmen, schwer nachweisbar, da diesbezügliche Bemerkungen in die Beurteilungen nicht einflossen und die Auswahl bei der Aufnahme in die Oberschulen sehr willkürlich verlief.[306] Bei Beschwerden über die Benachteiligung christlicher Schüler wurde immer wieder auf den hohen Anteil von Pfarrerkindern an den Oberschulen verwiesen.[307] Allen weiteren Fragen, die Pfarrer Zunkel während der Versammlung stellte, wich Schulrat Kahle ebenso aus wie der, ob »die Jugendweihe auf dem Charakter und der Grundlage des Marxismus« aufgebaut sei oder nicht.[308] Gemeindemitglieder unterstützten ihren Seelsorger und stellten an die Anwesenden die Frage, ob sie die Jugendweihe wollten. Dabei wurde eine Ablehnung der Jugendweihe deutlich.[309]

Am folgenden Tag setzte die Kreisdienststelle Schmölln die Bezirksverwaltung Leipzig über den Verlauf der Versammlung, an der auch zwei inoffizielle

303 Fernschreiben der KD Schmölln an die VfS Leipzig die bevorstehende Kirchengemeindeversammlung am 24.3.1955 betreffend vom 23.3.1955; BStU, MfS, BV Leipzig, AOP 54/59, Bl. 81.

304 Rat des Kreises Schmölln. Bericht über die vom Kirchenvorstand in der HO-Gaststätte Rolika einberufene Versammlung am 24.3.1955 vom 24.3.1955 (Protokoll gef.: Kretzschmar); ebenda, Bl. 60–76.

305 BStU, MfS, BV Leipzig, AOP 54/59, Bl. 68–70.

306 Wappler: Klassenzimmer ohne Gott, S. 39.

307 Vgl. Griese: »Bin ich ein guter Staatsbürger ...?«, S. 152, Anm. 564.

308 BStU, MfS, BV Leipzig, AOP 54/59, Bl. 75.

309 Bericht über die Kirchenversammlung am 24. März 1955 in der HO-Gaststätte Rolika, verfasst von Pfarrer Martin Zunkel am 26.6.1955; im Besitz der Familie Zunkel, Bl. 6.

Mitarbeiter teilnahmen, in Kenntnis.[310] Zwei Tage darauf beschlossen SED-Mitglieder der Lehrerschaft und des Pädagogischen Rates der Oberschule Dobitschen zusammen mit dem Vorsitzenden des Rates des Kreises und dem Schmöllner Kreisschulrat vonseiten der Partei »eine aufklärende Versammlung in Dobitschen« durchführen zu lassen.[311] Die Vorbereitungen darauf, über die auch das SfS informiert wurde, liefen bald an.[312] Aber erst am 2. Juni ging ein Schreiben der Hauptabteilung V/4 in der Bezirksverwaltung Leipzig ein, in welchem angewiesen wurde, Pfarrer Zunkel operativ zu »bearbeiten«. Dabei wurde darauf verwiesen, dass der Pfarrer Offizier der Wehrmacht gewesen sei.[313] Sofort eingeleitete Ermittlungen dazu blieben jedoch ohne Ergebnisse.

Ein Treffen der Thälmann-Pioniere des Kreises Schmölln war Anlass für die Veranstaltung, die am 25. Juni in der HO-Gaststätte in Rolika unter dem Thema »Zehn Jahre demokratische Schule in Dobitschen« stattfand.[314] Nach einem Kulturprogramm und dem Referat eines Lehrers über die Dobitscher Schule kam Zunkel zu Wort. Eingangs die geringe Präsenz der Einwohner von Dobitschen beklagend, ging er auf die gegen ihn vorgebrachten Vorhaltungen ein und gab schließlich zu bedenken, dass er jederzeit eine weitere klärende Versammlung einberufen könne. Im Anschluss an Zunkels Darlegungen rechtfertigte der Bezirkstagsabgeordnete Hans Wetzel aus Leipzig, der vorgab, »die Dinge in Dobitschen einigermaßen« zu kennen, die Anwesenheit so vieler Fremder damit, dass wenn der Frieden in Dobitschen in Gefahr sei, die »Menschheit auf Wacht« stehe. Wetzel warf Zunkel vor, mit seinem Handeln einen Gegensatz zwischen den Christen und dem Staat zu produzieren und beendete seine Ausführungen mit der Forderung, »Herrn Zunkel nicht mehr länger provozieren zu lassen« und ihn als Pfarrer abzuziehen, damit »er nicht mehr länger im Sinne Dibelius u. a. sein Werk verrichten« könne.[315] Nachfolgend brachte Schulleiter Hoppe seine Vorwürfe gegen den Seelsorger vor. Nachdem Zunkel, der sich zu rechtfertigen suchte, das Wort entzogen wurde, verließ er die Versammlung.[316]

310 Fernschreiben der KD Schmölln an die VfS Leipzig vom 25.3.1955; BStU, MfS, BV Leipzig, AOP 54/59, Bl. 83–85.

311 Einschätzung durch den Vorsitzenden des Rates des Kreises Schmölln, Wiese, vom 28.3.1955; ebenda, Bl. 77–79.

312 Bericht über eine am 13.5.1955 stattgefundene Aussprache zwischen Unterleutnant Michalk der Abt. V/4 der BV Leipzig des SfS mit dem Schulleiter Hoppe in Dobitschen; ebenda, Bl. 87–91.

313 Den evangelischen Pfarrer Zunkel, Dobitschen, betreffendes Schreiben der Hauptabteilung V/4 des SfS an die BV Leipzig, Abt. V/4 vom 2.5.1955; ebenda, Bl. 11 f.

314 Über den Verlauf dieses Abends liegen in den MfS-Unterlagen mehrere Berichte vor: u. a. ein Bericht des Unterleutnants Blümel, BV Leipzig, Abt. V/4 (ebenda, Bl. 96–98) und der sehr ausführliche, offenbar auf einen Tonbandmitschnitt beruhende Bericht eines Mitarbeiters (Protokollanten) des Rates des Kreises Schmölln (ebenda, Bl. 100–104).

315 BStU, MfS, BV Leipzig, AOP 54/59, Bl. 100–104 .

316 Ebenda, Bl. 96–98.

Er beschrieb die Situation später wie folgt: »Darauf nahm ich meinen Mantel und wollte den Saal verlassen. Auf dem Weg zur Tür wurde ich nun mit zahlreichen Schimpfworten und Drohungen angeredet. Nur einige seien zitiert: ›Nazischwein‹, ›Gehlenagent‹, ›Saboteur‹, ›Verbrecher‹, ›Adenauer Spion‹, ›Schlagt ihn tot‹, ›Henkt ihn auf, aber möglichst gleich verkehrt herum‹ u.a.m.«[317] In Abwesenheit des Pfarrers und seiner Anhänger, die ebenfalls den Saal verlassen hatten, beschloss die Versammlung, bei der thüringischen Kirchenleitung die Absetzung Zunkels zu beantragen.[318]

Pfarrer Zunkel schilderte den Fortgang des Abends aus seiner Sicht: Während der Raum in wildem Aufruhr war, sei er von acht Männern am Verlassen des Saales gehindert worden. Zwei anwesende Polizisten halfen ihm nicht. Erst durch die Unterstützung des Bürgermeisters von Dobitschen und zweier Kirchenältester habe er den Ausgang passieren können. Männer und Frauen der Kirchgemeinde, die sich im Vorraum »in aufgelöster Verfassung« aufhielten, hätten ihn gewarnt, zu Fuß nach Hause zu gehen, »da man bereits festgestellt habe, daß hinter jedem dritten Baum sich jemand versteckt habe«. Er begab sich dennoch auf dem Heimweg. Drei unerkannte Männer, die sich im Vorgarten des Pfarrhauses aufhielten, seien auf Anruf des Pfarrers geflohen.[319]

Bei Vernehmungen durch die Polizei, die – ausgelöst durch die Vorgänge dieses Abends – in den folgenden Tagen durch die Volkspolizei durchgeführt wurden, gab eine 39-jährige Köchin aus der Gemeinde Dobitschen an, ihr sei beim Verlassen des Saales am Ausgang eine Gruppe von Männern, »keine jungen Burschen, sondern Männer im mittleren Alter«, aufgefallen, die größtenteils Parteiabzeichen trugen, von denen ihr einer die Worte »Schwarzkittelhure, jetzt rückst Du ab« zurief. Auf der Treppe hätten weitere Männer gestanden und sie als »Faschistenweib« bezeichnet. Den Männern, die ausnahmslos nicht aus Dobitschen stammten, habe sie entgegnet, dass sie im Demokratischen Frauenbund Deutschlands (DFD) organisiert sei und dass sie sich dort verantworten werden müssen, worauf Gelächter gefolgt sei.[320]

Bischof Mitzenheim, den Zunkel über Oberkirchenrat Heerden hinsichtlich der Ereignisse in Kenntnis setzte, führte am 2. Juli mit Vertretern des Rates des Kreises eine Aussprache »in der Angelegenheit Dobitschen« durch.[321] Er verwies

317 Bericht des Pfarrers Zunkel über die Kreisveranstaltung der Jungen Pioniere am 25.6.1955 in der HO-Gaststätte Rolika vom 27.6.1955; im Besitz der Familie Zunkel, Bl. 5.

318 BStU, MfS, BV Leipzig, AOP 54/59, Bl. 100–104.

319 Bericht des Pfarrers Zunkel über die Kreisveranstaltung der Jungen Pioniere am 25.6.1955 in der HO-Gaststätte Rolika vom 27.6.1955; im Besitz der Familie Zunkel, Bl. 6.

320 Vernehmung einer 39-jährigen Zeugin vom 21.7.1955; BStU, MfS, BV Leipzig, AOP 54/59, Bl. 108–110.

321 Die Aussprache war offensichtlich schon einige Zeit vorher geplant gewesen, denn OKR Heerden nahm bereits während des Telefongesprächs mit dem Stellvertreter des Vorsitzenden des Rates des Kreises Schmölln am 28.6. auf sie Bezug. Ebenda, Bl. 113.

darauf, dass Pfarrer Zunkel nur so gehandelt habe, wie es ihm die Kirche vorschreibe. Durch »das aktive Einsetzen der Schule für die Jugendweihe sei eine Atmosphäre entstanden, woran die Kirche keine Schuld trage«. Der Bischof wies die auf der Versammlung vom 25. Juni formulierte Forderung der Absetzung des Pfarrers zurück und forderte unnachgiebig, dass nicht zu prüfen sei, »ob Zunkel am richtigen Platz«, sondern vielmehr, »ob die Lehrer am richtigen Platz« seien. Die Vertreter des Rates des Kreises jedoch hielten »Untersuchungen des Sachverhaltes durch die zuständigen Stellen« für erforderlich und beharrten auf ihrer Forderung.[322] Noch am selben Tag ließ der stellvertretende Leiter der Bezirksverwaltung Leipzig[323] der Kreisdienststelle Schmölln die Anweisung geben, »umgehend die Möglichkeit einer Agentur zur operativen Bearbeitung des Zunkel zu schaffen« und über die eingeleiteten Maßnahmen Bericht zu erstatten.[324] Zu einer Erfassung des Pfarrers in einem Beobachtungsvorgang, der vorerst den Decknamen »Satan« erhielt, kam es erst am 8. Juli 1955.[325]

Am 10. Juli eröffnete die *Leipziger Volkszeitung* unter der Überschrift »Dobitzschen [sic!] ist nicht West-Berlin« eine Reihe von Artikeln, die auf die Durchsetzung der angeblich von den meisten Einwohnern Dobitschens geforderten Absetzung Zunkels, der »zu den Paradepferden der Gegner der Jugendweihe« zähle, abzielten.[326] Es wurde behauptet, die Belegschaftsversammlung des volkseigenen Gutes Dobitschen habe darüber abgestimmt, der zuständigen Kirchenleitung die Versetzung des Pfarrers, der auf der Seite der »Kriegstreiber« stehe, zu empfehlen.[327] Ferner warf man die Frage auf, in welchem Maße Martin Zunkel sein Seelsorgeamt verletze, wenn er gegen den Staat und den Frieden »hetze«.[328]

Die Vorfälle des 25. Juni, vor allem die Behandlung der Köchin, die sich als Mitglied des Demokratischen Frauenbundes Deutschlands auswies, führten zum Austritt von 14 Frauen aus dieser Frauenorganisation. Am 20. Juli fasste der Frauenbund der Gemeinde Dobitschen daher den Beschluss, sich »von Pfar-

322 Bericht des Stellvertreters des Vorsitzenden des Rates des Kreises Schmölln Borchert über die am 2.7.1955 stattgefundene Aussprache mit dem Landesbischof von Thüringen in der Angelegenheit Dobitschen; ebenda, Bl. 114–118.

323 Heinz Geyer (1929–2008) war seit 1953 stellvertretender Leiter der BV Leipzig. 1958 übernahm er kommissarisch die Leitung der BV. Vgl. Das MfS-Lexikon, S. 108 f.

324 Schreiben der Abteilung V der BV Leipzig an die KD Schmölln vom 2.7.1955 mit der Anweisung, eine Agentur zu schaffen; BStU, MfS, BV Leipzig, AOP 54/59, Bl. 122.

325 Beschluss über das Anlegen eines Beobachtungsvorganges vom 8.7.1955; ebenda, Bl. 26.

326 »Dobitzschen ist nicht West-Berlin«. In: LVZ v. 10.7.1955/Nr. 159, S. 3; ebenda, Bl. 127.

327 »Landarbeiter in Dobitschen haben nichts mit Herrn Zunkel gemein«. In: LVZ v. 19.7.1955; ebenda, Bl. 132.

328 »Dobitschener Bauern an erster Stelle im Bezirk«. In: LVZ v. 20.7.1955; ebenda, Bl. 133.

rer Zunkel zu distanzieren«.[329] Unter dem Titel »Von den Frauen hängt es ab, ob der Frieden erhalten bleibt« gab die *Leipziger Volkszeitung* (*LVZ)* am 23. Juli die vermeintliche Meinung der DFD-Ortsgruppe bekannt, Pfarrer Zunkel dürfe sein Amt als Pfarrer nicht weiter ausüben, da sonst der Frieden im Ort nicht gewahrt werden könne.[330]

Die sich nun überschlagenden Ereignisse zeugen von der erreichten Intensität des Vorgehens staatlicher Stellen gegen Pfarrer Zunkel. Am 22. Juli wurden die Köchin, die nach der Versammlung am 25. Juni belästigt worden war und anschließend den Protest der DFD-Mitglieder ausgelöst hatte, sowie eine weitere Jugendliche durch die Volkspolizei vernommen.[331] Am selben Tag fand beim Rat des Bezirkes Leipzig eine Aussprache mit Mitzenheim statt. Dort wurde dem Landesbischof mitgeteilt, dass Zunkel aus dem Bezirk verwiesen werde.[332] Tags darauf wurde der Pfarrer vor den Vorsitzenden des Rates des Kreises geladen, um ihm zu eröffnen, dass er binnen 72 Stunden den Bezirk zu verlassen habe.[333] Der Landesbischof legte gegen die Ausweisung des Geistlichen sofort beim stellvertretenden Ministerpräsidenten Nuschke Beschwerde ein und beantragte eine Ministerratsentscheidung. Den Vorsitzenden des Rates des Kreises Schmölln setzte er durch ein Telegramm von diesem Schritt in Kenntnis.[334]

Während eines Gottesdienstes, den Oberkirchenrat Heerden zusammen mit Pfarrer Zunkel am 24. Juli in Dobitschen hielt, wurde den etwa 200 Anwesenden der Beschluss des Rates des Bezirkes bekanntgegeben.[335] Im Anschluss daran beschlossen vor allem Mitglieder der Jungen Gemeinde, eine Unterschriftensammlung für das Verbleiben des Pfarrers in der Gemeinde durchzuführen. Anregungen dazu gab es bereits einige Tage zuvor. Eine Oberschülerin fertigte Listen für Unterschriftensammlungen in Hartha, Großbraunshain, Prehna, Kleintauschwitz, Dobitschen und Lumpzig an.[336] Gegen 16.00 Uhr meldete die Heimleiterin des Feierabendheimes dem SfS, dass die Junge Gemeinde im Ort mit Listen »Unterschriften zur Verhinderung der Ausweisung des Pfarrers Zun-

329 Aktennotiz vom 22.7.1955 über eine DFD-Versammlung in der Gemeinde Dobitschen am 20.7.1955; ebenda, Bl. 135.

330 »Von den Frauen hängt es ab, ob der Frieden erhalten bleibt«. In: LVZ v. 23.7.1955; ebenda, Bl. 134.

331 Zwei Vernehmungsprotokolle vom 22.7.1955; ebenda, Bl. 108–112.

332 Aktennotiz zur Bearbeitung des Beobachtungs-Einzelvorganges »Pfarrer« vom 27.7.1955; ebenda, Bl. 219.

333 Bericht des Mitarbeiters/SfS Scorl über den Gottesdienst am 24.7.1955 vom 25.7.1955; ebenda, Bl. 138.

334 Telegramm des Landesbischofs Mitzenheim an den Vorsitzenden des Rates des Kreises Schmölln vom 24.7.1955; ebenda, Bl. 190.

335 Bericht des Mitarbeiters/SfS Scorl über den Gottesdienst in der Kirche zu Dobitschen am 24.7.1955 vom 25.7.1955; BStU, MfS, BV Leipzig, AOP 54/59, Bl. 138.

336 Aktennotiz des Feldwebels Brachmann über eine Aussprache mit einer Oberschülerin zur Unterschriftensammlung in Dobitschen am 24.7.1955; ebenda, Bl. 141.

kel« sammelte. Nach Rücksprache mit Bezirksverwaltungsleiter Rümmler[337] begaben sich Mitarbeiter der Kreisdienststelle Schmölln sofort nach Lumpzig, »um die betreffenden Personen zu befragen, wer die Auftraggeber« wären. Während der Befragung von Jugendlichen durch die SfS-Mitarbeiter im Altenheim füllte sich der Hausflur »innerhalb weniger Minuten« mit circa 25 bis 30 Personen »aller Altersstufen«, die die Freigabe der Festgehaltenen forderten. Nach »Beendigung der Unterredung« und Sicherstellung nur einer Unterschriftenliste[338], wurden die Befragten entlassen und die Räumung des Feierabendheimes veranlasst.[339]

Als der Vorsitzende des Rates des Kreises, Wiese, am Abend den Ort mit dem Auto passierte, wurden er und seine Begleiter von circa 100 Personen, die sich vor dem Pfarrhaus befanden, mit »lauten Pfui-Rufen« empfangen und als »Lumpen« bezeichnet. Ihnen wurde zugerufen, dass man sie »gleich mit dem Wagen umkippen« müsste.[340]

Etwa zur selben Zeit kamen die Unterschriftenlisten aus Hartha und Großbraunshain in Dobitschen an. Sie wurden von Frauen überbracht.[341] Auch aus Lumpzig trafen Listen ein. Alle Blätter wurden bei einer Bürgerin aus dem Ort hinterlegt.[342] Die zufällige Anwesenheit Mitzenheims im Nachbarort Dobra ließ beim SfS rasch die Vermutung aufkommen, dass eine Übergabe der Unterschriftenliste geplant war.[343]

Nur mit Mühe und unter Protest der Anwohner gelang es einem Feldwebel des SfS und einem Polizisten am folgenden Tag, zwei Jugendliche und zwei Frauen zur Vernehmung über die Ereignisse des Vortages von Lumpzig nach Dobitschen zu bringen.[344] Wiese, der sich am 25. Juli erneut nach Lumpzig zu einer SED-Mitgliederversammlung begab, stellte fest, dass sich die Stimmung zugespitzt hatte. Die Arbeitsleistungen hatten sich verschlechtert und Arbeitsniederlegungen drohten auszubrechen, falls »Zunkel irgendwie Lumpzig verlassen müsse«. Bereits zwei Tage später lag dem SfS ein Bericht des Vorsitzenden

337 Kurt Rümmler (1911–1958) war 1952–1958 Leiter der Bezirksverwaltung Leipzig. In: Das MfS-Lexikon, S. 281.

338 Die Unterschriftenliste befindet sich in der Akte, der Text lautet wie folgt: »Mit unseren Unterschriften geben wir das eindeutige Bekenntnis, daß wir gegen die Ausweisung unseres Pfarrers Zunkel sind!«; BStU, MfS, BV Leipzig, AOP 54/59, Bl. 143.

339 Aktennotiz des Unterleutnants Schulze zur Unterschriftensammlung in der Gemeinde Dobitschen-Lumpzig am 24.7.1955; ebenda, Bl. 139.

340 Angaben des Vorsitzenden des Rates des Kreises beim SfS vom 27.7.1995; ebenda, Bl. 185.

341 Vernehmungsprotokoll eines 17-jährigen Zeugen vom 25.7.1955; ebenda, Bl. 147.

342 Protokoll zur Vernehmung einer 21-jährigen Verkäuferin vom 25.7.1955; ebenda, Bl. 158.

343 Angaben des Vorsitzenden des Rates des Kreises beim SfS vom 27.7.1995; ebenda, Bl. 185.

344 Bericht des Feldwebels Döhler über ein Vorkommnis in der Gemeinde Lumpzig am 25.7.1955; ebenda, Bl. 148.

darüber vor.[345] Dass dieser von Wiese handschriftlich unterzeichnete Bericht als Schreiben des SfS verfasst wurde, bezeugt eine enge Zusammenarbeit des Rates des Kreises Schmölln mit dem Staatssicherheitsdienst in diesem Fall.

Aufgrund der vorherrschenden Situation hielt das SfS neue Maßnahmen für erforderlich. Personen, die dem Pfarrer nahestanden, sollten vernommen, die Unterschriftensammlung für den Verbleib Zunkels in Dobitschen sowie die Austritte aus dem DFD nochmals untersucht und die Gerüchte über drohende Arbeitsniederlegungen ermittelt werden.[346] Doch blieb die Realisierung dieser Absichten aus. Allmählich kamen die Aktionen gegen den Geistlichen vollkommen zum Erliegen. Im November 1956 sandte die Kreisdienststelle Schmölln der Kirchenabteilung der Bezirksverwaltung Leipzig einen Bericht über den Bearbeitungsstand des Vorganges.[347] Dabei wurde festgehalten, dass Pfarrer Zunkel bemüht sei, keine Spannungen mehr entstehen zu lassen.[348] Am 20. März 1959 wurde der Beobachtungsvorgang archiviert. Weitere Konsequenzen für Pfarrer Zunkel sind nicht zu erkennen.[349]

345 Bericht des Vorsitzenden des Rates des Kreises vom 27.7.1955; ebenda, Bl. 185 f.

346 Aktennotiz zur Bearbeitung des Beobachtungs-Einzelvorganges »Pfarrer« vom 27.7.1955; ebenda, Bl. 219–223.

347 Schreiben der KD Schmölln an die Abt. V/4 der BV Leipzig vom 3.11.1956; ebenda, Bl. 279.

348 Bericht zum Beobachtungs-Einzelvorgang »Pfarrer« vom 3.11.1956; ebenda, Bl. 275 f.

349 Beschluss für das Ablegen eines Beobachtungsvorganges vom 20.3.1959; ebenda, Bl. 294.

7. Gespannte Stille – Das Jugendweihejahr 1956/1957

Das dritte Jugendweihejahr ist in seinem historischen Kontext zwischen zwei politischen Ereignissen eingebettet, die auf jeden kirchenpolitischen Bereich einwirkten: der XX. Parteitag der KPdSU im Februar 1956 und die 30. Tagung des ZK der SED vom Januar bis Februar 1957.

Der auf dem XX. Parteitag der KPdSU eingeläutete Versuch einer Entstalinisierung in der Sowjetunion und der damit verbundene Kurswechsel sowie die in der Folge entbrannten Volksaufstände in Polen und Ungarn verunsicherten auch die SED-Führung und ließen bei ihr Befürchtungen eines neuen 17. Juni in der DDR wach werden. Um die Spannungen zwischen staatlichen und kirchlichen Stellen nicht zu verstärken, schien der Parteiführung in dieser Situation eine kirchenpolitische Zurückhaltung angemessen. Dies zeigt sich auch in der Behandlung der Jugendweiheproblematik. Eine wesentliche Verschärfung der Maßnahmen zur Einführung dieses sozialistischen Festaktes ist in diesem Zeitraum nicht vorgenommen worden. So konnten weder 1956 noch im folgenden Jahr außergewöhnliche Steigerungen der Teilnehmerzahlen erzielt werden. Die auf der 3. Parteikonferenz der SED im März 1956 doppelstrategisch für die Kirchenpolitik festgelegte »Konsequenz und Unnachgiebigkeit auf der einen und Gesprächsbereitschaft und Entgegenkommen auf der anderen Seite« zogen zwar Auswirkungen auf die »Gesprächs-Politik« der Partei nach sich,[350] wirkten sich aber auf diesen Zeitraum hinsichtlich der Jugendweihe nicht aus. Auch die am Ende des Jahres 1956 geführten Gespräche zwischen Kirche und Staat, die die Jugendweihefrage nicht nur am Rand berührten, änderten daran nichts.

Innerhalb der SED waren zu dieser Problematik nur leise Töne zu hören. Freilich wurden auf einer Sekretariatssitzung am 3. Oktober 1956 »Politische Richtlinien für die Parteiorganisation zur Vorbereitung und Durchführung der Jugendweihe 1957« beschlossen, die eine »patriotische Erziehung« der Jugendlichen durch die Jugendweihe propagierten,[351] es gab aber auch Stimmen, die eine Entschärfung der Situation forderten. Allen voran trat Paul Wandel, Sekretär für Kultur und Erziehung beim Zentralkomitee der SED, für Reformen ein.[352]

Bei den Kirchen lösten die Meldungen von der Erfolglosigkeit der sozialistischen Jugendfeier im Jahr 1956 keinen Jubel aus. Evangelische und katholische

350 Vgl. Besier; Wolf: Pfarrer, Christen und Katholiken, S. 17 f.
351 Wentker: Einführung, S. 157.
352 Ebenda, S. 158.

Kirche hielten an der Unvereinbarkeit der Jugendweihe mit der Konfirmation bzw. dem christlichen Glauben fest und gaben entsprechende kirchliche Weisungen heraus.

Noch vor der Durchführung der dritten Jugendweihen in der DDR warnte Walter Ulbricht auf der vom 30. Januar bis 1. Februar 1957 abgehaltenen 30. Tagung des ZK der SED vor einem Nachlassen im Kampf gegen die bürgerlichen Ideologien.[353] Diese Ermahnung des Generalsekretärs bildete den Auftakt zu einer Verstärkung der Bemühungen um eine Durchsetzung der Jugendweihe im folgenden Jahr.

7.1 Agieren des MfS gegen den Widerstand der Kirche – Festhalten an der Unvereinbarkeit von Jugendweihe und Konfirmation

Der Staatssicherheitsdienst versuchte immer wieder, die im kirchlichen Raum weitgehend herrschende Geschlossenheit in der Jugendweihefrage zu durchbrechen. Vorzugsweise sogenannte »fortschrittlich« gesinnte Geistliche sollten dafür gewonnen werden. Einen frühen Erfolg in dieser Richtung konnte das MfS im März 1956 registrieren, als der bereits im Juli 1955 für eine Zusammenarbeit gewonnene Probstheidaer Pfarrer der Immanuelkirche, Hans-Georg Rausch,[354] im März 1956 unter den 38 Konfirmanden seiner Gemeinde vier Jugendliche konfirmierte, denen im Nachbarort Pausdorf die Konfirmation wegen ihrer Teilnahme an der Jugendweihe verweigert wurde.[355] Geistliche, die sich derart über die Vorschriften ihrer Vorgesetzten hinsichtlich der Jugendweihe hinwegsetzten, blieben freilich in diesen Zeitraum noch die Ausnahme.

Schwierigkeiten, die sich in der Folge der Einführung des neuen Ritus ergaben, wurden auf allen kirchlichen Tagungen und Konferenzen thematisiert und prägten das kirchliche Leben dieser Zeit. Dennoch herrschte in allen Gliedkirchen wie auch in der katholischen Kirche noch immer eine geschlossene Einheit in dieser Frage. Überall fand das MfS das gleiche Bild vor wie jenes, das sich ihm während der im April 1956 in Halle zusammengekommenen Provinzialsynode der Kirchenprovinz Sachsen bot. Dort wurde eine Stellungnahme des Bischofs Johannes Jänicke, wonach Jugendweihe und Konfirmation unvereinbar seien, einstimmig gebilligt.[356]

353 Raabe: Jugendweihe als Instrument, S. 53.

354 Ausführlicheres zu Hans-Georg Rausch siehe Wilhelm: Die Diktatur und die evangelische Kirche, S. 415–460.

355 Treffbericht des GI »Eduard« vom 28.3.1956; BStU, MfS, BV Leipzig, AIM 20/76, Teil II,1, Bl. 98.

356 Abschrift eines Berichtes über die vom 8. bis 13.4.1956 durchgeführte Provinzialsynode der Kirchenprovinz Sachsen in Halle vom 14.4.1956; BStU, MfS, AP 21695/92; Bl. 30–35.

Diese geschlossene Frontstellung der Kirchen gegen die Jugendweihe präsentierte sich in allen Regionen der DDR. Doch obgleich sich die Ablehnung des neuen Ritus in den nördlichen ländlicheren Gemeinden stärker manifestierte, bildeten die Thüringische und die Sächsische Landeskirche den Hauptkampfplatz der in der Folgezeit heftig ausgetragenen Kontroverse. So rückten auch die Bischöfe Mitzenheim und Noth in immer höherem Maße ins Interesse des Staatssicherheitsdienstes. In beiden Kirchenleitungen waren bereits Geheime Mitarbeiter (GM) zum Einsatz gebracht worden.[357] Darunter verstand man »inoffizielle Mitarbeiter mit tatsächlichem oder potenziellem Zugang zu Personen oder Organisationen, die vom MfS als feindlich eingestuft wurden«.[358]

Moritz Mitzenheim

Der Thüringer Landesbischof Moritz Mitzenheim, dessen Predigten und Rundbriefe an seine Amtsbrüder weiterhin vom Staatssicherheitsdienst im Auge behalten wurden, vertrat den »Entweder-Konfirmation-oder-Jugendweihe«-Standpunkt der Kirche auch fortan konsequent, geißelte den Missbrauch schulischer Einrichtungen zur Propaganda für die Jugendweihe aufs Schärfste und ließ nicht nach, zu beteuern, dass der Standpunkt der Kirche zur Jugendweihefrage unveränderlich und der gleiche sei wie ehedem.[359] Da sich die in der Luft liegenden Gerüchte einer Reform der Jugendweiheangelegenheiten, insbesondere den Namen und den Inhalt des Geschenkbuches betreffend, nicht bewahrheiteten, wurde Mitzenheim hinsichtlich aller dieses Thema betreffenden Angelegenheiten zunehmend unzufriedener. GM »Karl« teilte bei einem Treff am 24. Oktober 1956 seinem Führungsoffizier mit, dass der Landesbischof »sehr erbost darüber« sei, »dass sich in der Jugendweihe noch keine Änderung eingestellt« habe. Moritz Mitzenheim plane daher, einen Brief an Paul Wandel zu schreiben,[360] der dem Bischof bereits Verständnis in der Jugendweihefrage bezeugt hatte.[361] Drei Tage darauf erging ein Brief des Oberhirten an das Zentralkomiteemitglied.[362] Der Bischof nahm dabei Bezug auf ein Gespräch mit Wandel, bei dem er eine berechtigte Sorge des Politikers um den Zusammenhalt des Volkes, der

357 Am Landeskirchenamt Thüringen der Leiter der Rechtsabteilung Gerhard Lotz als GM »Karl« (siehe 6.2.1.2), am Landeskirchenamt Sachsen der Oberlandeskirchenrat und stellvertretende Präsident des Landeskirchenamtes Dr. Konrad Müller als GM »Konrad« (siehe 6.2.1.1).

358 Das MfS-Lexikon, S. 97.

359 So u. a. in seinem 43. Rundbrief an alle Pfarrer der Thüringer Landeskirche vom 27. Juli 1956; BStU, MfS, AP 12249/92, Bl. 42 f.

360 Treffbericht des GM »Karl« mit Hauptmann Ludwig vom 24.10.1956; BStU, MfS, AIM 3043/86, Teil II, 1, Bl. 51.

361 Mau: Der Protestantismus im Osten Deutschlands, S. 58.

362 Dazu auch Besier: SED-Staat. Weg in die Anpassung, S. 211.

durch die Unruhen in der Jugendweihefrage gefährdet sei, wahrgenommen habe. Aus dieser Bemerkung habe er Hoffnung auf eine Änderung der bisherigen Praxis der Jugendweihe geschöpft. Danach seien jedoch keinerlei Veränderungen in dieser Problematik zu verzeichnen gewesen. Mitzenheim schilderte in dem Schreiben einen Vorfall, den er auch in seinen Predigten wiederholt anführte. Ihm sei bekannt geworden, dass in einer Gemeinde, in der 50 Jugendliche konfirmiert wurden, vier Jungen und Mädchen nach der Konfirmation an der Jugendweihe teilnahmen. Auf der Rückfahrt von der Jugendweihefeier hätten »alle vier während der ganzen Fahrt geweint«. Am nächsten Tag habe einer der Jungen seinem Pfarrer mitgeteilt, dass er beim Gelübde nicht mitgesprochen, sondern »nur den Mund aufgemacht« habe. Mitzenheim forderte deshalb, den Weltanschauungskampf nicht auf dem Rücken der Jugend auszutragen und einen anderen Weg aus der Problematik um die Jugendweihe zu suchen. Eine allgemeine vom Konfirmationstermin getrennte Feier, die nicht antichristlich und atheistisch ausgerichtet sei, mit einem anderen Namen und ohne Gelübde und Weihe würde von der Kirche kaum abgelehnt werden.[363]

Mitzenheim ließ eine Abschrift des Schreibens als Anhang seines 47. Rundbriefes allen Pfarrern der Thüringer Landeskirche zukommen. Der Staatssicherheitsdienst hatte inzwischen vielfache Möglichkeiten, in den Besitz solcher Materialien zu kommen. Der als GM »Studium«[364] für das MfS wirkende Jenaer Pfarrer Dr. Erwin Langner, der sich bereits bei seiner ersten Kontaktaufnahme mit dem MfS im Juli 1956 von den »Angriffen, wie sie von den Kirchenleitungen in der Frage der ›Jugendweihe‹ unternommen wurden«[365] distanzierte, übergab den Rundbrief mit Anhang seinem Führungsoffizier.[366]

Als der Landesbischof am 31. Oktober 1956 anlässlich des Reformationsfestes und einer Glockenweihe in Triptis predigte, leitete die Abteilung V der Bezirksverwaltung Gera ohne Anordnung, allein »auf Grund der Situation«, eine Predigtüberwachung ein und sandte einen Bericht über den Ablauf des Besuches des Bischofs und über dessen Predigt, die nach Ansicht der Geraer MfS-Mitarbeiter »Tendenzen gefährlicher Hetze und Provokationen« enthielt, sowie über den Einsatz in Triptis an die Hauptabteilung V mit der Bitte um Kenntnisnahme und Weiterleitung der Berichte an die Bezirksverwaltung Erfurt.[367]

363 Abschrift eines Briefes des Bischofs Moritz Mitzenheim an Paul Wandel vom 27.10.1956; BStU, MfS, AP 11226/92, Bl. 99 f.

364 Dr. Erwin Langner, geb. 15.3.1894, verst. 1962, Pfarrer in Jena, wurde am 1.10.1956 zur Zusammenarbeit mit dem MfS angeworben. BStU, MfS, BV Gera, AIM 961/62.

365 Bericht über Kontaktaufnahme mit dem evangelischen Pfarrer Dr. Erwin Langner vom 20.7.1956; ebenda, Teil I, Bl. 57.

366 Abschrift eines Briefes des Bischofs Moritz Mitzenheim an Paul Wandel; ebenda, Teil II, Bl. 34.

367 Schreiben der Abteilung V der BV Gera an die Hauptabteilung V/4 vom 13.11.1956; BStU, MfS, AP 12249/92, Bl. 20.

Dieses umständliche Vorgehen spiegelt den Entwicklungsstand des Versuches, die Kirchenarbeit des MfS effektiv zu gestalten, partiell wider. Einerseits wurde immer wieder die Notwendigkeit betont, die HA V über relevante Kirchenangelegenheiten zu informieren, andererseits sollte die Federführung in der Zusammenarbeit von jenen Bezirksverwaltungen, »in denen der Sitz der jeweiligen Landeskirchenleitung« lag, wahrgenommen werden.[368] Mitzenheims Darlegungen zur Jugendweihefrage in Triptis nahmen nach Angabe des Berichterstatters »1/4 des gesamten Vortrages in Anspruch«. Der Bischof betonte dabei, dass der Ausschuss für Jugendweihe keine Legitimation des Volkes habe, dass man die Jugendlichen zur Teilnahme an der Jugendweihe zwinge und Gewalt anwende. Er berichtete erneut von den weinenden Jugendlichen und wies auf die Unruhe und den Zwiespalt hin, in den die Jugendlichen getrieben würden. Er beklagte die Einseitigkeit der Presse und des Rundfunks und forderte zugleich die »Freiheit der Verbreitung der religiösen oder kirchlichen Ansichten in den Tageszeitungen«. Außerdem kritisierte er, dass in den neu eingeführten Familienbüchern zwar reichlich Platz für die Eintragung der Jugendweihe, jedoch für die Taufe und Konfirmation keine Spalten vorgesehen seien.[369] Eine Zusammenfassung des Berichtes wurde, und damit versandete der Sachverhalt, von der HA V an die Bezirksverwaltung Erfurt geschickt.[370]

Als die Bischöfe der sechs DDR-Landeskirchen am 3. Dezember 1956 mit Otto Grotewohl und anderen Politikern zu einem Gespräch zusammenkamen, das neben der finanziellen Lage der evangelischen Kirche auch andere Anliegen berührte, blieb die Jugendweiheproblematik nicht unerwähnt.[371] Nach dem Treffen riefen die CDU-Funktionäre Günther Wirth und Hermann Kalb bei GM »Karl« an und teilten ihm mit, dass Bischof Mitzenheim, als die Jugendweihefrage verhandelt wurde, von allen anwesenden Kirchenvertretern »am aggressivsten gewesen sei«.[372]

Am 19. Dezember 1956 wurde die Jugendweihefrage auf der Thüringer Synode aufgrund der Eingabe einer Kirchgemeinde erneut erörtert. Die bisherigen Entscheidungen zu dieser Thematik wurden dabei bestätigt und es wurde wiederholt festgelegt, dass »eine Beteiligung an der Jugendweihe und der Vorbereitung zu ihr die Möglichkeit der Konfirmation ausschließt und daß eine nachträgliche Beteiligung an der Jugendweihe die mit der Konfirmation erworbenen

368 Dazu BStU, MfS, BdL/Dok. Nr. 2126, Bl. 3.

369 Abschrift des Berichtes über den Ablauf des Besuches des Bischofs Mitzenheim in Triptis am 31.10.1956; BStU, MfS, AP 12249/92, Bl. 21–24.

370 Bericht über den Einsatz in Triptis; ebenda, Bl. 30 f.

371 Zu den Gesprächen siehe auch Besier: SED-Staat. Weg in die Anpassung, S. 212 ff.

372 Bericht zum Treff mit GM »Karl« vom 11.12.1956; BStU, MfS, AIM 3043/86, Teil II,1, Bl. 54.

Rechte zum Ruhen« bringe.[373] GM »Studium« bewertete die Entscheidung der Synode als Belastung für die kirchenpolitische Situation, da nun die »bisherige einseitige Haltung« der Kirche, die seiner Meinung nach nicht dem Willen der Eltern entspreche, »zum Gesetz erhoben« werde. Bisher habe man in dieser Grundeinstellung zur Jugendweihe nur »eine persönliche Meinungsäußerung des Bischofs M. Mitzenheim erblicken« können, jetzt sei »eine kirchenrechtliche Situation geschaffen, gegen die zu verstoßen jeden Pfarrer vor eine disziplinarische Maßregelung stellen würde«.[374]

Mit einem Brief an die Konfirmandeneltern wollte der Landesbischof im März 1957 nochmals eine deutliche Entscheidungshilfe geben. Die Entweder-oder-Haltung der Kirche sei die Haltung der gesamten Kirche. Die letzte Thüringer Synode habe sie nochmals einstimmig bestätigt. Wer nun behaupte, es fehle dem Pfarrer vor Ort »an gutem Willen«, wenn er jugendgeweihte Kinder nicht konfirmiere, tue diesem Unrecht und wer meine, beides, sowohl Jugendweihe als auch Konfirmation, seien möglich, irre sich und tue gut, seine Entscheidung zu überprüfen.[375] Auf diesen Brief an die Konfirmandeneltern nahm Bischof Mitzenheim nochmals in seinem 48. Rundbrief an die Pfarrer der Landeskirche mit unmissverständlichen Worten Bezug. Er forderte die Geistlichen darin auf, nicht aus falschem Mitleid nachzugeben, wenn sie bedrängt werden würden, beide Feiern zu ermöglichen.[376] Die Bezirksverwaltung Gera übersandte diesen Rundbrief, der ihr durch GM »Studium« zugekommen war, »zur Kenntnisnahme« an die Hauptabteilung V/4 des MfS.[377] Damit waren, wie auch aus allen seinen vorangehenden Aktivitäten, sowohl die Bezirksverwaltungen Gera und Erfurt als auch die Hauptabteilung V von der eindeutig ablehnenden Haltung des Landesbischofs Mitzenheim zur Jugendweihe unterrichtet.

373 Sammelrundschreiben Nr. 14/1956 an alle Pfarrämter, Superintendenturen und Kreiskirchenämter zur Frage: Konfirmation oder Jugendweihe (A 450) vom 28.12.1956; BStU, MfS, AP 11226/92, Bl. 91.

374 Bericht des GM »Studium« zur Tagung der Thüringischen Kirchensynode im Dezember 1956, o. D.; BStU, MfS, BV Gera, AIM 961/62, Arbeitsvorgang, Bd. 1, Bl. 38.

375 Schreiben an die Superintendenten der Evangelisch-Lutherischen Kirche in Thüringen mit einem Brief an die Konfirmandeneltern im Anhang vom 2.3.1957; BStU, MfS, AP 11226/92, Bl. 87.

376 48. Rundbrief des Landesbischofs der Evangelisch-Lutherischen Kirche in Thüringen vom 29.3.1957; BStU, MfS, BV Gera, AIM 961/62, Arbeitsvorgang, Bd. 1, Bl. 81 f.

377 Schreiben der Abteilung V der BV Gera an die HA V/4 des MfS vom 10.5.1957 mit dem 48. Rundbrief des Landesbischofs als Anlage; ebenda, Bl. 80.

Gottfried Noth

Auch die eindeutig ablehnende Einstellung des sächsischen Bischofs Gottfried Noth zur Jugendweihe war dem MfS bekannt. Ein bereits im Februar 1955 angelegter Überprüfungsvorgang zu ihm wurde dessen ungeachtet im Juli 1956 ohne weitere Folgen abgelegt. Eine intensivere Überwachung wäre zu diesem Zeitpunkt jedoch möglich gewesen, da der stellvertretende Präsident des sächsischen Landeskirchenamtes und enge Mitarbeiter des Bischofs, Konrad Müller, drei Monate zuvor für eine Zusammenarbeit mit dem MfS gewonnen wurde. Sollte mit der Platzierung eines Informanten in der unmittelbaren Umgebung des sächsischen Oberhirten eine weitere Bearbeitung in einem Vorgang unnötig geworden sein? Die Tatsache, dass zum Thüringer Landesbischof Mitzenheim, in dessen Nähe der GM »Karl« agierte, ebenfalls kein operativer Vorgang angelegt wurde, würde für diese These sprechen. Der Oberlandeskirchenrat Müller, der unter dem Decknahme »Konrad« geführt wurde, berichtete weiterhin über seinen Vorgesetzten, der fortan, ähnlich wie Mitzenheim, »in einer Handakte« bearbeitet wurde.[378]

Als sich Konrad Müller im November 1956 dienstlich in Berlin befand, erhielt er von Bischof Noth den Auftrag, mit Bischof Dibelius »über die bestehenden Spannungen zwischen Staat und Kirche in Bezug der Jugendweihe zu sprechen«. »Konrad« entnahm den Worten des EKD-Ratsvorsitzenden, dass »betreffs der Jugendweihe etwas in der Luft« liege. Es habe bereits Vorbesprechungen zwischen Staat und Kirche gegeben, um »zwischen Jugendweihe und Konfirmation eine klare Trennung herbeizuführen«. Nach Ansicht des GM bereitete die Jugendweihefrage der Kirche den meisten Kummer. Eine Schulentlassungsfeier anstatt der Jugendweihe würde der Kirche, so »Konrad«, entgegenkommen.[379]

Weitere Maßnahmen des MfS gegen Bischof Noth hinsichtlich der bestehenden Differenzen zwischen Staat und Kirche um die Jugendweihe sind nicht erkennbar.

378 Abschlussbericht des Überprüfungsvorganges zu Landesbischof Gottfried Noth vom 4.7.1956; BStU, MfS, BV Dresden, AOP 241/56, Bd. 1, Bl. 48.

379 Bericht über einen Treff mit GM »Konrad« in dessen Wohnung am 20.11.1956; BStU, MfS, AIM 1822/64, Arbeitsakte, Bd. 1, Bl. 119 ff.

Ostkirchenkonferenz

GM »Konrad«, dessen Verbindungen zur Kirchenleitung in Westberlin das MfS bereits bei der Vorbereitung seiner Werbung zur Zusammenarbeit interessierte,[380] wurde auch zur unerlässlichen Quelle für Informationen aus dem Bereich der Ostkirchenkonferenz und der EKD-Kirchenkanzlei. Vor allem Protokolle und dienstliche Schriftstücke der Berliner Kirchenkanzlei, die die gemeinsame Verwaltung der EKD ausübte, und der Ostkirchenkonferenz, die die Interessen der ostdeutschen Kirchenleitungen vertrat, wurden dem MfS durch den Oberlandeskirchenrat zugänglich gemacht. Die kirchliche Ostkonferenz kritisierte die geplante Einführung der Jugendweihe und die SED-Schulpolitik bereits am 3. Dezember 1954 in einer Entschließung.[381] Aus dem 40. Rundbrief Mitzenheims konnte entnommen werden, dass in dem Gremium am 12. Oktober 1955 beschlossen wurde, ein Gespräch über die Jugendweihe zwischen Kirche und Regierung der DDR anzustreben, um Bedenken über Zwangsmaßnahmen gegen Lehrer sowie Drohungen und Lockungen gegenüber Schülern zur Teilnahme an der Jugendweihe vorzutragen.[382]

Bei einem Treff von Hauptmann Buder und Leutnant Jänicke mit dem GM »Konrad« am 12. Oktober 1956 übergab Konrad Müller zwei Protokolle, die die am 12. September abgehaltene 50. Kirchliche Ostkonferenz betrafen.[383] Es handelt sich dabei um zwei Abschriften von Aufzeichnungen über die Sitzung, die zum einen der an der Berliner Stelle der Kirchenkanzlei der EKD beschäftigte Oberkircherat Dr. Erich Grauheding[384], zum anderen Oberlandeskirchenrat Gottfried Knospe von der Landeskirche Sachsen[385] gefertigt hatten. Beide Darstellungen informieren weitgehend übereinstimmend über einen Beitrag, den Oberkirchenrat Dr. Hafa auf der Konferenz den Anwesenden vorgetragen hatte. Dabei wies der Oberkirchenrat auf die Tendenz hin, dass die Jugendweihe staatlicherseits immer mehr verharmlost werde, wertete Zahlen zur Teilnahme an der Jugendweihe aus, die bislang nur aus dem Bereich der Landeskirche Sachsen vorlagen, und bat die anderen Gliedkirchen ebenfalls Meldung darüber zu erstatten. Es sei, so Hafa in seinem Vortrag, »in einer größeren Anzahl von Fällen« gelungen, Jugendlichen, denen der Zugang zur Oberschule wegen ihrer

380 Vorschlag zur Anwerbung eines GM vom 11.4.1956; BStU, MfS, AIM 1822/64, Personalakte, Bl. 13–15.

381 Urban; Weinzen: Jugend ohne Bekenntnis, S. 124.

382 40. Rundbrief des Landesbischofs der Evangelisch-Lutherischen Kirche in Thüringen an alle Pfarrer vom 20.10.1955; BStU, MfS, AP 12249/92, Bl. 86.

383 Bericht über einen Treff mit GM »Konrad« in dessen Wohnung am 12.10.1956; BStU, MfS, AIM 1822/64, Arbeitsakte, Bd. 1, Bl. 92–97.

384 Niederschrift über die 50. Kirchliche Ostkonferenz vom 12. September 1956 in Berlin, unterzeichnet: Dr. Grauheding. Abschrift; ebenda, Bl. 100–104.

385 Niederschrift über die 50. Kirchliche Ostkonferenz vom 12. September 1956 in Berlin, nachrichtlich: Knospe. Abschrift; ebenda, Bl. 105–107.

Nichtteilnahme an der Jugendweihe versagt worden war, eine entsprechende Zulassung zu erwirken. Dabei sei jedoch eine Internatsunterbringung der betreffenden Schüler unausweichlich gewesen. Ferner kritisierte der Oberkirchenrat auf der Konferenz, dass die bisher mögliche Ferienbetreuung von Schülern nun »sehr stark für die Jugendweihe ausgenutzt worden« sei und dass das neue Familienbuch zwar für Eintragungen der Teilnahme an der Jugendweihe, jedoch nicht für kirchliche Amtshandlungen Raum biete. Die von GM »Konrad« vorgelegten Protokolle beinhalten außerdem, dass im Anschluss an den Beitrag des Oberkirchenrates Hafa der Vizepräsident der Evangelisch-Lutherischen Kirche Deutschlands, Dr. Zimmermann, darauf aufmerksam gemacht und bemängelt habe, dass kirchliche Zuchtmaßnahmen gegen jugendgeweihte Jugendliche sehr streng gehandhabt würden, den Erwachsenen aber, »die mit daran Schuld tragen«, nichts geschehe. Mit diesem Problem sollte sich, so beide Berichterstattungen übereinstimmend, der »kleine Ausschuß zur Frage der Jugendweihe« beschäftigen, der von der Ostkonferenz bereits früher eingesetzt worden war.[386] Die Abteilung V/4 der Bezirksverwaltung Dresden wertete nach eigenen Angaben die beiden erhaltenen Protokolle für die Abteilung Information aus.[387] Ergebnisse dieser Auswertung liegen nicht vor.

Am 4. Dezember 1956 trat die 51. Kirchliche Ostkonferenz zusammen. GM »Konrad« ließ dem MfS auch über diese Tagung eine Niederschrift Grauhedings zukommen. Die Jugendweihefrage wurde an diesem Tag zu Beginn diskutiert.[388] Auf der 52. Kirchlichen Ostkonferenz, die am 5. April 1957 in Berlin tagte, fand erneut ein Erfahrungsaustausch über diese Problematik statt. Dabei sei festgestellt worden, dass wiederholt eine »verstärkte Einschaltung der staatlichen Stellen und der Staatsfunktionäre bei der Werbung zur Jugendweihe zu beobachten« war. Bei Bewerbungen um Lehrstellen, so der gleichfalls von Grauheding verfasste und durch GM »Konrad« ausgehändigte Bericht, werde häufiger nach der Teilnahme an der Jugendweihe gefragt. Die bei der Tagung Anwesenden vertraten daher die Meinung, dass Probleme, die mit der Jugendweihe im Zusammenhang stünden, nun »baldigst mit dem neuen Staatssekretär für Kirchenfragen erörtert werden sollten«.[389]

386 BStU, MfS, AIM 1822/64, Arbeitsakte, Bd. 1, Bl. 100–107.

387 Bericht über einen Treff mit GM »Konrad« in dessen Wohnung am 12.10.1956; ebenda, Bl. 96.

388 Niederschrift über die 51. Kirchliche Ostkonferenz vom 4. Dezember 1956 in Berlin, unterzeichnet: Dr. Grauheding; BStU, MfS, AIM 1822/64, Arbeitsakte, Bd. 2, Bl. 17–19.

389 Niederschrift über die 52. Kirchliche Ostkonferenz vom 5. April 1957 in Berlin, unterzeichnet: Dr. Grauheding; ebenda, Bl. 75–77.

EKD-Kirchenkanzlei

Die EKD-Kirchenkanzlei hatte sich in geringerem Maße mit den Problemen der DDR-Gliedkirchen zu beschäftigen als die Ostkonferenz. Dennoch wurden die Sorgen der Kirchenleitungen Ostdeutschlands, die aus der Jugendweihe entstanden, auch in die Sitzungen der Kirchenkanzlei hineingetragen. Gerhard Lotz, der Wahlfunktionen in der Synode der EKD ausübte, suchte aus dienstlichen Gründen gelegentlich die Westberliner Kirchenkanzlei auf und nahm an Sitzungen teil. Dabei wurde ihm bereits im März 1953 zum Verhängnis, dass er sich nach einer kirchlichen Tagung in Westberlin betrank, in eine Schlägerei mit Jugendlichen geriet, von diesen ausgeraubt und deshalb polizeilich befragt wurde. Das MfS, über den Vorfall in Kenntnis gesetzt, nutzte im Mai 1955 dieses Wissen als »kompromittierendes Material« bei der Werbung des Oberkirchenrates zur Zusammenarbeit als Geheimer Mitarbeiter.[390] Der Kirchenjurist, der von der Hauptabteilung V/4 als GM »Karl« geführt wurde und sich mit den Mitarbeitern des MfS an verschiedenen Orten traf, wurde nach einer Sitzung der Kirchenleitung in Westberlin am 5. Oktober 1956 mit einem Fahrzeug des Staatssicherheitsdienstes von Berlin nach Erfurt gebracht. Dabei berichtete er über die beiden Tagesordnungspunkte der Zusammenkunft in der Kirchenkanzlei. Das MfS erfuhr auf diesem Wege, dass die Kirchenleitung festgelegt hatte, gegenüber Lehrern, Eltern und Erziehern, die evangelischen Glaubens waren und die Jugendweihe unterstützten, mit Kirchenzuchtmaßnahmen vorzugehen.[391]

Otto Dibelius

In Bischof Otto Dibelius, dem Vorsitzenden des Rates der Evangelischen Kirche in Deutschland, der auch der Kirchlichen Ostkonferenz vorstand, hatten die Verantwortlichen der ostdeutschen Kirchenpolitik auf weiten Strecken ihren Hauptfeind gefunden. Auch in der Jugendweihefrage wurde er weitgehend für die ablehnende Haltung der Kirchen für verantwortlich befunden. Dabei gehörte es nach einer Beurteilung des Bischofs durch das MfS zur »Taktik der reaktionären Kräfte um Dibelius«, bei der Behandlung der Erziehungsfragen in der EKD »ausschließlich Probleme der DDR zu behandeln, insbesondere die Jugendweihe«.[392] Auch in katholischen Kreisen hielt man Otto Dibelius für den Protagonisten der Haltung beider Kirchen zur Jugendweihe. Dibelius habe nach

390 Auskunftsbericht über den GM »Karl« vom 20.9.1961; BStU, MfS, AIM 3043/86, Personalakte, Bl. 105.

391 Bericht über einen Treff mit GM »Karl« am 5.10.1956 auf der Fahrt von Berlin nach Erfurt; BStU, MfS, AIM 3043/86, Arbeitsakte, Bd. 1, Bl. 47 f.

392 Bericht über den Vorsitzenden des Rates der Evangelischen Kirche in Deutschland Dr. Otto Dibelius vom 16.4.1958; BStU, MfS, ZAIG, Nr. 31564, Bl. 1–13.

Ansicht Lothar Ullrichs »die Lokomotive in Fahrt gebracht«.[393] Das MfS hatte zu dem Bischof keinen operativen Vorgang angelegt. Die Jugendweiheproblematik ist in dem umfangreichen Material, das sich zu Dibelius in zahlreichen kirchenrelevanten Akten findet, nur ein Thema unter vielen.

Katholische Kirche

Der Quellenbefund zum hier behandelten Zeitraum drückt ein eher verhaltenes Interesse des Staatssicherheitsdienstes für die Ablehnung der Jugendweihe durch die katholische Kirche aus. Verstärkte Aufmerksamkeit des MfS rief hervor, dass der Meißner bischöfliche Koadjutor Otto Spülbeck, der selbst promovierter Naturwissenschaftler war, »in einer unwissenschaftlichen und gehässigen Art gegen die Jugendweihe und das Buch ›Weltall, Erde, Mensch‹« Tonbänder besprochen hatte, die im April 1956 den Gläubigen an verschiedenen Orten in drei Etappen zu Gehör gebracht wurden.[394] Am 12. April nahm ein inoffizieller Mitarbeiter der KD Bautzen an einer solchen Tonbandvorführung in der Weinbergkirche[395] teil. Sein Sohn hatte ihm mitgeteilt, dass dort das Jugendweihegeschenkbuch »so richtig lächerlich und fertig gemacht« werden würde. Am folgenden Tag berichtete der Informant darüber. Es handelte sich um den dritten Teil des Vortrages, der nach Ansicht des Informators »ein großangelegter Angriff auf den dialektischen Materialismus« und »gegen die fortschrittliche Weltanschauung überhaupt« darstelle. Spülbeck habe Abschnitt um Abschnitt des Buches »Weltall, Erde, Mensch« widerlegt und teilweise ins Lächerliche gezogen, sodass »unzählige Male von der gesamten Zuhörerschaft Beifall gegeben wurde und man auch auf dem Tonband das laute Lachen der Menschen«, die den Beitrag real miterlebt hatten, hören konnte. Der Berichterstatter, der ebenso wie seine Frau »so empört über das Gehörte« war, dass er »nachts kaum schlafen« konnte, forderte angesichts dieser Erfahrung die sofortige Beschlagnahmung des Tonbandes und ferner, dass sich Spülbeck »vor dem Volk der Werktätigen« zu verantworten habe.[396] Für den späteren Bischof von Meißen blieb die Vortragsreihe jedoch ohne Folgen.

Überwiegend gingen beim MfS nur Beifanginformationen ein, die sich auf die Haltung der katholischen Kirche zur Jugendweihe bezogen. So floss in eine

393 So der katholische Dogmatiker Prof. Dr. Lothar Ullrich in einem Gespräch mit dem Autor im Oktober 2004.

394 Bericht über Otto Spülbeck, »Dr. der Madematik, Phylosophie und der Naturwissenschaft [sic!]«, o. D.; BStU, MfS, BV Dresden, AOP 71/59, Bd. 4, Bl. 28 f.

395 Offensichtlich in Pillnitz.

396 Bericht des Geheimen Mitarbeiters »Robert« über eine am 12. April 1956 vorgeführte Tonbandaufnahme zur Jugendweihe von Otto Spülbeck; BStU, MfS, BV Dresden, AOP 71/59, Bd. 4, Bl. 38 f.

Beurteilung der allgemeinen Situation, die im Dezember 1956 von der Abteilung Information erstellt wurde, als einzige die Jugendweihe betreffende Information zur katholischen Kirche die Kenntnis ein, dass sich viele Geistliche des »demokratischen Sektors von Berlin« beim bischöflichen Ordinariat in Westberlin beraten ließen, wobei auch Gruppenabende mit schärfstem »Protest gegen die Jugendweihe« zur Sprache kamen.[397]

Der Heiligenstädter GI »Franz« berichtete über die Verlesung eines Hirtenbriefes des Weihbischofs Joseph Freusberg am 24. Februar 1957. Das die Jugendweihe betreffende Wort des Erfurter Oberhirten, das nach Einschätzung des GI »ziemlich scharf gehalten« war, wurde durch die KD Heiligenstadt an die Abteilung V/4 der Bezirksverwaltung Erfurt »zwecks weiteren [sic!] Auswertung gegeben«.[398] Aus bisherigen Recherchen in den Unterlagen des BStU gingen bislang keine weiteren öffentlichen Stellungnahmen der katholischen Kirche zur Jugendweihefrage, die das MfS im Jugendweihejahr 1956/57 erhalten hatte, hervor.

Christen vor Ort

Hauptschauplatz der Auseinandersetzung um die Jugendweihe blieben vor allem die evangelischen Pfarrgemeinden vor Ort. Weiterhin gingen dem MfS auf unterschiedliche Weise Briefe von Geistlichen an Konfirmandeneltern zu, in denen vor den Folgen einer Teilnahme an der Jugendweihe gewarnt wurde. Nur selten lässt sich der Weg dieser Schreiben in die Hände des MfS nachvollziehen. Im November 1957 übergab eine Mitarbeiterin eines Karl-Marx-Städter Betriebes dem dortigen Parteisekretär einen Brief, den sie von ihrem Pfarrer erhalten hatte. Der Geistliche hatte ihr mitgeteilt, dass ihr die kirchlichen Rechte verlorengegangen seien, weil sie ihr Kind nach der Konfirmation zur Jugendweihe gehen ließ. Der Parteisekretär übergab das Schriftstück der Abteilung Information der SED-Kreisleitung Karl-Marx-Stadt. Die Kreisleitung setzte offensichtlich das MfS in Kenntnis.[399] Für den Staatssicherheitsdienst war der Brief von besonderem Interesse, da bereits eine Versetzung des Geistlichen vom Rat der Stadt angestrebt wurde.

Eindeutige Benachteiligungen Nichtjugendgeweihter ließen sich von den Betroffenen selbst oder von deren Seelsorgern nur schwer nachweisen. Schrift-

397 Bericht der Abteilung Information über die Lage in Industrie und Verkehr vom 21.12.1956; BStU, MfS, BV Leipzig, Leiter, Nr. 00002, Bd. 22, Bl. 17.

398 Bericht über einen Treff mit GI »Franz« vom 15.3.1957 sowie der schriftliche Bericht des GI über die Verlesung des Hirtenbriefes am 24.2.1957; BStU, MfS, BV Erfurt, AIM 1601, Arbeitsvorgang, Bd. 2, Bl. 14 f.

399 Abschrift einer Aktennotiz vom 18.4.1956; BStU, BV Karl-Marx-Stadt, Abt. XX, ZMA, Pfr. 195, Bl. 71.

liche Ablehnungen bei Bewerbungen wurden nie mit der Nichtteilnahme an der Jugendweihe begründet. Verschiedene Seelsorger nahmen daher nachweisbare Fälle materieller Benachteiligung zum Anlass, an öffentlichen Stellen Beschwerde zu führen. Als im Januar 1957 in der Kirchensteuerstelle der Superintendentur Karl-Marx-Stadt I ein Rundschreiben des Kreisvorstandes der Gewerkschaft Verwaltungen – Banken – Versicherungen einging, das an alle Betriebsgewerkschaftsleitungen gerichtet war, antwortete Superintendent Fehlberg mit einer Aufstellung von Feststellungen und Forderungen. In dem Brief des Kreisvorstandes wurden die Betriebsgewerkschaftsleitungen aufgefordert, mit Betriebsangehörigen Rücksprachen zu nehmen, um »Gratulationen und Geschenke für die Jugendweihlinge« vorzubereiten, aus dem Prämienfond eine Summe zur Förderung der Jugendweihe zur Verfügung zu stellen und zu veranlassen, dass »jugendgeweihte Lehrlinge von den Betriebsangehörigen besonders beachtet werden«. Der Superintendent beantwortete das Schreiben am 15. Februar. Zunächst erinnerte er den Empfänger an die Freiwilligkeit und Privatheit der Jugendweihe als eine »grundlegende Tatsache«. Es werde aber allenthalben bemerkt, dass die Freiwilligkeit oft außer Acht gelassen bleibe und dass Einstellungen als Lehrlinge von der Teilnahme an der Jugendweihe abhängig gemacht werden, auch wenn die »Ablehnung ihres Antrages ausweichend formuliert« werde. Fehlberg machte ferner darauf aufmerksam, dass die »demokratische Gesetzlichkeit« der DDR »alle Privilegien und Bevorzugungen bestimmter Personen und Kreise« ablehne und gleiches Recht und gleichen Anspruch für jeden verlange. Dem Rundschreiben des Gewerkschaftskreisvorstandes sei jedoch zu entnehmen, dass einem bestimmten Teil der Lehrlinge Vorteile zu gewähren seien. Jugendweihe oder Konfirmation treten aber, so der Superintendent, innerhalb des Betriebes »nicht als belohnenswerte Mehrleistung oder als tadelnswerte Minderleistung in Erscheinung«. Daher dürfe eine Teilnahme an der Jugendweihe von niemandem belobigt und belohnt werden. Des Weiteren wies der Geistliche darauf hin, dass es nicht im Aufgabenbereich der Gewerkschaft Verwaltungen – Banken – Versicherungen liege, einen Betriebsausschuss für Jugendweihefragen zu bilden, da »Behörden, Gewerkschaften usw.« für alle Bürger zu arbeiten hätten. Superintendent Fehlberg schloss sein Schreiben mit der Forderung, dass der Kreisvorstand alles rückgängig mache, was er »in dieser Angelegenheit unter Überschreitung« seiner Zuständigkeit veranlasst habe.[400] Eine Abschrift des Briefes wurde mit der Randbemerkung »SED-Bezirksltg. hat Kts« (SED-Bezirksleitung hat Kenntnis) in einer Handakte der Abteilung V zur

400 Abschrift eines Schreibens des Superintendenten Fehlberg an den Kreisvorstand der Gewerkschaft Verwaltungen – Banken – Versicherungen vom 15.2.1957; BStU, MfS, BV Karl-Marx-Stadt, Abt. XX, Nr. 699, Bl. 9–11.

»Überwachung des Superintendenten Gothart Fehlberg aus Karl-Marx-Stadt 1957–1959« abgelegt.[401]

Aus Rostock liegt ein Schriftverkehr zwischen der Evangelisch-Lutherischen Landeskirche Mecklenburgs und dem Oberbürgermeister der Stadt Rostock vor, aus dem hervorgeht, dass die Rostocker Kunsthonig- und Hefefabrik in einem Kollektivvertrag beschlossen hatte, jedem Betriebsangehörigen, der sein Kind an der Jugendweihe teilnehmen ließ, eine Beihilfe von 50,00 Mark zu gewähren. Der Oberkirchenrat in Schwerin bat den Oberbürgermeister im April 1957, darauf hinzuwirken, dass der Kollektivvertrag abgeändert werde, weil er eine »Propaganda zugunsten der Jugendweihe und Benachteiligung von Betriebsangehörigen, die ihre Kinder zur Konfirmation schicken wollen«, darstelle.[402] Oberbürgermeister Solisch teilte am 3. Juni dem Oberkirchenrat mit, dass die Vereinbarungen in den Betriebskollektivverträgen »in freien Entscheidungen der Belegschaften dieser Betriebe gefaßt« werden. Da sich die Jugendweihe nicht gegen die Belange der Kirche richte, könne er der Bitte des Oberkirchenrates nicht nachkommen.[403] Ein weiteres landeskirchliches Schreiben blieb unbeantwortet.[404] Eine Einflussnahme des MfS auf den Vorgang ist nicht ersichtlich.

Einen Hinweis auf das besondere Interesse des Staatssicherheitsdienstes an den Pfarrern vor Ort gibt ein Schreiben des stellvertretenden Ministers für Staatssicherheit an alle Leiter der Bezirksverwaltungen vom 14. November 1956, dem ursprünglich eine Darstellung über die Situation der Evangelischen Kirche Deutschlands als Anlage beigefügt war. Der beigelegte Bericht, der selbst nicht mehr vorliegt, sollte »Aufschluß über die letzten internen Beschlüsse der Kirchenleitungen zu Kirchensteuerfragen, zur Jugendweihe usw.« geben. Aus dem Material, das mit allen Mitarbeitern der Abteilung V, besonders des Referates V/4, durchzuarbeiten und aufgrund dessen entsprechende Maßnahmen einzuleiten waren, sollte hervorgehen, dass »die Evangelische Kirche besonders in der letzten Zeit in aggressiver Form« gegen die DDR auftrete. Aus der im Bericht geschilderten Situation ergebe sich die Hauptaufgabe, »das Verhalten der Pfarrer den Beschlüssen und der Tätigkeit ihrer vorgesetzten Kirchenleitung gegenüber und die Verwirklichung dieser Beschlüsse durch die Geistlichen in den Gemeinden und Kreisen« durch Mitarbeiter des MfS zu kontrollieren. Der Schwerpunkt sollte vor allem auf der Kontrolle und Beobachtung bereits als feindlich einge-

401 BStU, MfS, BV Karl-Marx-Stadt, Abt. XX, Nr. 699.

402 Schreiben des Oberkirchenrates der Evangelisch-Lutherischen Landeskirche Mecklenburgs an den Oberbürgermeister der Stadt Rostock vom 4.4.1957; BStU, MfS, BV Rostock, KD Rostock, Nr. 322, Bl. 24.

403 Schreiben des Rostocker Oberbürgermeisters Solisch an den Oberkirchenrat in Schwerin vom 3.6.1957; ebenda, Bl. 26.

404 Schreiben des Oberkirchenrates der Evangelisch-Lutherischen Landeskirche Mecklenburgs an den Oberbürgermeister der Stadt Rostock vom 11.9.1957; ebenda, Bl. 27.

stellt bekannter Pfarrer liegen. Unter den namentlich genannten vier Geistlichen werden mit den Jesuitenpatres Herbert Gorski und Gerhard Kroll sowie dem Dominikanerpater Gordian Landwehr irrtümlich drei katholische Ordensmänner genannt. Zu ihnen sollten, soweit dies noch nicht geschehen sei, Operativvorgänge angelegt werden. Weiterhin sei es notwendig, so der Stellvertreter des Ministers, solche »Pfarrer, die sich den Anweisungen ihrer Kirchenleitungen widersetzen oder dieselben nicht durchführen«, zu beobachten und über sie zu berichten. Die BV-Leiter wurden ferner ersucht, alle einschlägigen Hinweise der Hauptabteilung V/4 zu melden.[405] Aus dem Schreiben lassen sich für den Stand und die Art und Weise der Arbeit des MfS in der Jugendweihefrage aufschlussreiche Erkenntnisse gewinnen. Unbeschadet der Tatsache, dass aufgrund dilettantischer Unkenntnis des MfS als evangelische Schwerpunktpersonen hauptsächlich katholische Geistliche, dazu noch katholische Ordensgeistliche, genannt werden, ist eine deutliche Fokussierung auf die evangelische Kirche erkennbar. Es besteht ein weitaus stärkeres Interesse an den seelsorglich tätigen Geistlichen vor Ort als an Mitgliedern der Kirchenleitungen. Das besondere Interesse an der Einhaltung der oberkirchlichen Anweisungen durch die Pfarrer, aber auch die vorhandene Zuversicht, Pfarrer ermitteln zu können, die sich den Anweisungen ihrer Kirchenleitungen widersetzten, lassen auf beabsichtigte Differenzierungsmaßnahmen einerseits zwischen Kirchenleitung und Pfarrerschaft, andererseits zwischen im MfS-Sprachgebrauch sogenannten reaktionär und fortschrittlich eingestellten Geistlichen schließen. Das Insistieren auf die vorrangige Bearbeitung bereits einschlägig bekannter Geistlicher macht deutlich, wie schwer sich der Staatssicherheitsdienst bei der Aufnahme neuer Personen aus Kirchenkreisen in seinen Aktionsradius tat.

Differenzierungsmaßnahmen durch das MfS in Kirchenkreisen lassen sich auf allen Ebenen nachweisen. Dabei steht Differenzierung, eine Aufspaltung und ein gegenseitiges Ausspielen einzelner Gruppen innerhalb der Kirche, in einem engen Zusammenhang mit den Zersetzungsmaßnahmen des MfS, die darauf abzielten, durch verdeckte Maßnahmen eine zerstörende Wirkung auf einzelne Personen oder auf Gruppen auszuüben. Differenzierung und Zersetzung lassen sich auch in der Mitwirkung des Staatssicherheitsdienstes bei der Einführung der Jugendweihe immer wieder ausmachen. Einem Pfarrer im Kreis Wolmirstedt, der zunächst in einem Beobachtungsvorgang wegen seiner einstigen Zugehörigkeit zur Wehrmacht als Major erfasst war, dann aber immer mehr wegen seiner Ablehnung der Verhältnisse in der DDR und vor allem der Einführung der Jugendweihe ins Blickfeld geriet, wollte das MfS im Februar 1957 seinen Gemeindekirchenrat entfremden, um »den Machenschaften des Pfaffen

405 Schreiben des Stellvertreters des Ministers für Staatssicherheit an den Leiter der BV Leipzig vom 14.11.1956; BStU, MfS, BV Leipzig, Leiter, Nr. 00731/05. (Es handelt sich um ein pauschales Schreiben an die Leiter aller BV, wobei die einzelnen BV erst später eingetragen wurden.)

Einhalt zu gebieten«. Dadurch sollte ihm »die Basis seines Auftretens gegenüber« dem Staat entzogen werden. Das MfS plante, den Geistlichen durch ein anonymes Schreiben zu informieren, dass ein Mitglied des Gemeindekirchenrates angeblich beim Aussteigen aus einem Fahrzeug der Staatssicherheit gesehen wurde. Der Pfarrer sollte so zur Überzeugung gelangen, dass sein Kirchenrat, der »für ihn das Werkzeug für seine Arbeit ist«, von Spitzeln durchsetzt sei. Eine weitere Zusammenarbeit mit dem Gemeindekirchenrat würde ihm danach nicht mehr möglich sein. Ferner sollten an die einzelnen Kirchenratsmitglieder Schreiben gesandt werden, um sie darüber aufzuklären, dass der Pfarrer den Rat bloß missbrauche. An bestimmte Personen der Bevölkerung aber sollten Briefe geschrieben werden, in »denen der Pfarrer als ein unmoralischer Mensch hingestellt wird, der während des Krieges Soldaten in den Tod gejagt« habe. Mit diesen Maßnahmen wollte das MfS erreichen, dass »dem Pfaffen der Boden entzogen« wird, weiterhin gegen Staat und Regierung zu arbeiten.[406] Nach Absprache mit der Magdeburger Abteilung V führten die Mitarbeiter der KD Wolmirstedt die geplanten Maßnahmen durch. Das MfS konnte jedoch keine Wirkung der Aktion wahrnehmen und beauftragte einen Geheimen Mitarbeiter, zu ermitteln, wie der Pfarrer auf das Schreiben reagiert habe. Da eine erneute Kontaktaufnahme des Informanten mit dem Geistlichen nicht zustande kam, blieben dem Staatssicherheitsdienst eventuelle Ergebnisse seines Handelns verborgen.[407]

Eine Folge der Einführung der Jugendweihe und deren Ablehnung durch die Kirchen waren vermehrte Kirchenaustritte. Vor allem durch die regelmäßigen Berichte der Deutschen Volkspolizei wurde das MfS darüber informiert. So wurde diesem im März 1956 mitgeteilt, dass in Wintersdorf im Kreis Altenburg zehn Eltern ihren Austritt aus der Kirche erklärt hatten, da sich der Pfarrer »erdreistet« habe, die Kinder dieser Eltern wegen ihrer Teilnahme an den Jugendstunden der Jugendweihe nicht am vorgesehenen Termin zu konfirmieren.[408] In engem Zusammenhang mit der Jugendweihe informierte die Bezirksbehörde Deutsche Volkspolizei im Oktober desselben Jahres über Kirchenaustritte im Kreis Oschatz, ohne dabei zu übersehen, dass die inzwischen zurückgegangene Zahl der Kirchenaustritte mit der im Februar 1956 durch einen Erlass der Justizministerin Hilde Benjamin aufgehobenen staatlichen Zwangsvollstreckung der Kirchensteuer in Verbindung zu bringen sei.[409]

406 Aktenvermerk zu operativem Material über einen Pfarrer im Kreis Wolmirstedt vom 20.2.1957; BStU, MfS, BV Magdeburg, AOP 149/60, Bl. 89.

407 Sachstandsbericht über einen Beobachtungsvorgang vom 13.9.1957; ebenda, Bl. 99–101.

408 Bericht der Bezirksbehörde Deutsche Volkspolizei Leipzig vom 21.3.1956, BStU, MfS, BV Leipzig, Leiter, Nr. 00007, Bd. 3, Bl. 108.

409 Bericht der Bezirksbehörde Deutsche Volkspolizei Leipzig vom 23.10.1956, BStU, MfS, BV Leipzig, Leiter, Nr. 00007, Bd. 10, Bl. 92.

Wie stark die Jugendweihe als störendes Element in der Beziehung der Kirche und mit deren Mitgliedern auch eines sehr großen Teiles der DDR-Bevölkerung zum SED-Staat empfunden wurde, vermittelt anschaulich der Brief des Geraer Kreiskirchenrates Hartmut Mitzenheim an den Generalsekretär der CDU Gerald Götting vom 7. Oktober 1956. Das abgefangene Schreiben löste offenbar in mehreren Abteilungen des MfS große Aufregung aus. Die Marginalien des als »sofort auf den Tisch« qualifizierten Begleitschreibens, mit dem eine Abschrift des Briefes Mitzenheims durch die Geraer Abteilung V an die Hauptabteilung V gesandt wurde, deuten auf mangelnde Kenntnis der kirchlichen Gegebenheiten, aber auch auf eine unzulängliche Organisation hin. Nachdem das Schreiben in Berlin ankam, wurde es am rechten oberen Rand mit der Frage versehen: »Welcher Mitzenheim ist das?« Daraufhin schrieb ein weiterer Mitarbeiter an den linken oberen Rand: »Bruder vom Bischof ist als Kreiskirchenrat in Gera tätig.« Darunter findet sich ein nicht eindeutig lesbarer Vermerk über die Weitergabe einer Durchschrift des Schreibens an die Genossen des ZK. Ferner wurde in der Mitte vermerkt: »Hat Barth[410] bereits.«[411] Drei Tage später sandte der Leiter der Bezirksverwaltung Gera, Julius Michelberger, eine Kopie des Briefes Mitzenheims an den Stellvertreter des Ministers für Staatssicherheit Bruno Beater. Michelberger, der Hartmut Mitzenheim ebenfalls für den Bruder des Thüringer Bischofs hielt, bat Beater, den Inhalt des Schreibens an das ZK-Mitglied Paul Wandel weiterzuleiten. Bei dem vermeintlichen Bruder des Thüringer Landesbischofs handelte es sich jedoch um den Sohn Moritz Mitzenheims, Hartmut Mitzenheim, der seit 1953 die Leitung des Kreiskirchenamtes der Evangelisch-Lutherischen Kirche in Thüringen innehatte.[412] Dem Kreiskirchenrat, der am 7. Oktober den Brief an Gerald Götting sandte, lag ein vom ZK der SED im November 1955 zur Jugendweihe herausgegebenes Faltblatt vor, auf dessen Inhalt einzugehen ihm aufgrund der »Mischung von starker Unsachlichkeit und schwacher Argumentation«, die auch »die meisten anderen Publikationen zur Frage der Jugendweihe« kennzeichneten, nicht dienlich schien. Wichtiger war ihm jedoch die Tatsache, dass dieses Blättchen auf einem Klassenelternabend einer Geraer Schule von der Klassenlehrerin im Auftrag der Schulleitung verteilt worden sei. Davon ausgehend wies Mitzenheim auf die Methoden staatlicher Stellen hin, die vom wirtschaftlichen Druck auf Eltern bis zum Gewissenszwang auf Kinder, von ausschließlicher Einstellung jugendgeweihter Lehrlinge bis zur »Nichtzulassung Konfirmierter zur Oberschule«, ferner »von der Aufstellung unwahrer und unrichtiger Behauptungen über kirchliche Amtsträger und deren Äußerungen bis zur handfesten Verleumdung und Beleidigung« gingen.

410 Willi Barth, 1899–1988, Abteilungsleiter für Kirchenfragen des ZK der SED.

411 Schreiben der Bezirksverwaltung Gera, Abteilung V, an die Hauptabteilung V des MfS vom 12.10.1956; BStU, MfS, AP 12249/92, Bl. 32.

412 Vgl. Besier; Wolf: Pfarrer, Christen und Katholiken, Personenverzeichnis, S. 927.

Das Vorgehen vieler Lehrer und Funktionäre des Staatsapparates führe zur Beunruhigung der christlichen Bevölkerung und zeige die Diskrepanz »zwischen den offiziellen Erklärungen leitender Staatsfunktionäre« von der Nichtstaatlichkeit der Jugendweihe und »der Haltung eines Großteils der Mitarbeiter des Staatsapparates«. Dadurch gehe vielerorts »das Vertrauen zur demokratischen Ordnung und ihren Repräsentanten« verloren. So sei die Jugendweihe für sehr viele Bürger der DDR »zu einem schweren Hindernis auf dem Weg zur inneren Bejahung der demokratischen Ordnung und zur Mitarbeit am Staatsaufbau geworden«. Mitzenheim bat Götting, den Hauptvorstand der CDU zu bewegen, sich mit der Jugendweihefrage erneut zu befassen, um einen »modus vivendi zu finden, der auch für die christliche Bevölkerung tragbar« sei.[413]

7.2 Göttings Abmilderungsversuche

Briefe wie der des Kreiskirchenrates Mitzenheim, aber auch andere Forderungen aus den Reihen der Ost-CDU-Mitglieder werden es gewesen sein, die den Generalsekretär Gerald Götting bewogen haben, am 25. Oktober 1956 ein Schreiben an das Politbüro des ZK der SED zu richten. In diesem wies er die SED-Führung darauf hin, dass die Diskussionen um die Jugendweihe von »reaktionären und einer demokratischen Einheit feindlich gesinnten Elementen« genutzt würden, um eine weltanschauliche Diskussion unter dem Vorzeichen »Christentum gegen dialektischen Materialismus« zu führen und so »Teile der christlichen Bevölkerung« gegen die Politik der SED aufzuhetzen. Für Mitglieder und Funktionäre der CDU bringe diese Situation außerordentliche Schwierigkeiten mit sich. Es seien, so Götting, drei Punkte, die die christlichen Eltern daran hinderten, ihre Kinder an der Jugendweihe teilnehmen zu lassen: der Begriff und Akt der Weihe, der religiöse und sakrale Elemente enthalte, das Buch »Weltall, Erde, Mensch«, das Äußerungen gegen die Religion beinhalte und der in der Nähe der evangelischen Konfirmation liegende Jugendweihetermin. Der Generalsekretär versicherte, dass er die Bemühungen der Ausschüsse für Jugendweihe, auch christliche Jugendliche, die an Konfirmation und Kommunion teilnehmen, für die Jugendweihe zu gewinnen, als Ausdruck einer allseitig patriotischen Erziehung verstehe, den er für richtig halte, gestattete sich jedoch zugleich, Vorschläge zu machen, um die entsprechenden Voraussetzungen dafür zu schaffen. Demnach sollten sich erstens die Kinder, die das 8. Schuljahr besuchten, auf die »Jugendfeier« vorbereiten, wozu zweitens von Wissenschaftlern, Künstlern, Pfarrern und anderen »Vorträge über allgemein interessierende Fragen« gehalten werden, ohne von den Kindern »in weltanschaulichen Fragen Bekenntnisse

413 Brief des Kreiskirchenrates Hartmut Mitzenheim an den Generalsekretär der CDU Gerald Götting vom 7.10.1956; BStU, MfS, AP 12249/92, Bl. 34.

zu fordern«. Außerdem müssten drittens die Termine der Jugendfeier so gestaltet sein, dass sie »mehr in die Nähe der Schulentlassung kommen«. Götting sah in der Verwirklichung dieser Maßnahmen eine Möglichkeit, das schwierige, »die Beziehungen von Christen und Nichtchristen« belastende Problem der Jugendweihe »zugunsten einer größeren Entfaltung der nationalen Kräfte in der einheitlichen Front des Friedens und der Demokratie« in der DDR zu lösen.[414] Dass Götting von einer für die CDU und die Kirchen positiven Reaktion des ZK auf sein Schreiben ausging, lässt sich aus seinem Auftreten auf einer Bezirksvorstandssitzung der CDU in Karl-Marx-Stadt wenige Tage später folgern. Er erklärte den Anwesenden, nachdem er darauf hinwies, die CDU habe von vornherein in der Jugendweihefrage »eine Vermittlerrolle übernommen«, dass er dem ZK der SED den Vorschlag gemacht habe, »den Begriff, den Inhalt und den zeitlichen Termin der Jugendweihe zu verändern« und es zeugt von starkem Selbstbewusstsein, dass er davon ausging, dass »die Antwort des ZK der SED an einen Generalsekretär einer Partei nur positiv sein könne«. Es seien, so der CDU-Funktionär, die politischen Ereignisse, die die SED an einem sofortigen Eingehen auf die Vorschläge hinderten, damit nicht der Eindruck entstünde, das Einlenken des ZK erfolge »auf Grund der ungarischen Geschehnisse«.[415] Allein eine offizielle Reaktion der SED-Führung auf Göttings Schreiben blieb aus.

7.3 Gespräche Staat – Kirche zur Jugendweihe (3. Dezember 1956)

SED-führungsintern dürften Göttings Vorschläge zu neuen Diskussionen beigetragen haben. Am 24. November wurde das Thema Jugendweihe in einer Abhandlung zu lösender Probleme von der Leitung der Ost-CDU aufgegriffen. Darin wurden besonders die atheistischen Tendenzen des Jugendweihegeschenkbuches »Weltall, Erde, Mensch« kritisiert, die Erfahrung, dass durch die Jugendweihe »loyale Friedenspfarrer« der Seite der Kirchenleitung zugeführt werden, beschrieben und die Schwierigkeiten der CDU mit ihren Mitgliedern in der Jugendweihefrage aufgezeigt. Als Alternative zu dem Werk »Weltall, Erde, Mensch« schlug der Verfasser der Ausarbeitung das inzwischen in Auftrag gegebene Buch »Unsere deutsche Heimat« vor und mahnte die Einhaltung der Freiwilligkeit der Jugendweihe an. Das Ergebnis einer am 27. November darüber geführten Diskussion im Politbüro lief schließlich darauf hin, am Charakter der Jugendweihe nichts zu ändern, »die atheistische Tätigkeit bei den Jugendwei-

414 Schreiben des Generalsekretärs Gerald Götting an das Politbüro des ZK der SED vom 25.10.1956; Höllen: Loyale Distanz, Bd. II, S. 36 f.

415 Auszug aus einem Treffbericht mit GI »Kaiser« vom 8.11.1956 sowie Auskunftsbericht über Gerlad Götting vom 26.3.1961; BStU, MfS, AP 11730/92, Bl. 90 u. 182.

hen« jedoch zu mildern.[416] Zugleich wurde Ministerpräsident Grotewohl empfohlen, mit Bischöfen und Kirchenvertretern der DDR eine Aussprache zu führen, bei der die grundsätzlichen Fragen hinsichtlich des Verhältnisses zwischen Staat und Kirche in der DDR behandelt werden sollten.[417] Das vom Politbüro angeregte Treffen fand am 3. Dezember statt. Neben Otto Grotewohl nahmen staatlicherseits die beiden stellvertretenden Ministerpräsidenten Otto Nuschke und Walter Ulbricht, ferner Volkskammerpräsident Johannes Dieckmann, die Minister Karl Maron, Hans Loch und Paul Scholz sowie zwei Staatssekretäre teil. Die kirchliche Seite wurde vertreten durch Otto Dibelius, Moritz Mitzenheim, Niklot Beste, Ernst Hornig, Friedrich-Wilhelm Krummacher, Gottfried Noth, Waldemar Schröter und Heinrich Grüber. Besondere Anliegen der Bischöfe waren die inzwischen schwierig gewordene finanzielle Lage der evangelischen Kirche in der DDR und die Jugendweihefrage. Bischof Dibelius beklagte, dass die Jugendweihe, die durch den Staat propagiert werde, Zwiespalt in viele Familien hineintrage, vor die Entscheidung entweder Staat oder Kirche stelle und so der Kirche, die mit dem Staat in Frieden leben wolle, eine Loyalität gegenüber dem Staat erschwere. Grotewohl seinerseits kündigte die Errichtung eines Staatssekretariates für Kirchenfragen an, das auch der Herstellung eines loyalen Verhältnisses dienen sollte, und erklärte sich bereit, Möglichkeiten einer Entspannung in der Jugendweihefrage zu prüfen.[418] Über das Treffen, das stark unter dem Eindruck der Aufhebung der staatlichen Unterstützung bei der Eintreibung der Kirchensteuer stand, gingen Informationen unterschiedlicher Provenienz bei den Dienststellen des MfS ein. Bereits im Vorfeld entnahm der sächsisch-landeskirchliche Jurist Konrad Müller einem Gespräch, das er im Auftrag seines Bischofs mit Dibelius führte, dass »betreffs der Jugendweihe etwas in der Luft« liege. Das Berlin-Brandenburger Kirchenoberhaupt vertrat hinsichtlich des bevorstehenden Gesprächs mit den Regierungsvertretern, das »auf Vermittlung von Propst Grüber« stattfinden sollte, dass in der Jugendweihefrage und in der Zusammenarbeit mit dem Staat »etwas geschehen muß«.[419] Am 11. Dezember gab GM »Konrad« Angaben zu der Zusammenkunft der Kirchen- und Regierungsmänner, die er selbst von Bischof Noth erhalten hatte, an Leutnant Jänicke von der Dresdener Abteilung V weiter. Ursprünglich sei es demnach Dibelius' Wunsch gewesen, die Besprechung in einem kleinen Rahmen durchzuführen. Stattdessen waren staatlicherseits fast alle Minister und aufseiten der Kirche, außer Jänicke, alle Bischöfe anwesend. Erstaunt habe »Konrad«, dass »Walter Ulbricht für eine Stunde mit anwesend war, ohne dabei groß in Er-

416 Wentker: Einführung, S. 159 f.

417 Besier: SED-Staat. Weg in die Anpassung, S. 211.

418 Ebenda, 212 f.

419 Bericht über einen Treff mit GM »Konrad« vom 20.11.1956; BStU, MfS, AIM 1822/64, Arbeitsvorgang, Bd. 1, Bl. 120.

scheinung zu treten«. Über die Kirchensteuerfrage und den sogenannten Benjaminerlass sei ein großer Teil der Minister sehr schlecht unterrichtet gewesen. Besonderer Schwerpunkt des Treffens war jedoch, so der Bericht des GM, die Jugendweihefrage. Die Hoffnung der kirchlichen Vertreter, hier eine allgemein befriedigende Lösung zu finden, sei »schwer enttäuscht worden« und »der Staat nicht einen Schritt von der Jugendweihe abgegangen«. Grotewohl habe immer wieder erklärt, dass »die Jugendweihe nicht unter Mithilfe des Staates durchgeführt« werde. Er wolle diesbezüglich einen Erlass an alle Stellen herausgeben. »Konrad« wies ferner darauf hin, dass Bischof Noth »das Verhalten des Bischofs Mützenheim [sic!] aus Thüringen in bezug der Jugendweihe« verurteilte. Der Thüringer Landesbischof habe zu scharf gesprochen und sei in der Jugendweihefrage »zu weit gegangen«. Verwundert sei man innerhalb der sächsischen Kirchenleitung gewesen, dass über das Treffen durch die Regierung kein Kommuniqué verfasst worden sei. Im Landeskirchenamt Sachsen habe man daher den Entschluss gefasst, die Auswertung des Treffens nicht an die einzelnen Gemeinden weiterzureichen, sondern nur »bis zu den 32 Superintendenten«.[420]

In der Folgezeit nahmen kirchliche Vertreter immer wieder Bezug auf die Zusicherungen eines Erlasses des Ministerpräsidenten an alle involvierten Stellen. Der inzwischen eingesetzte Staatssekretär Eggerath sah sich daher im Oktober 1957 veranlasst, allen Vorsitzenden der Räte der Bezirke den Wortlaut der Zusage Grotewohls wie folgt zukommen zu lassen:

> »Die Konfirmation ist Sache der Kirche und die Jugendweihe Sache der Staatsbürger, die diese durchzuführen wünschen. Um diese Situation zu klären, bin ich bereit, eine Weisung an die staatlichen Stellen zu geben, worauf sich ihre Mitwirkung zu beschränken hat und damit solche Mißstände, wie sie hier vorgetragen wurden, und wo sie vorhanden sein sollten, bereinigt werden können.«[421]

Über das Verhalten des Thüringer Bischofs während des Treffens mit Grotewohl wurde Gerhard Lotz nur wenig später durch Günther Wirth und Hermann Kalb informiert. Mitzenheim sei, so übermittelte GM »Karl« die Worte der beiden CDU-Funktionäre seinem Führungsoffizier, »bei der Besprechung am aggressivsten gewesen«. Der Informant kommentierte dieses Verhalten dahingehend, dass »in dem Moment, wo Mitzenheim unter den Bischöfen« sei, er »sich immer als der grosse Mann aufspielen« müsse. Auf einer internen Sitzung der Thüringer Kirchenleitung vermeldete der Landesbischof lediglich, dass die

420 Bericht über einen Treff mit GM »Konrad« vom 11.12.1956; BStU, MfS, AIM 1822/64, Arbeitsvorgang, Bd. 2, Bl. 9.

421 Anlage zu einem Brief des Staatssekretärs Eggerath an alle Vorsitzenden der Räte der Bezirke vom 21.10.1957; BStU, MfS, BV Schwerin, AU 64/57, Bd. 2, Bl. 55–59.

ganze Besprechung mit den Regierungsvertretern »ohne nennenswerte Erfolge« gewesen sei.[422]

Lotz trug offensichtlich dazu bei, dass das Verhalten Mitzenheims beim Treffen mit den staatlichen Vertretern auch außerhalb der Kirchenleitung bekannt wurde. Im Februar 1957 informierte die Kontaktperson »Knabe« den Leiter der Suhler Abteilung V, dass ihm Kirchenrat Lotz während einer Aussprache in Eisenach mitgeteilt habe, dass der Landesbischof Grotewohl in Gegenwart der anderen Würdenträger »richtiggehend angebrüllt« habe, sodass »der Ministerpräsident nicht mehr wusste, was er sagen sollte«. Als Reaktion habe Grotewohl sämtliche Vergünstigungen in Thüringen sperren lassen. Die Kontaktperson »Knabe« riet dem MfS-Mitarbeiter, in der Jugendweihefrage vorsichtiger zu sein, da sich »Mitzenheim und die Kirche« dies nicht gefallen lassen würden.[423]

In seinem 47. Rundbrief vom 27. Dezember 1956, also wenige Tage nach dem Treffen, setzte der Landesbischof die Pfarrer der Thüringer Landeskirche darüber in Kenntnis, dass das Gespräch mit den Regierungsvertretern, entgegen seinen Wünschen, die Spannungen und Auseinandersetzungen zwischen Kirche und Staat nicht behoben hatte, wies aber zugleich auf noch bestehende Hoffnungen hin und informierte über die in Aussicht gestellte staatliche Verfügung, durch die der »Propagandatätigkeit der Staatsfunktionäre für die JW« Grenzen gesteckt werden sollten.[424]

Auf der 51. Tagung der Kirchlichen Ostkonferenz am 4. Dezember berichtete Bischof Krummacher ausführlich über den Verlauf der Besprechung zwischen den Regierungs- und Kirchenvertretern. Sein Bericht wurde durch Ausführungen der übrigen Besprechungsteilnehmer ergänzt. Als Konsequenz habe sich aus dem Gespräch für die Kirche ergeben, zusammen mit den Konfirmandeneltern fortan »stärker noch als bisher gegen jede Beeinflussung von Kindern christlicher Familien durch die Schule in antichristlichem Sinne energisch« zu protestieren. Jegliche Fälle der Werbung für die Jugendweihe unter Missbrauch der Schulen und des Staatsapparates sollten zukünftig der Kirchenkanzlei gemeldet werden.[425]

Als auf dem 52. Treffen der Ostkonferenz im April 1957 das Jugendweiheproblem erneut aufgegriffen wurde, stellte man fest, dass staatliche Stellen wiederholt verstärkt in die Werbung zur Jugendweihe einbezogen wurden und die vom Ministerpräsidenten am 3. Dezember 1956 angekündigte »Anweisung an

422 Bericht über einen Treff mit GM »Karl« am 11.12.1956; BStU, MfS, AIM 3043/86, Teil II, Bd. 1, Bl. 54.

423 Schreiben der Bezirksverwaltung Suhl, Abteilung V, an das MfS, HA V/4 vom 11.2.1957; ebenda, Bl. 67.

424 47. Rundbrief des Landesbischofs der Evangelisch-Lutherischen Kirche in Thüringen an alle Pfarrer vom 27.12.1956; BStU, MfS, AP 11226/92, Bl. 97.

425 Niederschrift über die 51. Kirchliche Ostkonferenz vom 4. Dezember 1956 in Berlin, unterzeichnet: Dr. Grauheding; BStU, MfS, AIM 1822/64, Arbeitsakte, Bd. 2, Bl. 17–19.

die Staatsfunktionäre« scheinbar noch nicht erlassen worden war. Die Teilnehmer der Ostkonferenz vertraten daher die Meinung, dass »die mit der Jugendweihe zusammenhängenden Fragen baldigst mit dem neuen Staatssekretär für Kirchenfragen erörtert werden sollten«.[426]

Über die Gespräche, die zwischen den kirchlichen und staatlichen Vertretern geführt wurden, ließ sich das MfS von seinen Informanten berichten. Protokolle und Informationen, die der Staatssicherheitsdienst von staatlichen Stellen zu diesem Treffen erhalten haben könnte, liegen nicht vor. Obgleich kaum vorstellbar ist, dass Auskünfte nur vom MfS an die SED gingen, die SED ihren Geheimdienst jedoch weitgehend über Details ihrer Kirchenpolitik in Unkenntnis ließ, vermitteln die MfS-Unterlagen das Bild genau dieses einseitigen Informationsflusses.

426 Niederschrift über die 52. Kirchliche Ostkonferenz vom 5. April 1957 in Berlin, unterzeichnet: Dr. Grauheding; ebenda, Bl. 75–77.

8. »Zur Erziehung zum Atheismus angetan« – Das Jugendweihejahr 1957/1958

8.1 Vorbemerkungen

Der kirchenpolitisch diffizile Hintergrund des Jahres 1957 machte sich auch in der Jugendweihefrage bemerkbar. Als das Politbüro auf seiner Sitzung am 2. Februar kirchenrelevante Fragen ausführlich behandelte, ging es von der Behauptung aus, dass die evangelische Kirche maßgeblich unter dem Einfluss der »westdeutschen NATO-Politik« stehe.[427]

Die Unterzeichnung des Seelsorgevertrages zwischen der EKD und der Bundesrepublik am 22. Februar bestärkte die SED-Führung in ihrer Auffassung und führte zur Verschärfung der gespannten Beziehungen von Staat und Kirche in der DDR. In diesen Bereich der spannungsgeladenen gegensätzlichen Kräfte geriet die Jugendweihefrage immer stärker hinein und wurde schließlich zum entscheidenden Punkt in der Frage des einheitlichen Auftretens der evangelischen Kirche in der DDR und damit zu einem gewichtigen Differenzierungselement in der Kirchenpolitik der SED.

Die Errichtung des Staatssekretariates für Kirchenfragen im März 1957, die den Bischöfen im Gespräch mit Grotewohl am 3. Dezember 1956 angekündigt worden war, fügte sich in die Geschehnisse ein. Das Amt, dem von 1957 bis 1960 Werner Eggerath vorstand, diente als Verbindungsstelle, die einerseits gegenüber den Kirchen und Religionsgemeinschaften die Kirchenpolitik der SED vertreten und bekannt machen, andererseits jedoch die Anliegen der Kirchen an die zuständigen Organe herantragen sowie beiderseitig administrative Aufgaben ausüben sollte.[428]

Bei einer republikweiten Teilnahme an der Jugendweihe von durchschnittlich 26,4 Prozent[429] im Frühjahr 1957 war für die Staatsführung das Ziel einer umfassenden Beteiligung der Jugendlichen der DDR noch nicht erreicht. Die Feierlichkeiten, die an verschiedenen Sonntagen im April stattfanden, wurden partiell von der Deutschen Volkspolizei unter Kontrolle gehalten. Dabei wurde eine starke Beteiligung der Angehörigen an den Jugendweiheveranstaltungen

427 Vgl. Wilke: SED-Kirchenpolitik 1953–1958, S. 284 ff.
428 Herbst; Ranke; Winkler: So funktionierte die DDR, Bd. 2, S. 997 ff.
429 Urban; Weinzen: Jugend ohne Bekenntnis, S. 27.

festgestellt. So war die Leipziger Kongresshalle, in der am 22. April zwei Feierstunden stattfanden, in beiden Fällen überfüllt.[430] Zwischenfälle wurden an keiner Stelle registriert.

An die Worte anknüpfend, mit denen Walter Ulbricht während der 30. Tagung des ZK der SED zu Beginn des Jahres 1957 vor einem Nachlassen »im Kampf gegen die bürgerlichen Ideologien« gewarnt hatte, bezeichnete der Zentrale Ausschuss für die Jugendweihe im Juni 1957 den Kampf um dieselbe als einen »Teil des Klassenkampfes«. Zugleich wurde die FDJ hart kritisiert und als »Sorgenkind« bezeichnet, da sie sich in der Jugendweiheangelegenheit zu wenig engagiere und die Verantwortlichen für die Jugendweihe überdies die eigentlichen Aufgaben der FDJ zu verrichten hätten. Auch die Nationale Front könne nicht zur Durchsetzung der Jugendweihe eingesetzt werden, da »in ihr die CDU als gegnerische Partei« wirke. Der Zentrale Ausschuss machte bei dieser Gelegenheit darauf aufmerksam, dass noch immer zahlreiche SED-Genossen ihre Kinder nicht an der Jugendweihe teilnehmen ließen.[431]

Am 25. Juni 1957 beschloss das Politbüro, die Staatszuschüsse an die Landeskirchen fortan durch die Räte der Bezirke auszuzahlen. Landesbischöfe wie Mitzenheim, deren Amtsbereich die Gebiete mehrerer Bezirke berührten, hatten sich nun an mehrere Stellen zu wenden, wenn sie die Zuschüsse erhalten wollten. Die Auszahlungen konnten so besser an staatliche Vorgaben gebunden werden.[432] Auch die repressiven Möglichkeiten des Staates wurden damit erheblich erweitert.

Walter Ulbrichts Rede zur Eröffnung des Jugendweihejahres in Sonneberg am 29. September machte die eigentlichen Absichten, alle Jugendlichen für die Jugendweihe zu gewinnen und sie gegen die Kirchen auszuspielen, deutlich.

Im Herbst 1957 erregen zahlreiche Verhaftungen kirchlicher Angestellter und Geistlicher Aufmerksamkeit und brachten weitere Verunsicherungen. Die Anklagepunkte waren so unterschiedlicher Art, dass ein staatliches Eingreifen in alle kirchlichen Belange jederzeit für möglich gehalten werden konnte: So wurden im Oktober der Konsistorialpräsident Kurt Grünbaum und sein Finanzdezernent Siegfried Klewitz wegen eines vermeintlichen Finanzvergehens inhaftiert, im selben Monat kam Otto Maercker wegen der Verweigerung der Beerdigung einer Jugendgeweihten in Haft, im November wurde Pfarrer Siegfried Schmutzler wegen Boykotthetze festgenommen. Im ersten Quartal des Jahres 1958 lag den Kirchen eine »Liste der verhafteten und verurteilten kirchli-

430 Bericht Nr. 112 der Bezirksbehörde Deutsche Volkspolizei vom 23.4.1957; BStU, MfS, BV Leipzig, Leiter, Nr. 00008, Bd. 4, Bl. 91. Weitere derartige Notizen liegen aus Groitzsch und von den Kreisämtern Torgau, Borna und Grimma vor. A.a.O., Bl. 63 u. 120.

431 Raabe: Jugendweihe als Instrument, S. 53 f.

432 Besier: SED-Staat. Weg in die Anpassung, S. 230.

chen Amtsträger« vor, in der aus allen Landeskirchen der DDR 22 Personen namentlich aufgeführt waren.[433]

Als eine drastische Verschärfung des Kampfes um die Jugendweihe ist ein am 22. Oktober 1957 gefasster Beschluss des Politbüros des ZK der SED zu werten. Er hatte »politische Richtlinien für die Parteiorganisationen zur Vorbereitung und Durchführung der Jugendweihe 1958« zum Inhalt. Es war demnach ausdrücklich vorgesehen, den Staatsapparat einschließlich der Lehrer und die Massenorganisationen in die Jugendweihe-Propaganda einzubeziehen.[434] Dabei sollten die Lehrer und Erzieher durch die Gewerkschaft Unterricht und Erziehung »stärker als bisher an die Fragen der Jugendweihe« herangeführt und für eine aktive Mitarbeit in den Ausschüssen für Jugendweihe gewonnen werden. Ferner war die Jugendweihe »als ein Mittel der sozialistischen Erziehung« zu behandeln. Das Papier sah außerdem vor, die Mitglieder der SED dafür zu gewinnen, ihre Kinder nur zur Jugendweihe und nicht zugleich zur Konfirmation gehen zu lassen. Um eine »Massenbeteiligung an der Jugendweihe zu erreichen«, sei hingegen bei »noch religiös empfindenden Menschen« auf die Möglichkeit hinzuweisen, dass »ihre Kinder an der Jugendweihe teilnehmen können, auch wenn sie außerdem noch zur Konfirmation gehen«. Überdies sei die Werbung für die Jugendweihe »so früh als möglich auch auf die christlichen Eltern und Kinder auszudehnen«. Die Richtlinien machten ferner auf das Jugendweihegelöbnis als »wertvolles Mittel« der sozialistischen Erziehung aufmerksam. Das Buch »Weltall, Erde, Mensch«, durch neue Beiträge ergänzt, war weiterhin als Jugendweihegeschenk vorgesehen.[435] Damit war der Versuch Paul Wandels gescheitert, mit dem Werk »Unser Deutschland« ein für die Kirchen akzeptableres Jugendweihegeschenkbuch einzuführen.

Die sich für die Kirche abzeichnende Niederlage in der Jugendweihefrage kommt in besonderer Weise in einem Brief, den Bischof Dibelius am 20. Dezember an den früheren Leiter der EKD-Kanzlei Hans Asmussen sandte, zum Ausdruck. Der Kirchenkampf in der Ostzone sei, so der Verfasser, »mit einer bisher unerhörten Heftigkeit entbrannt«. Kein Tag vergehe, »ohne dass neue Nachrichten über Verhaftungen, über Entlassungen evangelischer Lehrer, über neue Vergewaltigungs-Versuche in Sachen der Jugendweihe« bei ihm einträfen. Man wolle versuchen standzuhalten, so der Bischof, auch wenn die »Schockwirkung der letzten Ereignisse bei den Pfarrern in Osten nicht zu verkennen« sei.[436] Die

433 Abschrift einer kircheninternen Liste der verhafteten und verurteilten kirchlichen Amtsträger, Stand 3. April 1958; BStU, MfS, BV Gera, AIM 961/62, Arbeitsvorgang, Teil 2, Bl. 5 f.

434 Höllen: Loyale Distanz, Bd. II, S. 66.

435 Politbüro-Beschluss zur Verschärfung der Jugendweihe-Kampagne vom 22.10.1957; in Teilen gedruckt in: Höllen: Loyale Distanz , Bd. II, S. 66–68.

436 Besier: SED-Staat. Weg in die Anpassung, S. 239 f.

erwähnte Schockwirkung bezog sich auf die Verhaftung von Grünbaum und Klewitz.

Dem Beschluss des Politbüros vom 22. Oktober folgte auf einer Arbeitstagung eine Arbeitsentschließung des Zentralen Ausschusses für Jugendweihe am 4. November.[437] In weiten Teilen folgte das Gremium den Vorgaben des Politbüros. Die auf dieser Tagung von Hermann Duncker, dem Direktor der Gewerkschaftshochschule »Fritz Heckert«, vorgetragene Rede wurde in der *Deutschen Lehrerzeitung* veröffentlicht. Duncker brachte seine Freude darüber zum Ausdruck, dass es »durch die Offensive religiöser Fanatiker« in der DDR gelungen sei, der Jugendweihebewegung einen kräftigen Anstoß zu geben, sodass man sich nun staatlicherseits bewusst sei, »in einer Offensive gegenüber solchem religiösem Fanatismus zu stehen«. Eine solche Offensive sei allerdings, so der Gewerkschaftsfunktionär, in einer Zeit unpassend, in der man sich »wirklich in einer Offensive« für die sozialistische Weltanschauung befinde. Deutlich und auch hinsichtlich der Charakterisierung der Jugendweihe wichtig sind seine Darlegungen zum Materialismus. Für ihn waren der historische und der dialektische Materialismus eindeutig atheistisch geprägt, und er scheute sich nicht, in diesem Zusammenhang an die Stelle des Glaubens an Gott einen Glauben an die Menschheit zu setzen.[438] Eine solche Positionierung eines in der DDR anerkannten Gesellschaftswissenschaftlers vor jenem Gremium, das in der Einführung der Jugendweihe eine entscheidende Rolle spielen sollte, war ein deutliches Indiz dafür, dass die Kirchen mit ihrer ablehnenden Haltung zur atheistisch geprägten Jugendweihe Recht hatten. Umso erschreckender war die sich abzeichnende Tendenz, als die *Schweriner Volkszeitung* am 20. Dezember 1957 im Kontext des Falles Otto Maercker aus der Urteilsbegründung zitierte, dass »Handlungen, die sich im einzelnen gegen die Jugendweihe und die Tätigkeit der Jugendweiheausschüsse« richteten als »Boykotthetze gegen eine demokratische Organisation anzusehen« seien.[439] Einerseits wurde der atheistische Charakter der Jugendweihe von den zuständigen Stellen nicht mehr verheimlicht, andererseits deren Missbilligung öffentlich als Boykotthetze interpretiert.

Insgesamt gaben sich die Vertreter der Jugendweihe auch in der Presse offensiver. Diese Entwicklung erreichte ihren Höhepunkt, als der erste Sekretär der SED-Bezirksleitung Leipzig, Paul Fröhlich, am 17. November 1957 einen Artikel in der *Leipziger Volkszeitung* veröffentlichte, in dem die Gegner der Jugendweihe als »Parteigänger jener Kirchenführer«, die sich in der Bundesrepublik in den »Dienst der volksfeindlichen Nato-Politik« gestellt haben, bezeichnet wer.

437 Raabe: Jugendweihe als Instrument, S. 54.

438 Rede Prof. Hermann Dunckers auf einer Arbeitstagung des Zentralen Ausschusses für Jugendweihe am 4. November 1957, veröffentlicht in: Deutsche Lehrerzeitung Nr. 47/1957, hier zit. nach: Urban; Weinzen: Jugend ohne Bekenntnis, S. 137.

439 Diederich: SED und Jugendweihe, S. 33

den. Diesem Beitrag folgten zahlreiche Resolutionen, die an kirchliche Vertreter gesandt wurden. Lehrer, die sich nicht an der Werbung für die Jugendweihe beteiligten, wurden als »Feinde unserer Arbeiter- und Bauernmacht« bezeichnet und vom Dienst beurlaubt.[440]

Als sich am 13. Januar 1958 die leitenden Geistlichen der ostdeutschen EKD-Gliedkirchen in Berlin trafen, herrschte hinsichtlich der Unvereinbarkeit von Jugendweihe und Konfirmation Einstimmigkeit. Auf Änderungen in der Konfirmationspraxis konnte man sich nicht einigen.[441]

Auch die katholische Kirche hielt weiterhin an der Inkompatibilität von Jugendweihe und christlichem Glauben fest. Am 4. Dezember 1957 verfassten die ostdeutschen katholischen Bischöfe eine Eingabe an den DDR-Ministerpräsidenten, die unter anderem den Vorwurf einer Gewisseneinengung innerhalb der DDR enthielt. Grotewohl antwortete den Bischöfen am 14. Januar und ließ sie wissen, dass es das »demokratische Recht der Bürger der DDR« sei, ihre »Kinder an Jugendstunden und an der Jugendweihe teilnehmen zu lassen«. Dabei sei die Gestaltung solcher Stunden und Feiern »lediglich Sache dieser Bürger«.[442] Als sich am 10. Dezember der Berliner Bischof Döpfner mit Staatssekretär Eggerath traf, beklagte er den zunehmenden Gewissensdruck auf Christen in der DDR und wies darauf hin, dass sich an der Durchsetzung der Jugendweihe deutlich zeige, »wie es mit der Freiheit der Überzeugung und des Gewissens in der DDR tatsächlich« stehe. Nachdem ihm Eggerath erklärte, dass der Staat in einer »gesellschaftlichen Entwicklung wie der Jugendweihe nicht neutral« sein könne, eine Benachteiligung von Schülern wegen der Nichtteilnahme an der Jugendweihe jedoch nicht geduldet werde, entgegnete der Bischof, dass »in der Frage der Jugendweihe vonseiten des Staates, insbesondere der Schule, ein Druck auf Eltern und Kinder ausgeübt« werde. Dessen ungeachtet gab Ministerpräsident Grotewohl am selben Tag eine »Verfügung über die Unterstützung der Jugendstunden und der Jugendweihe« heraus, durch die staatliche Einrichtungen und Betriebe zur Mitwirkung bei der Durchsetzung der Jugendweihe verpflichtet wurden.[443]

Der Beginn des Jahres 1958 brachte den Kirchen ein weiteres einschneidendes Ereignis. Am 12. Februar erließ Volksbildungsminister Fritz Lange einen Erlass, durch den der Religionsunterricht in den Schulen nicht nur weiter eingeschränkt, sondern bei korrekter Anwendung die religiöse Unterweisung an den Schulen praktisch fast unmöglich gemacht wurde. Die Anweisung sah zwischen dem Schulunterricht und dem kirchlichen Unterricht eine Pause von mindestens

440 Wilhelm: Die Diktatur und die evangelische Kirche, S. 407.

441 Urban; Weinzen: Jugend ohne Bekenntnis, S. 145.

442 Abschrift eines Schreibens des DDR-Ministerpräsidenten Grotewohl an Bischof J. Döpfner vom 14.1.1958; BStU, MfS, BV Dresden, AOP 71/59, Bd. 4, S. 66 f. Das Schreiben erhielten laut Verteiler auch alle anderen ostdeutschen Bischöfe und Bischöflichen Kommissare.

443 Raabe: Jugendweihe als Instrument, S. 56 f.

zwei Stunden vor.[444] Die Schüler mussten nun am späten Nachmittag den teilweise beschwerlichen Weg in die Schule ein zweites Mal antreten.

8.2 Konfliktherde und Interessenschwerpunkte

Kirchenzuchtmaßnahmen

Bereits zu einem frühen Zeitpunkt der Auseinandersetzung um die Jugendweihe konnte das MfS aus zuverlässigen Quellen in Erfahrung bringen, dass die Kirchen den neuen Ritus nicht nur ablehnen würden, sondern dass sie auch in Betracht zögen, die daran teilnehmenden Jugendlichen und gegebenenfalls auch die für die Durchführung der Jugendweihe verantwortlichen Erwachsenen mit empfindlicher Kirchenzucht bzw. Kirchenstrafen zu belegen. Schon im Dezember 1954 wiesen die evangelischen Kirchenleitungen darauf hin, dass sich die Jugendweihe entsprechend der »Lebensordnung der Vereinigten Lutherischen Kirche Deutschlands vom Jahr 1951« nicht mit der Teilnahme an der Konfirmation in Einklang bringen lässt. Dort heiße es, so zitierte Bischof Noth die evangelische Regelung in seinem Wort an die Gemeinden: »Die Kirche muß die Konfirmation solchen Kindern verweigern, die sich einer Veranstaltung unterzogen haben oder unterziehen wollen, die im Gegensatz zur Konfirmation steht.«[445] Die Bestimmungen dieser Lebensordnung auf die Jugendweihe bezogen, ließen den einzelnen Kirchenoberen keinen Spielraum einer Auslegung.

Auch die katholischen Kirchenoberen wiesen noch vor den ersten Jugendweihen auf die Folgen einer Teilnahme hin. Das Bischöfliche Ordinariat Berlin ermahnte in den im Februar 1955 ausgegebenen »Richtlinien für die Behandlung der Jugendweihe durch die Pfarrer«[446] seine Geistlichen, in Hausbesuchen den Eltern und Jugendlichen zu erklären, dass es sich hier »um eine echte Glaubensentscheidung« handele und es nur »ein Entweder-oder« gebe. Grundlage dieser Haltung der katholischen Kirche war ihre Ansicht, dass »die Teilnahme an der Jugendweihe eine schwere Sünde gegen den Glauben« sei. Daher konnten, aus katholischer Sicht, Kinder, die freiwillig an der Jugendweihe teilgenommen und Erwachsene, die ihre Kinder zur Teilnahme gezwungen hatten, keine kirchlichen Ehrenämter ausüben und, wer die »geforderte Wiedergutmachung in foro

444 Neubert: Geschichte der Opposition, S. 120.

445 Wort des Landesbischofs Noth an die Gemeinden vom Dezember 1954; BStU, MfS, BV Dresden, AOP 241/56, Bl. 16 f.

446 Wörtlich: »Richtlinien für die Behandlung der durch die Jugendweihe erwachsenden seelsorglichen Aufgaben«. Sie sind im Amtsblatt des Bischöflichen Ordinariats Berlin am 1. Februar 1955 veröffentlicht worden. Vgl. Raabe: Jugendweihe als Instrument, S. 50.

interno et externo[447] verweigert«, nicht zur Firmung zugelassen und »im Falle seines Todes nicht kirchlich beerdigt« werden.[448]

In den MfS-Unterlagen sind zahlreiche Briefe evangelischer Seelsorger an Konfirmandeneltern vorhanden, die Hinweise auf die Androhung des Verlustes kirchlicher Rechte wegen der Teilnahme an der Jugendweihe enthalten. Nicht selten wurden sie als Indizien, die auf eine ablehnende Haltung des entsprechenden Geistlichen zu den Verhältnissen in der DDR schließen ließen, gewertet und waren so Ausgangspunkt einer Überwachung. Die Ankündigung des Verlustes kirchlicher Rechte wurde in der Folgezeit immer wieder Gegenstand des Vorwurfes gegen die evangelische Kirche, die Gewissensfreiheit ihrer Gläubigen zu beschränken. Die Vertreter der Jugendweihe wussten wohl, dass die Androhung von Kirchenzuchtmaßnahmen gegenüber den Eltern nicht wirkungslos blieb. So stellte das MfS immer wieder fest, dass die Zahl der Anmeldungen zur Jugendweihe insbesondere dort klein blieb, wo Geistliche aktiv gegen die sozialistische Feier auftraten. So konnte ein Pfarrer im Kreis Wolmirstedt, wie das MfS festgestellt hatte, durch seine persönlichen Besuche erreichen, dass sich der größte Teil des Lehrerkollegiums der dortigen Schule nicht an der Werbung für die Jugendweihe beteiligte. Auch seine »wiederholten Besuche bei den Eltern und Androhung von Kirchenzuchtmaßnahmen (keine Hochzeit, keine Taufe der Kinder usw.)« blieben nicht erfolglos.[449] Es verstand sich daher von selbst, dass die Kirchenzuchtmaßnahmen der Einführung der Jugendweihe im Wege standen und daher aus Sicht der Partei gegen diese anzugehen war. Als empfindliche Stelle erwies sich dabei die Androhung der Verweigerung einer kirchlichen Beerdigung gegenüber Jugendgeweihten. Diese Kirchenzuchtmaßnahme, wenngleich sie in der Lebensordnung nicht erwähnt wird, wurde zwar von einzelnen Geistlichen angedroht, aber als unverhältnismäßig angesehen und daher zunächst nicht ausgeübt. Mit dem Fall Otto Maercker[450], der der verstorbenen Jugendlichen Edeltraud Anderson im Oktober 1957 wegen ihrer Teilnahme an der Jugendweihe eine kirchliche Bestattung verweigerte, wurde der Partei ein Mittel in die Hände gegeben, die Kirchenzuchtmaßnahmen in Misskredit zu bringen. Ein vergleichbarer Fall ereignete sich im November des gleichen Jahres. Der Ahlbecker Pfarrer Christian Schwenker, mit dem bereits staatlicherseits Aussprachen wegen seiner Haltung zur Jugendweihe geführt wurden, räumte eine Bestattung des am 13. November 1957 an einer Blinddarmentzündung verstorbenen Jugendlichen Klaus Werth, der nach seiner Konfirmation an der Jugendweihe teilgenommen hatte, nur unter der Bedingung ein, dass die Mutter die Anmeldung

447 In foro interno et externo: in der Beichte und in der Öffentlichkeit.

448 Bericht der Abteilung V/4 über den »Kampf der katholischen Kirche gegen die Jugendweihe« vom 21.11.1955; BStU, MfS, AS, Nr. 2598/67, Bd. 1, Bl. 109 f.

449 Wochenbericht der Kreisdienststelle Wolmirstedt vom 12.2.1957; BStU, MfS, BV Magdeburg, Abt. XX, Nr. 3530, Bl. 114.

450 Siehe Exkurs: Otto Maercker (Seite 154).

ihres zweiten Sohnes zur Jugendweihe zurückziehe.[451] Die entrüsteten Angehörigen des Verstorbenen baten staatliche Stellen um die Ausgestaltung einer Bestattung. Der Bürgermeister des Seebades Ahlbeck veranlasste daraufhin alles Notwendige.[452] Eine Bitte der KD Wolgast an die MfS-Zentrale um eine Personenüberprüfung zu Pfarrer Schwenker vom 15. November dokumentiert, dass der Staatssicherheitsdienst in den Fall sofort involviert wurde.[453] In der zweiten Novemberhälfte veröffentlichte die Ostseezeitung zahlreiche Artikel, deren Ziel die Diffamierung des Ahlbecker Geistlichen war.[454] Als der vom MfS als Kontaktperson geführte Bürgermeister Bast den um Nachsicht für seinen Ahlbecker Amtskollegen bittenden Zinnowitzer Superintendenten Müller für die Versetzung Schwenkers gewinnen wollte, stieß er auf Ablehnung.[455] Das MfS ging der Sache nicht mehr nach.

Fortan richtete der Staatssicherheitsdienst seine Aufmerksamkeit auch auf die kirchliche Bestattungspraxis. Die Sensibilisierung für diese Problematik scheint weitreichend gewesen zu sein. Bereits im November klagte GI »Anton«, der als Journalist in der Kirchenredaktion der *Neuen Zeit* arbeitete, darüber, dass die CDU-Parteimitglieder nicht wüssten, wie sie sich bei Beerdigungszwischenfällen zu verhalten hätten, ohne als Kirchengegner zu erscheinen.[456] Das neue Interesse an der kirchlichen Bestattungspraxis hatte Folgen: Jeder Fall von Bestattungsverweigerung wurde registriert. Manche Geistliche suchten sich ihrerseits für besondere Situationen abzusichern. Im Bezirk Karl-Marx-Stadt veröffentlichte der Schönauer Pfarrer Müller in seinem Kirchennachrichtenblatt für den Monat November 1957 den Hinweis, »dass ab Januar 1958 für Nichtmitglieder der Ev.-Luth. Kirche eine Beerdigung auf dem kircheneigenen Friedhof in Schönau nicht mehr möglich« sei. Im gleichen Zusammenhang hielt das MfS in einem Bericht fest, dass Pfarrer Zinßer aus Karl-Marx-Stadt einem verstorbenen Nichtkirchenmitglied die Beerdigung auf dem kircheneigenen Friedhof in Gablenz verweigert haben, auch nachdem die Witwe des Verstorbenen sich bereiterklärte, die seit dem Austritt ihres Ehemannes fälligen Kirchensteuern nachzuzahlen. Der Pfarrer habe sich schließlich davon überzeugen lassen, dem

451 Auskunftsbericht zur Person Schwenker, Christian; BStU, MfS, BV Rostock, AP 79/72, Bl. 16 f.

452 Schreiben des Bürgermeisters des Seebades Ahlbeck Walter Bast an den Rat des Kreises Wolgast vom 15.11.1957 das Verhalten des Pastors Christian Schwenker betreffend; ebenda, Bl. 18.

453 Fernschreiben des MfS an die KD Wolgast vom 18.11.1958; ebenda, Bl. 19.

454 Protestresolutionen und Artikel der Ostseezeitung vom 19.,21.,25., 26., 27. u. 28.11.1957; ebenda, Bl. 20–23.

455 Bericht über eine Aussprache der KP Bast mit dem Zinnowitzer Superintendenten Müller am 1.12.1957; ebenda, Bl. 27.

456 Memorandum des GI »Anton« über die Auswirkung der Kampagne für die Jugendweihe vom 12.11.1957; BStU, MfS, AIM 10990/68, Teil A, Bd. 3, Bl. 91 f.

Verstorbenen einen Bestattungsplatz auf dem Friedhof zu gewähren, wenn die Witwe »auf jede Feier und auf jeglichen Blumenschmuck verzichte«.[457]

Beide Fälle wurden propagandistisch ausgenutzt. Pfarrer Müller, zu dem man ermittelte, dass er »besonders wild« werde, wenn »von der Jugendweihe die Rede« sei,[458] forderte der Rat der Stadt Karl-Marx-Stadt auf, seine Bekanntmachung zurückzunehmen, da er »mit seinen [...] Maßnahmen die Gesetze und die Menschenwürde« verletze. Pfarrer Zinßer sollte sogar seines Amtes enthoben werden. Noch am gleichen Tag der Ratssitzung fand in Gablenz eine vom Oberbürgermeister geleitete öffentliche Einwohnerversammlung statt, auf der der »sehr gut vorbereitet[e]« Superintendent Gothart Fehlberg auf das im Kirchengesetz begründete Recht, Nichtchristen das Begräbnis auf kircheneigenen Friedhöfen zu verweigern, verwies.[459]

In den Augen staatlicher Stellen standen die angeblichen Vergehen der beiden Geistlichen mit den vermeintlichen Straftaten aller evangelischen Geistlichen, die sich in den damals aktuellen Verfahren zu verantworten hatten, im Zusammenhang. So behauptete eine Karl-Marx-Städter Zeitung, dass es

> »doch kein Zufall« sei, dass »gerade zu der Zeit, als sich die Pfarrer Müller und Zinßer gegen die Politik der Toleranz, des Entgegenkommens und Verstehens unserer Regierung für alle religiösen Anschauungen in der Republik stellen, in Mecklenburg Propst Märcker, in Magdeburg die Währungsspekulanten Grünbaum und Dr. Klewitz und in Leipzig Pfarrer Schmutzler ihre gesetzwidrigen Handlungen treiben«.[460]

Auf die sich in der Sächsischen Landeskirche im zweiten Halbjahr 1957 häufenden, »im Zusammenhang mit Friedhofsangelegenheiten« stehenden Fälle ungerechtfertigter Angriffe gegen Pfarrer und kirchliche Amtsträger nahm Landesbischof Noth auf der Tagung der Landessynode am 4. Dezember Bezug und ließ die Synodalen wissen, dass sich alle Vorwürfe »unmenschlichen Verhaltens« gegen die genannten Pfarrer, auch die gegen Zinßer und Müller, nach Überprüfung der Fälle als haltlos erwiesen haben.[461]

In allen Analysen des MfS zur Jugendweihefrage werden die Kirchenzuchtmaßnahmen als »Methoden« der Kirchen gegen die Jugendweihe bezeichnet. Die sich in die Defensive gedrängt fühlenden Kirchen sahen sich angesichts der

457 Bericht über das Vorgehen zweier Pfarrer im Kreis Karl-Marx-Stadt vom 21.11.1957; BStU, MfS, BV Karl-Marx-Stadt, Abt. XX, Nr. 699, Bl. 19 ff.

458 Ermittlungsbericht zu Pfarrer Werner Müller vom 21.12.1957, BStU, MfS, BV Karl-Marx-Stadt, AIM 2314/82, Teil I, Bl. 27.

459 Bericht über das Vorgehen zweier Pfarrer im Kreis Karl-Marx-Stadt vom 21.11.1957; BStU, MfS, BV Karl-Marx-Stadt, Abt. XX, Nr. 699, Bl. 19–23.

460 »Verstöße gegen die Verfassung werden nicht geduldet.«; Beitrag einer Karl-Marx-Städter Zeitung v. 3.12.1957; BStU, MfS, BV Karl-Marx-Stadt, AIM 2314/82, Teil I, Bl. 55.

461 Bericht des Landesbischofs Noth auf der Tagung der Landessynode am 4. Dezember 1957; BStU, MfS, AIM 1822/64, Arbeitsvorgang, Bd. 2, Bl. 182.

ihrer Meinung nach gefährlichen Bedrohung des Glaubens durch die atheistisch geprägte Jugendweihe zu unliebsamen Maßnahmen gezwungen. Die vom MfS immer wieder behauptete Methode ist jedoch hinter dem Vorgehen der Kirchen gegen den neuen staatlichen Ritus nicht zu erkennen.

Verfassungsbruch

Bereits im Januar 1955 gab Bischof Mitzenheim in einem Brief an die Vorsitzenden der Bezirksräte im Bereich der Thüringer Landeskirche zu bedenken, ob es sich nicht um einen verfassungswidrigen Eingriff in das Leben der Kirche handele, »wenn christliche Kinder zur Teilnahme an einer atheistischen Feier veranlaßt werden sollen«.[462] Das in den Augen der Kirchen Verfassungswidrige an der Jugendweihe wurde fortan ein Schwerpunkt der Auseinandersetzung. Dies nahm auch das MfS wahr. Die Abteilung V/4 der Bezirksverwaltung Karl-Marx-Stadt notierte in einem Bericht vom 15. Januar 1955 in Bezug auf die »Tätigkeit der Kirche gegen die Jugendweihe«, dass der sächsische Oberlandeskirchenrat erklärt habe, dass »der Rat der evang.-luth. Kirche die Jugendweihe ablehne und diese als einen Verstoß gegen die Verfassung betrachte«. [463]

Im gleichen Bericht wird ein CDU-Mitglied im Kreis Schwarzenberg erwähnt, das während eines Elternabends darauf hingewiesen habe, die Verfassung der DDR besage, dass Eltern über ihre Kinder bis zum 14. Lebensjahr hinsichtlich der Religionszugehörigkeit das alleinige Bestimmungsrecht hätten.[464] Da die Kinder in den Schulen aber bereits zu Beginn der 8. Klasse nach ihrer Teilnahme an der Jugendweihe befragt würden, übergehe man damit die staatlichen Bestimmungen.[465] Eine Befragung der Schüler nach der Teilnahme an der Jugendweihe mit einer solchen Entscheidung gleichzusetzen, schien jedoch auch den Kirchen »überspitzt«. Deutlich wird jedoch das offensichtliche Bestreben, sich des Schutzes der Verfassung in der Jugendweiheproblematik zu bedienen.

Aber schon bald nahmen auch die Vertreter der Jugendweihe Bezug auf die Verfassung. Als im Kreis Altenburg ein evangelischer Pfarrer während einer Elternbesprechung im Februar 1955 versuchte, die »Verfassungswidrigkeit der

462 Brief Bischof Mitzenheims an die Vorsitzenden der Bezirksräte im Bereich Thüringen vom 21.1.1955; hier zit. nach: Urban; Weinzen: Jugend ohne Bekenntnis, S. 126.

463 Bericht der Abt. V/4, BV Karl-Marx-Stadt über die Tätigkeit des Referates Kirchen, Sekten und Religionsgemeinschaften vom 15.1.1955; BStU, MfS, BV Karl-Marx-Stadt, AKG, Nr. 517, Bl. 135–147.

464 Die Entscheidung über die Zugehörigkeit von Kindern zu einer Religionsgemeinschaft stand nach Artikel 48 der Verfassung der DDR bis zur Vollendung des 14. Lebensjahres den Eltern zu.

465 Bericht der Abt. V/4, BV Karl-Marx-Stadt über die Tätigkeit des Referates Kirchen, Sekten und Religionsgemeinschaften vom 15.1.1955; BStU, MfS, BV Karl-Marx-Stadt, AKG, Nr. 517, Bl. 135–147.

Werbung« für die Jugendweihe nachzuweisen, argumentierte der anwesende Sekretär der Betriebsparteiorganisation der Ernst-Thälmann-Schule in Altenburg mit der im Artikel 34 der Verfassung garantierten Freiheit der Kunst, der Wissenschaft und ihrer Lehre und leitete daraus ab, dass bei der Jugendweihe »von einer Verfassungswidrigkeit in keiner Weise gesprochen werden kann«.[466]

Noch stellten die Gegner der Jugendweihe in ihrer Argumentation auf die in der Verfassung garantierte Religionsfreiheit schlechthin ab. Ernst Hornig, Bischof der evangelischen Kirche von Schlesien, nahm auf Artikel 43 Bezug, der den Religionsgemeinschaften das Recht einräumte, ihre Angelegenheiten selbst zu regeln, als er in einem Brief im Februar 1955 an den Vorsitzenden des Rates des Bezirkes Dresden die Reaktion der Kirche auf die Jugendweihe zu rechtfertigen versuchte. Er erörterte, dass die evangelische Kirche »mit vollem Recht« auch bezüglich des neuen Ritus an die Bestimmungen der Ordnung des kirchlichen Lebens erinnere. Der Kirche stehe es nach der Verfassung zu, ihre »Angelegenheiten selbständig zu ordnen und demgemäss über die Zulassung ihrer Amtshandlungen allein zu entscheiden«. Zugleich stellte er die Verfassungswidrigkeit der Jugendweihe zur Diskussion.[467]

Der Zentrale Ausschuss für Jugendweihe seinerseits bezichtigte in seiner im Juni herausgegebenen Broschüre »Jugendweihe« die Kirchen »unter Umdeutung des in der Verfassung der DDR festgelegten Rechtes auf Glaubens- und Gewissensfreiheit« der Verfassungsverletzung, weil von ihnen auf Eltern und Jugendliche Gewissensdruck ausgeübt werde.[468]

Von nun an warfen beide Seiten einander den Tatbestand des Verfassungsbruches im Zusammenhang mit der Jugendweihefrage vor. Der Thüringer Kirchenjurist Gerhard Lotz nahm zu den Anschuldigungen gegen die Kirche in einem Traktat über die Glaubens- und Gewissensfreiheit Stellung und wies Bezichtigungen von Verstößen gegen die Verfassung zurück.[469]

Die staatliche Strategie blieb jedoch nicht wirkungslos. Auf Elternabenden wurde die Haltung der Kirche wiederholt als verfassungswidrig dargestellt. Aussprachen solcher Art, so resümierten MfS-Mitarbeiter, »führten zu Erfolgen in der Aufklärung der Eltern«. Nicht selten vertraten diese nun die Meinung, dass sich »die verantwortlichen Stellen mit den betreffenden Pfarrern auseinandersetzen« müssten.[470]

466 Bericht des Operativstabes der Bezirksbehörde Deutsche Volkspolizei Leipzig vom 28.2.1955; BStU, MfS, BV Leipzig, Leiter, Nr. 00006, Bd. 2, Bl. 128.

467 Brief des Bischofs Ernst Hornig an den Vorsitzenden des Rates des Bezirkes Dresden vom 18.2.1955; BStU, MfS, BV Dresden, AOP 219/60, Bd. 3, Bl. 196 f.

468 Jeremias: Jugendweihe, S. 18.

469 Siehe Kapitel 6.1.

470 Bericht der KD Grimma über die feindliche Tätigkeit der evangelischen und katholischen Kirche gegen die Jugendweihe und ihre Auswirkungen vom 10.11.1955; BStU, MfS, BV Leipzig, AOP, Gruppenvorgang, Bl. 5.

Landesbischof Noth teilte auf der Tagung der sächsischen Evangelischen Landessynode im März 1956 mit, dass er sich durch die öffentlich betriebene Propaganda genötigt sehe, »eine Klarstellung über das Verhältnis der Verfassung zu der kirchlichen Entscheidung und deren kirchenrechtliche bzw. kirchenzuchtliche Folgen herauszugeben«. Die kulturpolitische Wochenzeitung *Sonntag* habe sich aber, so der Bischof, wie die öffentliche Presse insgesamt »von einem bestimmten Zeitpunkt an überhaupt für eine klare Stellungnahme« verschlossen.[471]

In den Unterlagen des MfS sind zahlreiche Informationen über Auseinandersetzungen, die auf den gegensätzlichen Auffassungen zu der in der Verfassung verankerten Glaubens- und Gewissensfreiheit beruhen, überliefert. Sie spiegeln das Verständnis des SED-Staates hinsichtlich der verfassungsmäßig garantierten Rechte der Kirchen und Religionsgemeinschaften wider.

Während eines Gespräches, das der GM »Thaddäus« am 25. März 1958 mit dem Bautzener Domdekan Palm führte, legte ihm dieser den Standpunkt des katholischen bischöflichen Stuhles von Meißen zur Jugendweihe dar. Demnach stelle sie durch die »atheistische Propaganda, soweit sie staatlicherseits gefördert« werde, einen Verstoß gegen die Verfassung der DDR dar. Ferner dürfe aus einer persönlichen Weltanschauung niemandem wirtschaftlicher Nachteil erwachsen. Dem bischöflichen Ordinariat seien jedoch, so Palm, Fälle bekannt, in denen Jugendliche nicht zur Oberschule zugelassen worden seien, weil sie nicht an der Jugendweihe teilnahmen. Außerdem seien viele Lehrer mehr und mehr in Gewissensnöte geraten, weil sie Werbung der Jugendweihe betreiben sollten.[472]

Bei den mehrwöchigen Staat-Kirche-Gesprächen, die am 2. Juni 1958 begannen, wurden die Vorwürfe der Kirche wegen des Verfassungsbruches durch den Staat thematisiert. Staatlicherseits visierte man bei den Treffen eine Loyalitätserklärung der Kirche an. Der evangelischen Kirche ging es um den Gewissensdruck, der auf den Christen der DDR lastete. Der Ministerpräsident, der einen dynamischen Verfassungsbegriff vertrat und damit der Verfassung den Rang als normative Instanz absprach, ließ die Kirchenvertreter wissen, dass er die durch die Vorwürfe der Kirche entstandenen Konfliktpunkte durch einen Verfassungsausschuss der Volkskammer prüfen lassen werde, wenn die kirchlichen Vorwürfe nicht zurückgenommen werden würden. Als die Gespräche am 21. Juni endeten, lag der staatlichen Seite die geforderte Loyalitätsbekundung der evangelischen Kirche in zurückhaltender Form vor. Sie respektierte in der als Kommuniqué bezeichneten Erklärung die zum Sozialismus führende Entwicklung in der DDR. Der Vorwurf des Verfassungsbruches wurde von der Kir-

471 Tätigkeitsbericht des Ev.-Luth. Landeskirchenamtes, erstattet zur Tagung der 17. Ev.-Luth. Landessynode am 5.3.1956 durch Landesbischof Noth; BStU, MfS, AP 10343/92, Bl. 103.

472 Bericht des GM »Thaddäus« vom 31.3.1958; BStU, MfS, BV Dresden, AIM 103/64, Arbeitsvorgang, Bd. 4, Bl. 90.

chendelegation zurückgenommen. Die Regierung hingegen gestand im Resultat den Bürgern der DDR lediglich die ohnehin schon in der Verfassung verankerte volle Glaubens- und Gewissensfreiheit zu und stellte die ungestörte Religionsausübung unter den Schutz der Republik.[473]

Der von den Kirchen gegen den Staat erhobene Vorwurf des Verfassungsbruches verstummte jedoch auch nach dem Kommuniqué nicht. Bereits auf der Provinzialsynode der Schlesischen Kirche am 10. November 1958 verwies Oberkonsistorialrat Hans-Joachim Fränkel darauf, dass die Zahl der Teilnehmer an der Jugendweihe erst durch einen gewissen Zwang gewachsen sei, dass sich die Regierung »des Verfassungsbruches schuldig gemacht« habe und dass die Gewissensfreiheit in der DDR nicht mehr garantiert sei. Das verfassungswidrige Verhalten des SED-Staates hinsichtlich der Jugendweiheproblematik könne durch keine regierungsamtliche Mitteilung aus der Welt geschafft werden.[474]

Staatliche Propaganda und öffentlichkeitswirksames Vorgehen

Die Jugendweihe selbst, insbesondere die Vorbereitung der Jugendlichen darauf, wurde Bestandteil der systematischen Verbreitung der marxistisch-materialistischen Weltanschauung in der DDR. Propaganda jeder Art wurde allenthalben praktiziert. Un- und Halbwahrheiten waren dabei symptomatisch. Wenn auch der Aufruf, mit dem der Zentrale Ausschuss für Jugendweihe am 12. November 1954 an die Öffentlichkeit trat, noch keine evident atheistische Propaganda erkennen ließ, machte der Hinweis darauf, dass man in der DDR Jugendweihen, »wie sie in ganz Deutschland stattfinden«[475] einführen wollte, durch den Verweis auf die freireligiösen Feiern in Westdeutschland deutlich, dass es sich hier um einen in Konkurrenz zu den Kirchen stehenden Ritus handeln werden würde. Der Themenplan für die Jugendstunden, der im Januar 1955 veröffentlicht wurde, zeigte bereits deutlich atheistische Züge und rief bei den Kirchen starken Protest hervor. Auch die vom Zentralen Ausschuss im Juni 1955 herausgegebene Broschüre *Jugendweihe* trägt weitgehend alle Merkmale antikirchlicher Bewusstseinsbeeinflussung. Weitere Publikationen ähnlicher Art folgten. Ein Faltblatt mit dem Titel »Eine oft gestellte Frage: Wie stehen wir zur Jugendweihe?«, das vom ZK der SED, Abteilung Agitation, im November 1955 herausgegeben wurde, veranlasste den Kreiskirchenrat Mitzenheim im Oktober 1956, einen Brief an Gerald Götting zu verfassen, mit der Bitte, den Haupt-

473 Vgl. Mau: Protestantismus, S. 64 f.

474 Abschlussbericht zum operativen Vorgang »Plakate« vom 29.9.1960; BStU, MfS, BV Dresden, AOP 219/60, Kontrollvorgang, Bl. 121.

475 Aufruf des Zentralen Ausschusses für Jugendweihe in der DDR vom 12.11.1954, zit. nach: Urban; Weinzen: Jugend ohne Bekenntnis, S. 22.

vorstand der CDU für die Jugendweiheproblematik zu sensibilisieren. Der Kirchenjurist qualifizierte dabei das Faltblatt »wie die meisten anderen Publikationen zur Frage der Jugendweihe« als eine »Mischung von starker Unsachlichkeit und schwacher Argumentation«. Ein tieferes Eingehen auf den Inhalt der Schrift hielt er für überflüssig, da »die sachlich wesentlichen Argumente inzwischen immer wieder kirchlicherseits entkräftet worden« seien.[476] Diese Feststellung traf auch für spätere öffentliche Angriffe gegen die Kirche hinsichtlich dieser Thematik zu.

Eine außerordentliche Unsachlichkeit in den Argumentationsreihen der Vertreter der Jugendweihe stellte immer wieder der alle gegenteiligen Äußerungen der Kirchen nichtachtende Hinweis dar, alle, auch kirchlich gebundene Jugendliche, könnten an der Feier teilnehmen, so als hätten Eltern das Recht, für ihre Kinder Jugendweihe und Konfirmation nebeneinander zu verlangen. Auf diese Weise wollte man die Kirchen in die Rolle desjenigen drängen, der den Jugendlichen zu Unrecht kirchliche Rechte abspreche. Diesen Eindruck in der Bevölkerung zu erwecken, war Teil öffentlicher Kampagnen. Bald wurde sogar die unnachgiebige Haltung der Kirche selbst, wie in einem Aufsatz von Otto Rühle[477] am 10. November 1955 im *Neuen Deutschland*, als »Verstoß gegen das moralische und verfassungsmäßige Recht jedes Bürgers unserer Republik auf Glaubens- und Gewissensfreiheit« durch die Kirchen ausgelegt.[478]

Die Presse in das Vorgehen gegen einzelne Personen einzubinden, gehörte in der Jugendweihefrage von Anfang an zu den Methoden des Staatssicherheitsdienstes. Die Urheberschaft dieser Veröffentlichungen war oft so gut getarnt, dass sie sich auch mithilfe des MfS-Aktenmaterials nicht oder nur schwer nachweisen lässt. Gelegentlich wird jedoch der geplante oder tatsächliche Einsatz der Presse bei der operativen Arbeit unmissverständlich genannt. So empfahl der Leiter der Bezirksverwaltung Magdeburg im Juli 1955 unter anderem, Tatsachen, die ein eigenmächtiges Handeln von Pfarrern zur Jugendweihefrage aufzeigen könnten, in der Presse auszuwerten, um die Geistlichen »einzuschüchtern«.[479] Eine solche vermeintliche »Eigenmächtigkeit des Pfarrers« entsprach oft nicht der Realität, denn die Pfarrer taten weitgehend nur das, was die Kirchenleitungen von ihnen verlangten. Anweisungen, »Übergriffe durch örtliche Pfarrer« in der Presse zu veröffentlichen, kamen auch aus dem Zentralen Ausschuss für Jugendweihe.[480] Sie zeigen, dass alle an der Durchführung der Jugendweihe beteiligten Stellen nicht nur über ein ähnliches Instrumentarium verfügten, son-

476 Schreiben des Kreiskirchenrates Hartmut Mitzenheim an den Generalsekretär der CDU Gerald Götting vom 7.10.1956; BStU, MfS, AP 12249/92, Bl. 34 f.

477 Otto Rühle, 1914–1969, NDPD-Funktionär.

478 Kaltenborn: Magdeburger Schüler, S. 307.

479 Schreiben des Leiters der BV Magdeburg an die Leiter der Kreisdienststellen vom 22.7.1955; BStU, MfS, BV Magdeburg, Leiter der BV, Nr. 80, Bl. 193 f.

480 Jeremias: Jugendweihe, S. 22.

dern auch gemeinsam handelten. Die diesbezügliche Zusammenarbeit des MfS mit SED und staatlichen Stellen kannte keine Beschränkung. Die in einer Analyse über die »feindliche Tätigkeit der evgl. und kathl. Kirche gegen die Jugendweihe« empfohlenen Maßnahmen im Vorgehen gegen Pfarrer, »die verstärkt gegen die Jugendweihe auftreten« erstrecken sich neben der Organisierung von »Protestbewegungen der Eltern« und »Maßnahmen zur Diskriminierung der Pfarrer« auch darauf, der Partei »geeignetes Material zur Auswertung für Artikel in der Presse zur Verfügung zu stellen«.[481]

Der einseitige Einsatz der Presse im Dienst der Jugendweihe ist in nahezu allen Fällen, in denen Geistliche ins Blickfeld des MfS gerieten, nachweisbar. Briefe einzelner Seelsorger an Lehrer oder staatliche Einrichtungen wurden nicht selten, wie im Fall des Delitzscher Pfarrers Rudolf Werner, der einer Schuldirektorin schrieb, dass alle Lehrer, die »bei der Vorbereitung und Durchführung der Jugendweihe aktiv« mitarbeiteten, »bewußte Lügner« seien, mit offenen Briefen in den Zeitungen beantwortet.[482] Es blieb nicht ohne Folgen, wenn Geistliche, die zur Kirchenleitung hielten, in der Öffentlichkeit angeprangert wurden. Landesbischof Noth ging in seinem Tätigkeitsbericht auf der Evangelisch Lutherischen Landessynode Sachsens im März 1956 darauf ein, als er erwähnte, dass christliche Lehrer, aber auch Eltern und Schulkinder im Blick auf ihre persönliche Zukunft hinsichtlich der Jugendweihe schwere Entscheidungen zu treffen hätten. Dies sei besonders deutlich, wenn man beachte, »wie auf breitester Front in der Presse Pfarrer, die sich gegen die Vereinbarung von Jugendweihe und Konfirmation ausgesprochen haben, der Unwissenschaftlichkeit, der Starrheit und Lieblosigkeit, der Gewissensknechtung, des Vergehens gegen die Verfassung der DDR, ja vielfach ganz offen der Hörigkeit gegen den Westen und der Vaterlandsfeindlichkeit verdächtigt« würden.[483]

Pressekampagnen blieben Bestandteil des Vorgehens des MfS bei der Einführung der Jugendweihe. Noch im Januar 1959 empfahl ein Mitarbeiter der Schweriner Abteilung V als Maßnahme gegen den Generalvikar und späteren Weihbischof Bernhard Schräder, der »besonders negativ« zur Jugendweihe stand, durch Presseveröffentlichungen zu zeigen, »welche feindliche Haltung der Klerus der katholischen Kirche gegen das sozialistische Lager und insbesondere gegen die DDR« einnehme.[484]

481 Analyse über die feindliche Tätigkeit der evangelischen und katholischen Kirche gegen die Jugendweihe vom 27.12.1955; BStU, MfS, HS XX/4, Nr. 2341, Bl. 47.

482 Sachstandsbericht zu Pfarrer Rudolf Werner aus Delitzsch vom 13.1.1956, BStU, MfS, BV Leipzig, AOP 6/58, Bl. 16.

483 Tätigkeitsbericht des Ev.-Luth. Landeskirchenamtes, erstattet zur Tagung der 17. Ev.-Luth. Landessynode am 5. März 1956 durch Landesbischof Noth; BStU, MfS, AP 10343/92, Bl. 102.

484 Sachstandsbericht zum Material Bernhard Schräder vom 10.1.1959; BStU, MfS, AP 11085/92, Bl. 82–84.

Von dieser Möglichkeit, die eigene Position in der Öffentlichkeit zu vertreten und zu verteidigen, waren die Kirchen von Anfang an ausgeschlossen. In dem bereits zitierten Tätigkeitsbericht des Landesbischofs Noth vom März 1956 wurde angesichts der Notwendigkeit einer »Klarstellung über das Verhältnis der Verfassung zu der kirchlichen Entscheidung und deren kirchenrechtliche bzw. kirchenzuchtliche Folgen« in der Jugendweihefrage beklagt, dass sich die öffentliche Presse der Kirche verschloss. Geistliche standen den Anschuldigungen gegen sie in der Presse macht- und hilflos gegenüber.[485]

Die wöchentlich im Verlag Volk und Wissen erschienene *Deutsche Lehrerzeitung* begleitete die Einführung der Jugendweihe von Anfang an mit Veröffentlichungen. Ihr Inhalt wurde kirchlicherseits stets kritisch untersucht und in innerkirchlichen Verlautbarungen oder durch Äußerungen einzelner Geistlicher kommentiert. Zahlreiche Stellungnahmen, die die atheistisch geprägten und zum Teil kirchenfeindlichen Beiträge zur Jugendweihe in diesem Blatt geißelten, wurden vom MfS zur Kenntnis genommen. Die für die Vorbereitung der Jugendweihe festgelegten Jugendstunden hatten schon zu Beginn einen zentralen Themenplan, der im ersten Jugendstundenjahr 1954/55 zehn Themen vorschrieb, von denen vor allem die ersten drei eine atheistische Tendenz aufwiesen.[486] Bereits deren Überschriften, »Die Welt im All«, »Die Entstehung des Lebens auf der Erde« und »Vom Werden des Menschen« lassen eine Rivalität zwischen christlichem Glauben und materialistischer Weltanschauung als unausweichlich erscheinen. Mit einem »nur für innerkirchlichen Dienstgebrauch« gedachten Schreiben informierte das Evangelisch-Lutherische Landeskirchenamt Sachsens die Pfarrämter zwei Tage nach der Veröffentlichung des Themenplans in der *Deutschen Lehrerzeitung* vom 9. Januar 1955 von dieser Bekanntgabe und fügte seiner Information die »hauptsächlichsten Abschnitte« bei. Das SfS stellte 15 Pfarrämter als Empfänger dieses Schreibens fest und fertigte eine Fotokopie davon an. Eine Aktennotiz mit Angabe der Adressaten sowie das Duplikat wurden in dem zu Bischof Noth angelegten Vorgang abgelegt.[487] Der Landesbischof selbst nahm im März 1956 auf einen Beitrag zur Jugendweihe in der *Deutschen Lehrerzeitung* vom 5. November 1955 Bezug. Paul Wandel hatte sich in dieser Ausgabe grundsätzlich in der Jugendweihefrage für die »Freiheit der Entscheidung« ausgesprochen, aber zugleich die »Seelenqual einiger angeblich bedrängter Lehrer« infrage gestellt. Das ZK-Mitglied beendete seinen Artikel mit der Aufforderung: »Haltet ein mit diesem Feldzug gegen Jugendweihe und gegen den Marxismus-Leninismus.« Dass diese Worte über die Freiheit der

485 Tätigkeitsbericht des Ev.-Luth. Landeskirchenamtes, erstattet zur Tagung der 17. Ev.-Luth. Landessynode am 5.3.1956 durch Landesbischof Noth; BStU, MfS, AP 10343/92, Bl. 103.

486 Urban; Weinzen: Jugend ohne Bekenntnis, S. 40.

487 Liste der Empfänger und innerkirchliches Schreiben zur Veröffentlichung in der Deutschen Lehrerzeitung; BStU, MfS, BV Dresden, AOP 241/56, Bl. 29–35.

Entscheidung nicht ernst gemeint seien, werde, so Noth, »nicht unwesentlich erhellt«, wenn in der gleichen Nummer der *Deutschen Lehrerzeitung* Namen von Schuldirektoren, die ihre Kinder nicht zur Jugendweihe angemeldet hatten, genannt würden.[488]

Über GM »Konrad«, Jurist am sächsischen Landeskirchenamt, kam das MfS in den Besitz einer Niederschrift über eine Sitzung der Kirchlichen Ostkonferenz im September 1956. Während dieser Tagung wies Oberkirchenrat Hafa auf einen Artikel von Dr. Marie Torhorst, Abteilungsleiterin im Ministerium für Volksbildung, in der *Deutschen Lehrerzeitung* vom 1. September 1956 hin, der erkennen lasse, dass man versuche, in den Jugendstunden, das »Weltanschauliche mehr als bisher zurücktreten zu lassen«. Die östlichen Gliedkirchen seien sich aber dennoch einig, so Hafa, nicht von ihrer grundsätzlichen Stellungnahme zur Jugendweihe abzugehen.[489]

Aus eine Rede Kurt Hagers während einer Eröffnungsveranstaltung für die Jugendstunden zur Jugendweihe zitierte der evangelische Bischof der Kirchenprovinz Sachsen, Johannes Jänicke, in einem Brief, den er im Januar 1959 an die Eltern der Konfirmanden seines Amtsbereiches richtete, wie folgt: »So lernen die jungen Menschen, frei von jeglichem Aberglauben und mystischen Vorstellungen, die Welt so zu betrachten, wie sie wirklich ist.«[490] Das Kirchenoberhaupt wollte damit die inzwischen auch von der Regierungsseite nicht mehr ernsthaft verteidigte Möglichkeit der »Koexistenz der beiden Handlungen«, Konfirmation und Jugendweihe, als paradox demonstrieren. Am 9. Januar wurde der Elternbrief an alle Pfarrämter, Propstei- und Kreiskatecheten der Kirchenprovinz Sachsen gesandt, mit der Bitte, Abschriften davon den betreffenden Eltern zukommen zu lassen.[491]

Auffällig und für weite Bereiche der Informationsbeschaffung des MfS in diesem Zeitraum im kirchlichen Bereich charakteristisch ist, dass sich alle genannten kirchlichen Bekanntgaben zu Veröffentlichungen in der *Deutschen Lehrerzeitung* auf Kopien oder Abschriften mehr oder weniger offizieller, aber immerhin innerkirchlicher Schreiben beschränken. Briefe, die sich an eine breitere kirchliche Adressatenschaft richteten, wurden abgefangen, Synodenberichte und Protokolle durch Mitwirkung Geheimer Mitarbeiter in den Besitz des Staatssicherheitsdienstes gebracht und fotokopiert. Mit großem Aufwand brachte man Ansichten und Meinungen der Kirchenleitung in Kenntnis,

488 Tätigkeitsbericht des Ev.-Luth. Landeskirchenamtes, erstattet zur Tagung der 17. Ev.-Luth. Landessynode am 5.3.1956 durch Landesbischof Noth; BStU, MfS, AP 10343/92, Bl. 103.

489 Niederschrift über die 50. Kirchliche Ostkonferenz vom 12. September 1956 in Berlin; BStU, MfS, AIM 1822/64, Arbeitsvorgang, Bd. 1, Bl. 101.

490 Schreiben des Bischofs Jänicke an die Eltern der Konfirmanden seines Amtsbereiches vom Januar 1959; BStU, MfS, AP 21696/92, Bl. 38 ff.

491 Begleitschreiben des Bischofs Jänicke an alle Pfarrämter, Propstei- und Kreiskatecheten der Kirchenprovinz Sachsen vom 9.1.1959; ebenda, Bl. 37.

die ohnehin bekannt waren und operativ weder genutzt wurden noch verwendbar waren.

Öffentlichkeitswirksam waren auch die in vielen Fällen durch staatliche Stellen zusammengerufenen Versammlungen, in denen man über Geistliche, die gegen die Jugendweihe auftraten, diskutierte. Sie trugen die Bezeichnungen Volksversammlung, Einwohnerversammlung oder Elternversammlung, erweckten den Eindruck, von Lehrern, Eltern oder schlicht der Bevölkerung eines Ortes aus Protest gegen das Verhalten eigensinniger Pfarrer initiiert worden zu sein und liefen meist auf die Forderung der Absetzung des Geistlichen hinaus. In vielen MfS-Vorgängen zu Seelsorgern, die im Zusammenhang mit der Jugendweihe standen, vor allem in denen zu Martin Zunkel und Konrad Heckel,[492] sind von den Vertretern der Jugendweihe durchgeführte öffentliche Versammlungen nachweisbar.

Landesbischof Noth nahm am 4. Dezember 1957 während der Landessynode auf solche Versammlungen Bezug, in denen die Abberufung von Pfarrern, die sich an die Anordnungen ihrer Kirchenleitung zur Jugendweihe hielten, gefordert wurde. Besonders nach seiner Kanzelabkündigung am 20. Oktober 1957 hätten sie sich gehäuft. Oft seien außerdem Betriebsresolutionen verfasst worden, die sich gegen diese Geistlichen richteten.[493]

Auch von staatlicher Seite gelenkte Resolutionen und Protestschreiben waren fester Bestandteil des Kampfes um die Einführung der Jugendweihe.

Kirchliche Oppositionsgruppen

Innerkirchliche Opposition war in besonderer Weise für die Durchführung von Differenzierungsmaßnahmen jeder Art geeignet. Das MfS wusste daher, dass es im Interesse der Erfüllung seiner Aufgaben war, oppositionelle Bewegungen innerhalb der Kirche zu fördern. Auf einer Dienstbesprechung der Abteilung V der MfS-Verwaltung Groß-Berlin am 16. Januar 1957, an der auch Minister Wollweber teilnahm, betonte Hauptmann Franz Sgraja, dass man »die Opposition fördern« müsse, um die Gegner des Dibeliuskurses zu unterstützen.[494] In besonderer Weise kamen dabei sogenannte »oppositionelle Gruppierungen« innerhalb der evangelischen Kirche in der DDR in Betracht. Bei ihnen lag auch grundsätzlich die Vermutung nahe, dass sie die Entweder-oder-Haltung der Kirche hinsichtlich der Jugendweihe weitgehend ablehnten.

492 Siehe die Exkurse zu Martin Zunkel (Seite 82) und Konrad Heckel (Seite 154).

493 Abschrift eines Berichtes des Landesbischofs Noth auf der Tagung der Landessynode am 4. Dezember 1957; BStU, MfS, AP 10343/92, Bl. 64–68.

494 Protokoll über die Dienstbesprechung mit der Abt. V/Verwaltung Groß-Berlin vom 26.1.1957; BStU, MfS, SdM, Nr. 1920, Bl. 84.

Der Weißenseer Arbeitskreis[495], eine der kirchlichen Oppositionsgruppen, wurde aus Sicht des Staatssicherheitsdienstes vor allem aufgrund der Unzufriedenheit eines Teiles der Pfarrer mit der Kirchenpolitik des Bischofs Dibelius und dessen Festhalten an der »Bonner Politik« im Januar 1958 gegründet.[496]

Aus einem Gespräch, das Gerhard Bassarak, Mitglied des Vorstandes des Arbeitskreises, am Rande einer Tagung mit einer namentlich nicht genannten Person im Februar 1958 führte, konnte das MfS dessen Enttäuschung darüber entnehmen, dass man innerhalb des Weißenseer Arbeitskreises in der »Frage Konfirmation und Jugendweihe« keinen Schritt weitergekommen sei.[497] Die Ablehnung des neuen Ritus durch die Kirche wurde, wie sich auch hier zeigt, von Anfang an in diesem Gremium thematisiert.

Weitere für das MfS bedeutungsvolle oppositionelle Gruppierungen waren der »Bischofswerdaer Arbeitskreis« (1959 gegr.), der »Weimarer Arbeitskreis (1958 gegr.), der »Cottbusser theologische Arbeitskreis« (1959 gegr.), der »Freie Konvent« (1950 gegr.) und der »Bund Evangelischer Pfarrer in der DDR«,[498] die sich in ihren Zielstellungen und Beweggründen ähnelten. Ein engeres und effektives Zusammenwirken einer dieser Gruppen mit dem MfS in der Jugendweihefrage kam ansatzweise allein mit dem »Weimarer Arbeitskreis« zustande.[499]

Sonneberger Rede

Die zentrale Rede zur Eröffnung des Jugendweihejahres 1958 mit dem Titel »Lernen für das Leben – lernen für den Sozialismus«, die Walter Ulbricht am 29. September 1957 im thüringischen Sonneberg hielt, enthüllte öffentlich den tatsächlichen Charakter der Jugendweihe in der DDR. Die hier heraufbeschworene Kontinuität zu dem alten Brauch, »den die sozialistische Arbeiterbewegung fortgeführt hat«, charakterisierte sie als einen antikirchlichen und atheistischen

495 Nach Hanfried Müller, einem der maßgeblichen Mitglieder des Weißenseer Arbeitskreises (WAK), war diese Gruppe zunächst nur ein unverbindlicher Kreis, in dem man über die Kindertaufe, die man ablehnte, die Jugendweihe, die man erheblich entmythologisierte und als Zeichen politischer Mündigkeit überwiegend tolerierte, und über eine bruderrätliche Kirchenleitung, die man entschieden forderte, diskutierte. Vgl. Müller: Erfahrungen – Erinnerungen – Gedanken, S. 210.

496 Rolle und Aufbau oppositioneller Gruppierungen in den evangelischen Kirchen Westdeutschlands und der Deutschen Demokratischen Republik, 12.8.1960, Abhandlung, von E. Mielke unterzeichnet; BStU, MfS, BdL/Dok. Nr. 3940, Bl. 12 f.

497 Abschrift eines Berichtes über ein Gespräch mit Pfarrer Bassarak vom 28.2.1958, ohne Unterschrift; BStU, MfS, HA XX, AP 11329/92, Bl. 21 f.

498 Rolle und Aufbau oppositioneller Gruppierungen in den evangelischen Kirchen Westdeutschlands und der Deutschen Demokratischen Republik, 12.8.1960, Abhandlung, von E. Mielke unterzeichnet; BStU, MfS, BdL/Dok. Nr. 3940, Bl. 1–41.

499 Siehe auch Kapitel 9.3.

Akt. Dass die Jugendweihe »nicht nur eine Sache der Ausschüsse für Jugendweihe, sondern der Arbeiterschaft in den Betrieben, der Gewerkschaftsleitungen, der Parteiorganisationen und auch Sache der Volksbildungsabteilungen bei den Räten« sein sollte, beendete die bis dahin stets vertretene Behauptung von der Nichtstaatlichkeit der Feier. Ulbricht betonte, dass in den Betrieben alle Werktätigen »von der Notwendigkeit der Teilnahme ihrer Kinder an der Jugendweihe« zu überzeugen seien und dass an ihr »alle Jungen und Mädchen teilnehmen sollen, gleichgültig welche Weltanschauung ihre Eltern haben oder in welcher Weltanschauung sie bisher erzogen wurden« und stellte damit deren Freiwilligkeit infrage. Dabei ließ das sicher unbewusst eingefügte Adverb »bisher« keine Fragen hinsichtlich der Ausrichtung des Ritus mehr offen. Der Rede des ZK-Generalsekretärs fehlte es darüber hinaus nicht an direkten Angriffen auf Kirche und Glauben an einen Schöpfergott. Die Aussagen, dass im Sozialismus »die Wahrheit gelehrt« werde, die »einfacher als gewisse Hirngespinste« sei, ferner dass bei der Entstehung der Erde und des Planetensystems »nicht überirdische Kräfte wirkten«, sondern alles seine natürlichen Ursachen habe und die Aufforderung, dass »überlebte, alte Glaubenssätze über Bord zu werfen« seien, mussten von den Kirchen als frontaler Angriff verstanden werden.[500]

Die im Oktober vom Politbüro herausgegebenen politischen Richtlinien für die Parteiorganisationen zur Vorbereitung und Durchführung der Jugendweihe 1958 wurden maßgeblich durch Ulbrichts Rede beeinflusst.[501] Die Sonneberger Rede kann daher als richtunggebendes Programm zur weiteren Durchsetzung der Jugendweihe verstanden werden. Kirchliche Reaktionen auf die Worte des Generalsekretärs setzten schnell ein. Kontaktperson »Ingo«[502] ließ am 26. November zwei MfS-Mitarbeiter wissen, dass »nach der Rede des 1. Sekretärs der SED Walter Ulbricht in Sonneberg die Schreihälse in der Kirche wegen der Jugendweihe wieder auf Hochtouren« liefen.[503] Vor allem dürfte er damit Moritz Mitzenheim gemeint haben, der »in der letzten Zeit mehr und mehr ein menschliches Wrack geworden«[504] sei. Der Landesbischof nahm in seinem 51. Rundbrief an die Pfarrer der Thüringer Landeskirche vom 7. Oktober auf die Sonneberger Rede Bezug und informierte seine Geistlichen, dass sie in den »Gemeinden Unruhe, ja Erregung hervorgerufen« habe und dass die Kirche nicht aufhören werde, gegen die politischen Druckmittel und die staatliche Unterstützung der Jugendweihe zu protestieren. Ferner verwies er die »wissenschaftlichen Argumente der Sonneberger Rede« in die Geistesgeschichte des 19. Jahr-

500 »Lernen für das Leben – lernen für den Sozialismus«, Rede Walter Ulbrichts am 29.9.1957 in Sonneberg, vollständiger Druck der Rede in: Jeremias: Jugendweihe, S. 92–96.

501 Wentker: Einführung, S. 162.

502 Ingo Braecklein, zu diesem Zeitpunkt noch Superintendent in Weimar.

503 Bericht über den Treff mit KP »Ingo« am 26.11.1957; BStU, MfS, AIM 24028/91, Teil II, Bl. 14 f.

504 Ebenda.

hunderts.[505] Der von der Bezirksverwaltung Gera geführte GM »Studium«[506] übergab den Rundbrief noch im Oktober seinem Führungsoffizier, der das Schreiben nach Berlin weiterreichte.[507] Auch der Inhalt einer Rede, die Bischof Mitzenheim vor circa 1 000 Zuhörern am 3. November in der Stadtkirche zu Greiz hielt, war Mitarbeitern der Bezirksverwaltung Gera übermittelt und als Abschrift nach Berlin gesandt worden. In Sonneberg wurde nach Überzeugung des Oberhirten »einwandfrei formuliert«, dass »den Kindern in der Jugendweihe klar gemacht werden soll, dass es keinen Schöpfer gäbe«. Die Jugendweihe sei ferner »zur Erziehung zum Atheismus angetan«.[508]

Zahlreiche weitere Reaktionen auf die Sonneberger Rede sind den MfS-Unterlagen zu entnehmen. Oberkonsistorialrat Hans-Joachim Fränkel beanstandete in einer Ansprache in der Görlitzer Lutherkirche am 14. November, dass die Regierung vor einem Jahr noch erklärt habe, dass die Jugendweihe Privatsache sei. In der Sonneberger Rede jedoch sei sie zur »Sache der Parteien, der Gewerkschaften, der Massenorganisationen und auch der staatlichen Organe« deklariert worden.[509] Oberkirchenrat Gerhard Lotz vertrat in einer Aussprache, die er mit dem von der Erfurter Abteilung V/4 als GM »Johannes« geführten Referenten für Kirchenfragen des Rates des Bezirkes Erfurt geführt hatte, die Meinung, dass durch Ulbrichts Rede das »etwas verbesserte Verhältnis zwischen Staat und Kirche erneut getrübt sei«.[510] Die Leipziger Abteilung Information der Deutschen Volkspolizei berichtete, dass sich der katholische Bischof von Meißen während einer gut besuchten Versammlung von Jugendlichen am 12. Oktober in Roßwein »sehr negativ über die Ausführungen des Gen. Walter Ulbricht in Sonneberg« ausgelassen habe.[511]

Am 2. Oktober 1957 wurde die Rede Ulbrichts auf der Kirchlichen Ostkonferenz zum Thema gemacht. Die anwesenden Bischöfe beschlossen, den Gemeinden eine gemeinsame Erklärung zukommen zu lassen und einen Brief an Otto Grotewohl zu verfassen. GM »Konrad«, der das Protokoll über diese Zusammenkunft selbst führte, übergab seinem Führungsoffizier eine Abschrift

505 51. Rundbrief des Landesbischofs Mitzenheim an die Pfarrer der Thüringer Landeskirche vom 7.10.1957; BStU, MfS, BV Gera, AIM 961/62, Arbeitsvorgang, Bl. 115 f.

506 Dr. Erwin Lange, geb. 15.3.1894, pensionierter Pfarrer in Jena.

507 Bericht über den Treff mit GM »Studium« am 21.10.1957; BStU, MfS, BV Gera, AIM 961/62, Arbeitsvorgang, Bl. 117 f.

508 Abschrift eines Berichtes über eine am 3.11.1957 in der Stadtkirche zu Greiz von Bischof Mitzenheim gehaltene Rede mit dem Thema »Die Freiheit eines Christenmenschen«; BStU, MfS, AP 11226/92, Bl. 61–63.

509 Bericht über eine Rede des Oberkonsistorialrates Fränkel vom 14.11.1957; BStU, MfS, BV Dresden, AOP 219/60, Bd. 4, Bl. 62–64.

510 Bericht des GM »Johannes« über eine Aussprache mit Oberkirchenrat Lotz vom 17.11.1957; BStU, MfS, AIM 2504/69, Arbeitsvorgang, Bd. 1, Bl. 42–45.

511 Informationsbericht der BDVP Leipzig, Abteilung Information; BStU, MfS, BV Leipzig, Leiter, Nr. 00008, Bd. 10, Bl. 77 f.

davon[512] und informierte zugleich über eine geplante Kanzelabkündigung der evangelischen Bischöfe zur Sonneberger Rede.[513] Noch am 2. Oktober verfassten die Bischöfe, wie beschlossen, den Brief an Grotewohl.[514] Sie wiesen auf den Gegensatz der Rede Ulbrichts in Sonneberg zu den »bisherigen Aussagen der Verfechter der Jugendweihe« hin und stellten fest, dass »nun der Kampf gegen Überzeugungen und Einrichtungen der Kirche aufgenommen worden ist« und sich die Gemeinden »an Vorkommnisse aus dem Kampf der Bekennenden Kirche erinnert« fühlten.[515]

Am 16. Oktober sandte Bischof Mitzenheim die auf der Ostkonferenz beschlossene Kanzelabkündigung, die bis zur Verlesung am 20. Oktober mit einer Sperrfrist versehen war, an die Geistlichen der Thüringer Landeskirche.[516] Sie setzte sich mit der Rede Ulbrichts kritisch auseinander und rief dazu auf, den Konfirmandenunterricht ernster zu nehmen als bisher.[517] GM »Studium« übergab einen Tag nach deren Verlesung ein Exemplar der Kanzelabkündigung zusammen mit weiteren innerkirchlichen Materialien und einer eigenen Stellungnahme einem Mitarbeiter der Geraer Abteilung V.[518] Der Informant vertrat dabei die Meinung, dass die im Kampf um die Jugendweihe »immer wieder auftauchende Kirchenkampfpsychose« Beunruhigung schaffen solle und es den Bischöfen darum gehe, »eine Monopolstellung im Seelenraum ihres Volkes« zu beanspruchen.[519]

Der Beschwerdebrief der Bischöfe vom 2. Oktober an Otto Grotewohl wurde durch ein Schreiben des Innenministers Maron beantwortet, das vorab am 10. Oktober im *Neuen Deutschland* veröffentlicht wurde.[520] Der SED-Politiker sah, so konnte man dort lesen, in der Jugendweihe einen »Beitrag zur allseitigen Bildung und Entwicklung« der jungen Menschen, die vor allem »zu lebenstüchtigen Menschen und aktiven Erbauern des Sozialismus« erzogen werden soll-

512 Protokoll über die Kirchliche Ostkonferenz am 2. Oktober 1957 in Berlin; BStU, MfS, AIM 1822/64, Arbeitsvorgang, Bd. 2, Bl. 149 f.

513 Bericht über den Treff mit GM »Konrad« in Dresden am 15.10.1957; ebenda, Bl. 139.

514 Vgl. auch Koch-Hallas: Die Evangelisch-Lutherische Kirche in Thüringen in der SBZ und Frühzeit der DDR, S. 178.

515 Brief der Konferenz der Evangelischen Kirchenleitungen im Gebiet der DDR an Ministerpräsident Grotewohl vom 2. Oktober 1957; Urban; Weinzen: Jugend ohne Bekenntnis, S. 132 f. Der Brief ist auch abgedruckt im Kirchlichen Jahrbuch 1957, S. 152 f.

516 Schreiben des Landesbischofs Mitzenheim an alle Pfarrer der Evangelisch-Lutherischen Kirche in Thüringen vom 16.10.1957; BStU, MfS, BV Gera, AIM 961/62, Arbeitsvorgang, Bd. 1, Bl. 113.

517 Dazu auch Wilhelm: Die Diktatur und die evangelische Kirche, S. 408.

518 Bericht über den Treff mit GM »Studium« am 21.10.1957; BStU, MfS, BV Gera, AIM 961/62, Arbeitsvorgang, Bd. 1, Bl. 117.

519 Bericht des GM »Studium« zur kirchenpolitischen Situation im Oktober 1957; ebenda, Bl. 109.

520 Niederschrift über die 56. Ostkonferenz vom 11. Dezember 1957; BStU, MfS, AIM 1822/64, Arbeitsvorgang, Bd. 2, Bl. 193–195.

ten. Aus diesem Grunde finde die Jugendweihe auch die Unterstützung staatlicher Organe. Den Kirchenleitungen der DDR empfahl Maron, zur Kenntnis zu nehmen, dass der DDR-Staat »die Gewissensfreiheit aller Bürger« unter »seinen Schutz stellt« und dass das Voranschreiten von Wissenschaft und Technik gebiete, alle Fragen, die »nur vom Standpunkt der Wissenschaft behandelt werden können«, zu beantworten. Die von den evangelischen Bischöfen »angeordnete Kanzelabkündigung« sei, so der Innenminister, ein »Gewissenszwang gegenüber vielen Geistlichen« und richte sich »gegen die Gewissensfreiheit überhaupt«.[521] Auf der Kirchlichen Ostkonferenz vom 11. Dezember bestand unter den Anwesenden Einverständnis darüber, dass das Schreiben des Innenministers weder eine Antwort auf die Beschwerde der Bischöfe beim Ministerpräsidenten darstellte noch Form und Inhalt biete, darauf sachlich einzugehen.[522]

Weltall, Erde, Mensch

Im Sommer 1954 erschien im Verlag Neues Leben das Buch »Weltall, Erde, Mensch«. Es war den Jugendlichen als Geschenk zur Jugendweihe zugedacht.[523] Das von Walter Ulbricht verfasste Vorwort enthüllt dem Leser die Intention des Buches: einen Kampf »gegen Aberglauben, Mystizismus, Idealismus und alle anderen unwissenschaftlichen Anschauungen« zu führen.[524] Unter den zwölf Aufsätzen, in denen dargestellt wird, wie sich Erde, Weltall, Leben, Pflanzen, Tiere und Menschen entwickelten, nimmt der Beitrag Robert Havemanns, der die Einheitlichkeit von Natur und Gesellschaft aufzuzeichnen versucht, den religionskritischsten Rang ein. Über Religion und Gottheit äußerte er sich wie folgt:

> »Mit der wachsenden Einsicht des Menschen in die gesetzmäßigen Zusammenhänge aller Naturerscheinungen wurde eine Naturgottheit nach der anderen entthront. Als letzte blieb für einige Jahrtausende die eine Gottheit der monotheistischen Religionen übrig, die nichts anderes darstellt als die nicht weniger naive Personifizierung der Gesamtheit der vom Menschen noch unerkannten Gesetzmäßigkeiten seines eigenen gesellschaftlichen Lebens.«[525]

521 »Bischöfe bedrohen Gewissensfreiheit«. Schreiben des Ministers des Innern an die Leitungen der Evangelischen Landeskirchen, veröffentlicht am 10. Oktober 1957 im ND; hier zit. nach: Urban; Weinzen: Jugend ohne Bekenntnis, S. 135 f.

522 Niederschrift über die 56. Ostkonferenz vom 11. Dezember 1957; BStU, MfS, AIM 1822/64, Arbeitsvorgang, Bd. 2, Bl. 194.

523 Jeremias: Jugendweihe, S. 12.

524 Weltall, Erde, Mensch, S. 3.

525 Ebenda, S. 9 f.

Neben derartig direkten Angriffen enthält das Werk eine »Fülle meist beiläufig ausgeteilter Seitenhiebe gegen Religion und Kirche«.[526]

Auf die bereits zitierten Zeilen Havemanns ging der Görlitzer Bischof Hornig in einem Schreiben an den Vorsitzenden des Rates des Bezirkes Dresden am 18. Februar 1955 ein und schloss unter anderem daraus, dass es sich bei der Jugendweihe »um eine Feier auf der Grundlage des atheistischen Materialismus« handele.[527] Immer wieder registrierte das MfS ablehnende Äußerungen kirchlicher Amtsträger gegen »Weltall, Erde, Mensch«. Mehrfach wiesen Geistliche anhand von Zitaten die Kirchenfeindlichkeit dieses Werkes nach und suchten daraus den antireligiösen Charakter der Jugendweihe schlechthin abzuleiten.[528]

Eine »Auswertung von Westsendungen« durch den Informationsdienst des MfS dokumentierte, dass sich eine Sendung des RIAS »besonders gegen das in der Jugendweihe behandelte Buch ›Weltall, Erde, Mensch‹« richtete.[529] Anhand einer Analyse der Predigten katholischer und evangelischer Pfarrer im Bezirk Leipzig wies die Leipziger Informationsgruppe die Berliner Abteilung Information des MfS darauf hin, dass in den Ausführungen der Prediger zur Jugendweihefrage oft eine »offene Hetze gegen Partei und Regierung in Erscheinung« trete und im Zusammenhang mit dem Vorwort des Buches »Weltall, Erde, Mensch« insbesondere »der Genosse Walter Ulbricht angegriffen« werde.[530]

In einer Darstellung der »feindlichen Tätigkeit der evangelischen und katholischen Kirche gegen die Jugendweihe« der Kreisdienststelle Grimma hielt man fest, dass in vielen Aussprachen immer wieder zum Ausdruck komme, dass die Verbreitung des Buches »Weltall, Erde, Mensch« die »Pfarrer in rasende Wut« versetze.[531]

Die Auseinandersetzung mit dem ersten Jugendweihegeschenkbuch hielt an, solange das Werk ausgegeben wurde.

526 Urban; Weinzen: Jugend ohne Bekenntnis, S. 66.

527 Schreiben des Bischofs der Evangelischen Kirche von Schlesien an den Vorsitzenden des Rates des Bezirkes Dresden vom 18.2.1955; BStU, MfS, BV Dresden, AOP 219/60, Bd. 3, Bl. 196.

528 U. a. Bischof Mitzenheim während eines Vortrages in Niederhain im Kreis Altenburg am 23.10.1955 (BStU, MfS, AP 12249/92, Bl. 82 ff.), ferner Pfarrer Dr. Wagner auf einem Wochenendgespräch für Männer und Frauen sozialer Berufe in den Pfeiffer'schen Stiftungen in Magdeburg am 3.12.55 (BStU, MfS, BV Magdeburg, AOP 271/59, Bl. 21) u.a.m.

529 Auswertungen von Westsendungen durch den Informationsdienst des MfS; BStU, MfS, BV Leipzig, Leiter, Nr. 00001, Bd. 3, Bl. 19.

530 Bericht der Leipziger Informationsgruppe an das MfS über die Predigten der Pfarrer in den evangelischen und katholischen Kirchen vom 24.2.1956; BStU, MfS, BV Leipzig, Leiter, Nr. 00814, Bd. 6, Bl. 49.

531 Bericht der KD Grimma über »Die feindliche Tätigkeit der evangelischen und katholischen Kirche gegen die Jugendweihe und ihre Auswirkungen« vom 10.11.1955; BStU, MfS, BV Leipzig, AOP 293/61, Gruppenvorgang, Bl. 61.

Auf qualifiziertem Niveau setzte sich aus christlicher Sicht der Meißner katholische Bischof Otto Spülbeck in einer Vortragsreihe, die er bereits im März 1955 in Weinböhla vor Jugendlichen hielt, mit dem Buch »Weltall, Erde, Mensch« auseinander. Der naturwissenschaftlich gebildete Bischof beanstandete, dass hier Ansichten des dialektischen Materialismus fehlende wissenschaftliche Erkenntnisse ersetzten. Der Lehre von der Ewigkeit des Weltalls setzte Spülbeck einen Uranfang entgegen und die Behauptung von der Ewigkeit der Materie erklärte er für unwissenschaftlich. Auch der Theorie, dass das Leben aus chemisch-physikalischen Gesetzen erklärbar sei, widersprach er.[532]

Zu Beginn des Jahres 1957 entschloss sich der Zentrale Ausschuss für Jugendweihe, das von Walther Victor herausgegebene Buch »Unser Deutschland: Ein Buch für alle, die es lieben« fortan als neues Geschenkbuch für die Jugendweiheteilnehmer zu verwenden. Wilhelm Pieck verzichtete in dem von ihm verfassten Vorwort des Buches, das eher ein Lesebuch als ein Lehrbuch sein sollte, auf atheistische Aussagen.[533] Das Werk war weitgehend frei von Polemik gegen Kirche und Religion. »Unser Deutschland« kam einmalig im Frühjahr 1957 während der Jugendweihefeiern zur Ausgabe.[534] Hinter dem Wechsel stand der im ZK der SED für Kirchenfragen, Kultur und Volksbildung verantwortliche Sekretär Paul Wandel, der sich stark dafür engagierte, die Jugendweihe so zu gestalten, dass auch konfessionell Gebundene konfliktlos an ihr hätten teilnehmen können.[535] Als Walter Ulbricht verspätet in der zweiten Hälfte des Jahres von der Einführung des neuen Buches erfuhr, entstand eine scharfe Auseinandersetzung zwischen dem stellvertretenden Ministerpräsidenten und Paul Wandel, die ihren Höhepunkt auf dem 33. Plenum des Zentralkomitees der SED im Oktober 1957 erreichte. Ulbricht, der die »Fragen des Sozialismus und der Naturwissenschaften bei der Jugendweihe besonders unterstreichen« wollte, sah die Einführung des neuen Geschenkbuches als eine »Kampagne gegen das Buch »Weltall, Erde, Mensch«, die manche Genossen beeindruckt habe. Man müsse jedoch »unter den Bedingungen der Existenz der Militärkirche in Westdeutschland« die naturwissenschaftliche Propaganda in der DDR verstärken. Paul Wandel habe, so Ulbricht, die Neuerung bewusst vor ihm geheim gehalten, da er wusste, dass er auf Widerstand stoßen würde. Inzwischen sei das Werk »Unser Deutschland« als Jugendweihegeschenkbuch zurückgezogen und »Weltall, Erde, Mensch« weitergedruckt worden. Dabei habe man, ebenfalls gegen den Willen des General-

532 Vgl. dazu März: Otto Spülbeck, S. 91 ff.

533 Dazu Wentker: Einführung, S. 161; Urban; Weinzen: Jugend ohne Bekenntnis, S. 68 u. a.

534 Vgl. dazu den diesbezüglichen Artikel von K. J. Wendtland im ND v. 30./31.3.1957: »Die Jungen und Mädchen, die in diesen Wochen die Jugendweihe erhalten, nehmen von ihrer Feierstunde als Geschenk ein neues Erinnerungsbuch mit nach Hause – »Unser Deutschland«, ein in Leinen gebundenes Buch in Großformat ...« Hier zit. nach: Urban; Weinzen: Jugend ohne Bekenntnis, S. 70.

535 Höllen: Loyale Distanz, S. 36, Anm. 82.

sekretärs der SED, auf dessen Vorwort verzichtet.[536] Paul Wandel wurde wenig später von seinem Amt als Sekretär des Zentralkomitees entbunden.[537] Von 1958 bis 1961 war er Botschafter der DDR in der Volksrepublik China.

Die Auseinandersetzung im Zentralkomitee blieb offensichtlich nicht geheim. In der Bundesrepublik Deutschland wurde Wandels Agieren bekannt.[538] Auch in innerkirchlichen Kreisen erfuhr man davon. In einem »vertraulichen Gespräch« zeigte Bischof Mitzenheim um die Jahreswende dem Kirchenjuristen Gerhard Lotz ein hektographiertes Schreiben, welches beinhaltete: »Auseinandersetzung zwischen Paul Wandel und Mitgliedern des ZK, u. a. Gen. Walter Ulbricht, wo es darum geht, daß Wandel sich von den Kirchen in der Politik leiten ließ und er hätte, ohne Gen. Walter Ulbricht zu fragen, das Vorwort zu dem Buch ›Weltall, Erde, Mensch‹ geändert …« Der Bischof äußerte sich dazu witzelnd, dass »sogar im ZK Uneinigkeit in der Frage Jugendweihe und Konfirmation« bestehe.[539]

»Weltall, Erde, Mensch« wurde in insgesamt 22 Auflagen als Jugendweihegeschenkbuch herausgegeben. 1975 wurde es vom Werk »Der Sozialismus – Deine Welt« abgelöst. Im Jahr 1983 kam das Jugendweihelehrbuch »Vom Sinn unseres Lebens« in Gebrauch, das bis zur Wende 1989 verwendet wurde.[540]

8.3 Personenkreise und einzelne Personen

Vertreter der Evangelischen Kirche

Sowohl die Sonneberger Rede Walter Ulbrichts als auch die Ereignisse um den Pampower Propst Otto Maercker beschäftigten alle Vertreter der evangelischen Kirche in der zweiten Hälfte des Jahres 1957. Während über die Rede des Staatsratsvorsitzenden weitgehend ablehnende Einigkeit herrschte, polarisierte der Fall des Mecklenburger Geistlichen, der die Beerdigung der jugendgeweihten Edeltraud Anderson ablehnte, in Kirchenkreisen. Einzelne Seelsorger hielten das Handeln Maerckers für richtig und hätten selbst ähnlich gehandelt. Weitgehend machte sich gleichwohl, vor allem innerhalb der Kirchenleitungen, eine ablehnende Haltung zu dem harten Vorgehen des Propstes breit. In einem Gespräch mit Gerhard Lotz konnte Rudolf Gotthardt, Referent für Kirchenfragen im Be-

536 Vgl. Diskussionsbeitrag Walter Ulbrichts auf dem 33. Plenum des Zentralkomitees der Sozialistischen Einheitspartei Deutschlands; Teilabdruck in: Urban; Weinzen: Jugend ohne Bekenntnis, S. 74 f.

537 Wentker: Einführung, S. 161.

538 Urban; Weinzen: Jugend ohne Bekenntnis, S. 71.

539 Bericht zum Treff mit GM »Karl« am 29.1.1958; BStU, MfS, AIM 3043/86, Arbeitsvorgang, Bd. 1, Bl. 150.

540 Urban; Weinzen: Jugend ohne Bekenntnis, S. 75–96.

zirk Erfurt und zugleich Geheimer Mitarbeiter des MfS, im November 1957 in Erfahrung bringen, dass sich Bischof Mitzenheim und der Landeskirchenrat Thüringens in seiner Gesamtheit vom Verhalten Maerckers distanzierten. In den Gemeinden sei man an den Landesbischof herangetreten und habe in Erfahrung bringen wollen, ob die Pressenachrichten zu diesem Fall stimmten. Entgegen seinen Erwartungen habe Mitzenheim feststellen müssen, dass die Mitteilungen der Zeitungen zum Fall Maercker als Tatsachen bestätigt wurden.[541] Ebenso distanzierte sich der Landesbischof Mecklenburgs, Niklot Beste, in einem Gespräch mit dem Rat des Bezirkes in Schwerin und dem Volkskammerabgeordneten Anton Plenikowski vom Verhalten des in seinem Amtsbereich amtierenden Geistlichen. Oberkonsistorialrat Hans-Joachim Fränkel warf Propst Maercker zudem vor, er habe »seiner Seelsorgepflicht nicht genügt«. Edeltraud Anderson wäre nicht zur Jugendweihe gegangen, wenn sich der Geistliche »um das Mädchen mehr gekümmert hätte«.[542]

In aller Heftigkeit wurden die Kirchenleitungen mit den Problemen, die sich aus dem Streit um die Jugendweihe ergaben, konfrontiert. Noch betonte Bischof Mitzenheim bei jedem Anlass, dass es nur ein Entweder-oder gebe. Seine Rundbriefe, die ungehindert in die Hände des MfS gelangten, thematisierten seine rigorose Haltung immer wieder. In einem Vortrag verkündete er im Jahr 1957 optimistisch, dass die Kirche »es gar nicht notwendig hätte, sich gegen diese Jugendweihe zu wehren«, da an ihr trotz gerührter »Werbetrommel« nur 10 Prozent der Jugendlichen teilnähmen.[543]

Auch Landesbischof Noth entgingen die der Jungendweihfrage entspringenden Probleme nicht. Am 27. November 1957 trafen im Landeskirchenamt Sachsen 50 Protestresolutionen aus Leipziger Betrieben ein, die sich gegen die Haltung der Kirche zur Jugendweihe richteten. Der Bischof erkannte am gleichen Inhalt der Schreiben den »organisierten Charakter« der Aktion.[544] Auf der Sächsischen Landessynode im Dezember setzte er die Anwesenden von den Erklärungen in Kenntnis. Er wies darauf hin, dass Pfarrer, die im Oktober die Kanzleiabkündigung, die die Jugendweiheproblematik beinhaltete, verlesen hatten, »persönlich dafür verantwortlich gemacht worden [sic!], daß sie dieser kirchenbehördlichen Anordnung entsprochen hatten« und dass in einzelnen

541 Bericht des GM »Johannes« über eine Aussprache mit OKR Lotz vom 19.11.1957; BStU, MfS, AIM 2504/69, Arbeitsvorgang, Bd. 1, Bl. 42 f.

542 Bericht über eine Rede des Oberkonsistorialrates H.-J. Fränkel in der Lutherkirche in Görlitz am 14.11.1957; MfS, BStU, BV Dresden, AOP 219/60, Bd. 4, Bl. 62–64.

543 Bericht über die Predigt des Landesbischofs Mitzenheim am 6.5.1957 in der Jenaer Stadtkirche St. Michael; BStU, MfS, AP 11226/92, Bl. 76 f.

544 Bericht über einen Treff mit GM »Konrad« am 27.11.1957; BStU, MfS, AIM 10688/60, Arbeitsvorgang, Bd. 2, Bl. 167.

Fällen deren sofortige Abberufung gefordert worden sei.[545] Auf derselben Tagung unterstrich das Kirchenoberhaupt, dass sich die Kirchenleitung schützend vor ihre Pfarrer und kirchlichen Amtsträger stellen müsse, »wo diese in der Öffentlichkeit ungerechtfertigterweise angegriffen und verdächtigt« würden. Dies bezog sich in besonderer Weise auf Fälle, die sich in den vorangegangenen Wochen vor allem im Zusammenhang mit Friedhofsangelegenheiten ereignet hatten. Vier Geistliche im Bereich der Landeskirche hätten, so der Bischof, angeblich Verstorbenen eine Grabstelle und kirchliche Bestattung verweigert und sähen sich nun des Vorwurfs unmenschlichen Verhaltens ausgesetzt. Nachprüfungen der Kirchenleitung hätten die Haltlosigkeit dieser Vorwürfe ergeben.[546] Dass sich derartige Vorwürfe nach den Ereignissen um den Pampower Propst Otto Maercker häuften, dürfte nicht zufällig gewesen sein.

Gottfried Noth sprach auf der Landessynode einen weiteren Vorwurf an, der den Geistlichen gelegentlich gemacht wurde: die Konfirmandenmisshandlung. Auch diesbezüglich hatte sich bereits ein geprüfter Vorfall als haltlos erwiesen.[547]

Es konnte nicht ausbleiben, dass sich die kirchliche Ostkonferenz im Dezember 1957 bei ihrer turnusmäßigen Sitzung im Zusammenhang mit der Propaganda für die Jugendweihe auch mit der »fortschreitenden Diffamierung kirchlicher Amtsträger in der Öffentlichkeit« auseinanderzusetzen hatte. Am 16. Dezember informierte das Landeskirchenamt Sachsen alle Geistlichen der Landeskirche darüber, ohne Lösungswege aufzuzeigen oder Anweisungen zu geben.[548]

Zwar hatte Bischof Mitzenheim bereits im März 1957 die Konfirmandeneltern in einem Schreiben darum gebeten, ihrem Pfarrer den guten Willen nicht abzusprechen, »wenn er jugendgeweihte Kinder nicht konfirmiere«, denn er könne und dürfe nicht anders handeln,[549] die Hauptlast der Auseinandersetzung um die Jugendweihe hatten dennoch die Geistlichen vor Ort zu tragen. Dabei war das Vorgehen von MfS und anderen staatlichen Stellen meist ähnlich. Der Bestand der Methoden reichte vom Einsatz Geheimer Informatoren über Verleumdung, Bedrohung und Einschüchterung der Geistlichen bis hin zu deren Diffamierung in der Presse.

545 Abschrift des Berichtes des Landesbischofs Noth auf der Tagung der Landessynode am 4.12.1957; BStU, MfS, AP 10343/92, Bl. 68.

546 Ein innerkirchliches Original dieses Berichtes kam über GM »Konrad« in die Hände des MfS. Hier zit. nach: BStU, MfS, AIM 10688/60, Arbeitsvorgang, Bd. 2, Bl. 181–187.

547 BStU, MfS, AIM 10688/60, Arbeitsvorgang, Bd. 2, Bl. 183.

548 Schreiben des Evangelisch-Lutherischen Landeskirchenamtes Sachsen an alle Pfarrer, Pastoren und Vikare der Landeskirche vom 16.12.1957; ebenda, Bl. 192.

549 Brief des Landesbischofs Mitzenheim an die Konfirmandeneltern vom 2.3.1957; BStU, MfS, AP 11226/92, Bl. 87–89.

Im Bezirk Frankfurt/O. richtete sich die Arbeit der Kreisdienststelle Freienwalde gegen den Pfarrer von Kunersdorf/Bliesdorf, Georg Herche, der in den Augen der Staatsmacht die Regierung der DDR nicht als Vertreter des Volkes anerkannte, »mehrmals negativ in Erscheinung« trat und sich weigerte, Jugendgeweihte einzusegnen. Bereits im April 1957 stand er unter der Observanz eines Geheimen Informators.[550] Anfang Mai wurde eine Postkontrolle zu dem Geistlichen und eine Kontaktnahme zu den Gemeindekirchenältesten mit dem Ziel der Anwerbung einer als Informant geeigneten Person eingeleitet.[551] Am 12. November erschien in der Tageszeitung der SED-Bezirksleitung Frankfurt/O. *Neuer Tag* ein Artikel unter der Überschrift »Dunkelmann im Priesterrock«, in welchem behauptet wurde, dass die Einwohner der Gemeinde Bliesdorf die Abberufung Pfarrer Herches gefordert hätten. Begründet wurde dieses Verlangen mit dem Auftreten des Geistlichen »gegen die Jugendweihe und damit gegen unseren Arbeiter-und-Bauern-Staat«.[552] In dem überschaubaren Aktenmaterial zu diesem Fall erscheint die Jugendweiheproblematik nicht eindeutig als Ausgangspunkt der Beobachtung. Die Methoden, Einsatz Geheimer Informatoren, Postkontrolle, Werbungsversuch im Wirkungsbereich des Geistlichen und Einbeziehung der Presse, sind für den Kampf um die Einführung der Jugendweihe ebenso symptomatisch, wie die dem *Neuen Tag* zu entnehmende Forderung der Abberufung des Geistlichen wegen dessen ablehnender Haltung zur Jugendweihe.

Neben den Geistlichen vor Ort sind gelegentlich auch Angestellte der Kirchenleitungen wegen ihrer Haltung zur Jugendweihe vom Staatssicherheitsdienst überwacht worden. Die Magdeburger Abteilung V legte im August 1957 einen Gruppenvorgang unter dem Decknamen »Torpedo« an, in dessen Zentrum der Leiter der Evangelischen Akademie, Dr. Lothar Kreyssig, stand. Er war offenkundiger Gegner der Jugendweihe und trat auch außerhalb der Kirchenprovinz Sachsen regelmäßig in Veranstaltungen zur Jugendweiheproblematik in Erscheinung. Grund für das Vorgehen des MfS war die angebliche »Zersetzungsarbeit unter vielen Schichten und Berufsgruppen der Bevölkerung der DDR« und die Unterstützung der »volksfeindl. NATO-Politik« der Akademie.[553] Der Staatssicherheitsdienst stellte einen angeblichen »Kampf der Ev. Akademie Sachsen-Anhalt gegen die Jugendweihe« fest. Die kirchliche Einrich-

550 Schreiben der KD Freienwalde an die BV Frankfurt/O., Abt. V/4 vom 11.4.1957 die operative Bearbeitung der reaktionären Kräfte der Evangelischen Kirche betreffend; BStU, MfS, HA XX, AP 21615/92, Bl. 1–3.

551 Maßnahmeplan zur Bearbeitung des Pfarrers Herche aus Kunersdorf vom 11.4.1957; ebenda, Bl. 4.

552 Dunkelmann im Priesterrock. Artikel im Neuen Tag vom 12.11.1957, Nr. 264, S. 5; ebenda, Bl. 10.

553 Beschluss über das Anlegen des Gruppenvorganges »Torpedo« vom 26.8.1957; BStU, MfS, AOP 271/59, Bd. 1. Bl. 8.

tung beabsichtige nach Ansicht des MfS, »mit Hilfe der Eltern und Katecheten einen verschärften Kampf gegen die Jugendweihe zu organisieren«. Die Magdeburger Abteilung V ersuchte die entsprechenden Abteilungen der Bezirksverwaltungen Halle, Erfurt und Suhl, ihr bei der Ausschöpfung aller Möglichkeiten, »diese Tagungen durch die Agenturen überwachen zu lassen«, behilflich zu sein.[554] Ein weiteres Vorgehen und ein erfolgter Einsatz Geheimer Informatoren in dieser Sache sind in den Unterlagen nicht zu erkennen.

Die sich vor Ort aus der Jugendweiheproblematik ergebenden Probleme und Bedrängnisse brachten die evangelische Kirche in eine schwierige Situation, die die Suche nach Lösungen erforderlich machte. Im thüringischen Ronneburg wurde Ende 1957 der Ruf nach einem »kirchlichen Notstand für dieses Gebiet« laut, wonach alle Konfirmationen solange ausgesetzt werden sollten, bis die Jugendweihe aufhöre.[555] Auch vom Leipziger Pfarrerkonvent Südost sollte eine Entschließung in die im Februar 1958 tagende sächsische Landessynode eingebracht werden, durch die »in der Frage Konfirmation/Jugendweihe für Leipzig der kirchliche Notstand erklärt und gefordert wird, die Konfirmation auf unbestimmte Zeit zu verschieben«. Dass derartige Bestrebungen die Pfarrerschaft spalteten, ließ der Geheime Informator »Eduard« in einen Bericht fast beiläufig einfließen.[556] In der Tat wurde auf der 58. Ostkonferenz im Mai 1958 neben den Möglichkeiten, durch Herab- oder Heraufsetzen des Konfirmationsalters Jugendweihe und Konfirmation zeitlich voneinander zu trennen oder die Konfirmation von der herkömmlichen Abschlussfeier der katechetischen Unterweisung loszulösen, der Lösungsvorschlag, »im Jahr 1958 generell keine Konfirmation durchzuführen«, zur Sprache gebracht. Alle drei Überlegungen wurden, da sie die Grundprobleme nicht lösten, sofort verworfen.[557]

Vertreter der Katholischen Kirche

Auch unter theologisch gebildeten Vertretern der evangelischen Kirche wurde gelegentlich von »der scheinbaren Hinnahme der Jugendweihe seitens der katholischen Kirche, die nirgends offen zu einer Gegenäußerung auftritt, die Kampf-

554 Schreiben der Bezirksverwaltung Magdeburg, Abt. V an die Bezirksverwaltungen Halle, Erfurt und Suhl den Kampf der Evangelischen Akademie Sachsen-Anhalt gegen die Jugendweihe betreffend, o. D.; BStU, MfS, AOP 271/59, Bd. 1. Bl. 117.

555 Bericht des GM »Studium« zur Adventssynode in Eisenach im Dezember 1957; BStU, MfS, BV Gera, AIM 961/62, Arbeitsvorgang, Bd. 1, Bl. 142 f.

556 Treffbericht des GI »Eduard« vom 28.02.1958; BStU, MfS, BV Leipzig, AIM 2020/76, Teil II, Bd. 3, Bl. 171.

557 Besier: SED-Staat. Weg in die Anpassung, S. 256.

ansage vielmehr gern der Evgl. luth. Kirche überlässt«, gesprochen.[558] Derartige Äußerungen fassten die Situation zweifellos zu kurz. Freilich war das sich ergebende Bild des Kampfes der katholischen Kirche gegen die Jugendweihe von dem der evangelischen Kirche abweichend. Übersehen werden darf aber nicht, dass sich die katholischen Bischöfe in gleicher Weise ablehnend zur Jugendweihe äußerten wie ihre evangelischen Amtskollegen und dass die Teilnahme katholischer Jugendlicher an dem neuen Ritus weitaus geringer als die evangelischer Christen war.

Ob man von einer »unterschiedlichen Haltung der Katholiken« zur Jugendweiheproblematik sprechen kann, wie der Publizist Detlef Urban im Jahr 1984 meinte, sei dahingestellt. Er begründete das andere Auftreten der katholischen Kirche mit dem für Katholiken »unzerstörbaren« Charakter der Sakramente, der ihnen das Nebeneinander von Jugendweihe und Erstkommunion/Firmung undenkbar macht und mit dem großen zeitlichen Abstand zwischen Firmung und Jugendweihe. Außerdem hätten die katholischen Kirchenleitungen die Tendenz, »eine selbstgefällige Haltung der ›kleinen Herde‹ zu verstärken und in Glaubensfragen eine rigorosere Position zu beziehen«.[559] Gegenüber aller Unklarheit dieser Feststellungen müssen grundsätzlich zwei Momente festgehalten werden. Erstens: Der Druck staatlicher Stellen respektive des Staatssicherheitsdienstes in der Jugendweiheproblematik richtete sich in unverhältnismäßig stärkerer Weise gegen die evangelische Kirche. Zweitens: Die Teilnahme katholischer Jugendlicher an der Jugendweihe war, wie oben bereits festgestellt, durchgängig bemerkenswert geringer als die evangelischer Jugendlicher.

Auf die Sonneberger Rede reagierten die katholischen Bischöfe am 23. Oktober 1957 mit einem Hirtenwort, das sich vor allem gegen die Förderung der Jugendweihe durch staatliche Stellen richtete.[560] Wenn es sich dabei auch, wie der Sekretär der Berliner Ordinarienkonferenz Prälat Johannes Zinke in einer Notiz festhielt, um eine klare Stellungnahme der katholischen Bischöfe handelte,[561] so musste deren Haltung dem MfS auch im Jahr 1957 als uneinheitlich erscheinen. Zwar resignierte Bischof Heinrich Wienken, der den Gläubigen Gewissensnöte wegen der Jugendweihe ersparen wollte, bereits im August 1957 krankheitsbedingt und zog sich nach Berlin zurück. Friedrich Maria Rintelen jedoch, der sich ebenfalls stets zurückhaltend mit Kritik an Jugendweiheteilnehmern verhielt, war noch im Amt. Aus verschiedenen Berichten wird deutlich, dass das Magdeburger Kirchenoberhaupt bemüht war, gewisse »Erleichterungen für die Gläu-

558 Bericht des GM »Studium« über die religionspolitische Situation im Dezember 1957; BStU, MfS, BV Gera, AIM 961/62, Arbeitsvorgang, Bd. 1, Bl. 142 f. Der GM , der sich zu dieser Äußerung hinreißen ließ, war zum Dr. phil. et theol. promoviert.

559 Urban; Weinzen: Jugend ohne Bekenntnis, S. 220.

560 Raabe: Jugendweihe als Instrument, S. 55.

561 Ebenda, Anm. 50.

bigen hinsichtlich der Frage der Jugendweihe«[562] zu schaffen. Die Jugendweihe sei, so Rintelen im Oktober 1958 in Wittenberg, als solche »religiös nicht anfechtbar«. Die katholische Kirche müsse sich jedoch wegen einer Beeinflussung im atheistischen Sinne gegen die Jugendweihestunden wehren.[563]

Der beim Rat des Bezirkes Magdeburg angestellte Geheime Informator »Harry Richter« berichtete im Juli 1959 über das Gespräch eines ihm bekannten Geistlichen mit Prälat Martin Fritz.[564] Der katholische Würdenträger habe dabei über »einige innerkirchliche Gegensätze« in der Ordinarienkonferenz gesprochen. Demnach habe sich Weihbischof Rintelen »wegen der Jugendweihe in Widerspruch zu Döpfner« gestellt und dabei beim Paderborner Erzbischof Lorenz Jaeger[565], der dem Klerus empfohlen hatte »klärende Wege zu suchen, um die Spannungen zu beseitigen«, Unterstützung gefunden. Der Berliner Bischof Julius Döpfner hingegen verteidigte konsequent einen Entweder-oder-Standpunkt. Ohne Erfolg sei, so Fritz, ein diesbezügliches Gespräch zwischen Jaeger und Döpfner verlaufen. Ein offenes Auftreten Rintelens in der Jugendweiheproblematik gegen Döpfner, dem sich die Bischöfe der Berliner Ordinarienkonferenz ohnehin nur »um der Einheit der katholischen Kirche willen« fügten, sei in diesem Zusammenhang jedoch nicht zustande gekommen.[566]

Julius Döpfner war Anfang 1957 zum Bischof von Berlin ernannt worden. Er residierte wie sein Vorgänger in Westberlin. Als Vorsitzender der Berliner Ordinarienkonferenz sandte er am 9. Dezember 1957 ein Memorandum an Ministerpräsident Grotewohl, das die katholischen Bischöfe und Bischöflichen Kommissare der DDR zur Situation des religiös kirchlichen Lebens verfasst und am 4. Dezember 1957 unterzeichnet hatten. Bereits im Oktober gingen diese in einem Hirtenwort erneut auf die Jugendweiheproblematik ein und wiesen abermals auf die Unvereinbarkeit von Jugendweihe und christlichem Bekenntnis hin.[567] In ihrem Memorandum legten die Oberhirten unter Punkt II.4 ihren Unmut darüber dar, dass die Werbung für die Jugendweihe die Unterstützung staatlicher Stellen finde und dass dem jungen Menschen »bei Teilnahme an der Jugendweihe Sicherheit für die von ihm gewünschte Berufsausbildung in Aussicht gestellt« werde. Sie forderten daher, dass der freiwillige Charakter der Jugendweihe gesichert, deren staatliche Unterstützung eingestellt und jegliche Be-

562 Treffbericht des GI »Paul« vom 18.10.1958; BStU; MfS, AP 4457/92, Bl. 81.

563 Ebenda.

564 Fritz war u. a. Personal-Referent für die Gemeindereferentinnen am Erzbischöflichen Kommissariat Magdeburg.

565 Dem Erzbischof unterstand das Erzbischöfliche Kommissariat Magdeburg und damit auch der Weihbischof Friedrich Maria Rintelen.

566 Bericht des GI »Harry Richter« über eine Aussprache mit einem katholischen Pfarrer vom 14.7.1959; BStU, MfS, AP 4457/92, Bl. 65.

567 Hirtenwort der Bischöfe und Bischöflichen Kommissare der Berliner Ordinarienkonferenz vom 23.10.1957 »Zu Schule und Erziehung in unseren Tagen«, abgedruckt in: Lange: Katholische Kirche – sozialistischer Staat DDR, S. 108 ff.

nachteiligung bei einer Nichtteilnahme unterlassen werde.[568] Grotewohl wies in einem Schreiben[569] an Döpfner alle Anschuldigungen der katholischen Oberhirten zurück. Den diesbezüglich befragten Volksvertretungen seien die von den Bischöfen »behaupteten Bedrückungen unbekannt« und eine Einengung der Gewissensfreiheit gebe es in der DDR nicht.[570]

Öffentliche Schreiben des Berliner Bischofs, zu dem kein eigener Vorgang geführt wurde, erhielt der Staatssicherheitsdienst vor allem durch den katholischen Pfarrer an der Christus-König-Kirche in Berlin-Adlershof, der bereits seit 1951 unter dem Decknamen »Ernst Paul«[571] als GM registriert war. Von ihm nahm die Abteilung V/4 der Berliner Bezirksverwaltung auch ein Schreiben Döpfners an die Geistlichen seines Bereichs entgegen, in welchem er zu Beginn des Schuljahres 1958/59 darauf hinwies, in den Ordinarien der DDR bestehe die einmütige Auffassung, dass »die Jugendweihe mit dem Bekenntnis zu Christus und zur Kirche unvereinbar« sei.[572] Am 24. November 1958 ergingen vom Bischöflichen Ordinariat Berlin Pastoralanweisungen, die neben Kirchenaustritt, sozialistischer Eheschließung, sozialistischer Namensgebung und sozialistischer Beerdigung[573] auch ausführlich auf die sozialistische Jugendweihe eingingen. Im Falle einer Teilnahme an der Jugendweihe waren ein halbjähriger Ausschluss vom Kommunionempfang und der Firmung sowie die Ablegung eines Treueversprechens u.a.m. vorgesehen.[574] GM »Ernst Paul« übergab die Pastoralanweisungen seinem Führungsoffizier Baschlau am 28. November, der eine Kopie an die Bezirksleitung der SED sandte. »Ernst Paul« berichtete ferner über die Herbst-Pastoral-Konferenz, bei der der Bischof auf die Pastoralanweisungen einging. Döpfner, habe den Pfarrern empfohlen, die Anweisung »nicht schroff« auszulegen, sondern »sich der jeweiligen Situation in der Pfarrei« anzupassen.

568 Das Schreiben Döpfners vom 9.12.1957 sowie das Memorandum sind abgedruckt in: ebenda, S. 115 ff.

569 Im Verteiler des Schreibens werden alle anderen Bischöfe und Bischöflichen Kommissare genannt, sodass davon auszugehen ist, dass auch sie das Schreiben erhielten.

570 Schreiben Otto Grotewohls an Bischof Julius Döpfner vom 14.1.1958; BStU, MfS, BV Dresden, AOP 71/59, Bd. III, Bl. 66.

571 Klarname: Ernst Daniel, 23.12.1896. Der GM gab dem MfS im Mai 1956 eine ausführliche Liste von termini technici aus dem katholischen Kirchenbereich und dürfte damit zum Verstehen kirchlicher Interna durch den Staatssicherheitsdienst enorm beigetragen haben. BStU, MfS, BV Berlin, AIM 6550/68, Teil A, Bl. 45 f.

572 Schreiben des Bischofs von Berlin an seine Mitbrüder vom 25.8.1958; ebenda, Bl. 95 f.

573 Auch bei den weiteren sozialistischen Ersatzriten, die seit 1958 propagiert wurden, stellten die Ordinarien einen »atheistischen und antichristlichen Charakter« fest. Vgl. Pilvousek: Die katholische Kirche in der DDR, S. 426.

574 Pastoralanweisungen des Bischöflichen Ordinariats Berlin zu Fragen des Kirchenaustritts und sozialistischer Ersatzriten vom 24.11.1958; gedruckt in: Lange: Katholische Kirche – sozialistischer Staat DDR, S. 140–146.

Ferner habe der Bischof geraten, dass »die Kinder bereits mit 10 bis 12 Jahren die Kommunion erhalten, damit man nicht mit der Jugendweihe« kollidiere.[575]

Im Vorfeld der Erhebung des Berliner Bischofs in den Kardinalsstand ließ die Arbeitsgruppe Kirchenfragen beim ZK der SED auch dem MfS eine kirchenpolitische Information zur Nominierung Döpfners zukommen. Die Auskunft beschränkt sich auf die Form der Bekanntmachung der Ernennung in den Medien und auf einen grob verfassten Lebenslauf Döpfners. Dabei wird erwähnt, dass der RIAS kommentiert hatte, durch diese Entscheidung Roms werde auch »das junge in besonders harter Auseinandersetzung mit dem Atheismus stehende Bistum Berlin, ja Berlin überhaupt« geehrt. Bezüglich der bisherigen Tätigkeit des Nominierten hob der die Information verfassende Willi Barth hervor, dass des Bischofs »Hetzreden, die von ihm veranlaßten Memoranden an die Regierung der DDR, Artikel in katholischen Zeitungen, Hirtenbriefe und die Nichteinhaltung gesetzlicher Bestimmungen besonders während seiner Reisen in die DDR zur Firmung von Kindern« dazu geführt hätten, dass ihm »ab Juni 1958 die Einreise in die DDR verweigert wurde«. Ferner nahm Barth auf den Hirtenbrief Döpfners vom 15. April 1958 Bezug und zitierte den Bischof wie folgt: »Nachweisbar erleiden jene, die sich nicht an der Jugendweihe beteiligen, deswegen schwere berufliche Nachteile.«[576]

Am 4. Mai 1959 wurde, da eine Wohnsitzverlagerung des Kardinals nicht zustande kam, Alfred Bengsch zum Weihbischof mit Sitz im Osten Berlins ernannt.[577] Im Mai 1961 gelangten Spekulationen einer Versetzung Döpfners ins Bistum München-Freising an die Öffentlichkeit,[578] im Juli erfolgte seine Berufung in die bayrische Erzdiözese. Noch von dort aus nahm das MfS Worte des Kardinals »über die Not und die Bedrängnis der Katholiken in der DDR, besonders über die Jugendweihe«, die über die Medien verbreitet wurden, in Berichten seiner Geheimen Informatoren zur Kenntnis.[579]

Auch zu dem in Erfurt residierenden Weihbischof Joseph Freusberg wurde, wie zu den meisten katholischen Bischöfen und Bischöflichen Kommissaren der DDR in diesem Zeitraum, kein eigener Vorgang beim MfS geführt. Informationen über ihn wurden in der Allgemeinen Personenablage abgelegt. Vor allem der am Referat für Kirchenfragen des Rates des Bezirkes Erfurt angestellte Rudolf Gotthardt, der seit Oktober 1957 für das MfS als GI »Johannes« arbeitete, berichtete wiederholt zu dem Geistlichen. Gotthardt war von 1950 bis 1957

575 Bericht über einen Treff mit GM »[Ernst] Paul« vom 28.11.1958; BStU, MfS, BV Berlin, AIM 6550/68, Teil A, Bl. 97–99.

576 Kirchenpolitische Information der Arbeitsgruppe Kirchenfragen vom 21.11.1958; BStU, MfS, AP 22533/92, Bl. 136–140.

577 Schäfer: Katholische Kirche, S. 158.

578 Ebenda, S. 163.

579 Auszug aus einem Treffbericht mit GI »Oberhaus« über einen Kinobesuch in Westberlin vom 6.6.1959; BStU, MfS, AP 22533/92, Bl. 168.

hauptamtlich beim Staatssicherheitsdienst. Der vom MfS gelenkte Dienststellenwechsel erfolgte mit dem Ziel, die »operative Arbeit in Richtung Kirchen besser unterstützen zu können«. Dabei konnte er sich Kenntnisse auf kirchlichem Gebiet aneignen und dem MfS so »in dieser Richtung wertvolle Hinweise geben«.[580]

Weihbischof Freusberg beanstandete, so GI »Johannes«, im rhönischen Dermbach im Juni 1958 den »großen Kampf zwischen der christlich-katholischen Kirche und dem atheistischen dialektischen Materialismus, der mit ungleichen Waffen geführt« werde. Dabei beklagte er, dass der Kirche »keine Tageszeitungen, kein Rundfunk und andere Pressemittel zur Verfügung« stünden.[581]

Ein Bericht über einen Treff des GI »Johannes« mit seinem Führungsoffizier vom 4. März 1960 gibt Aufschluss über die Wichtigkeit dieses Informanten für den Staatssicherheitsdienst in der Jugendweiheproblematik. Der GI übergab drei Dokumente, die den neuen Ritus berührten.[582] Zum einen handelte es sich um eine Abschrift des Fastenhirtenbriefes der katholischen Bischöfe und Bischöflichen Kommissare der DDR, der am 21. Februar 1960 in allen Gottesdiensten verlesen wurde. In dem Schreiben wurden die qualvollen Fragen und Gewissensnöte der Christen aufgeführt, die aus den Forderungen eines sozialistischen Lebens erwüchsen. Ausdrücklich wird angefragt, ob Christen »die sozialistischen Riten, zum Beispiel Jugendweihe, sozialistische Namensgebung, sozialistische Trauung, mitmachen« könnten, um schwere Nachteile von sich abzuwenden.[583]

Als zweites Dokument übergab der GI ein Schreiben des 1. Stellvertreters des Vorsitzenden des Rates des Bezirkes Erfurt, Hupe, das dieser nach Verlesung des Hirtenbriefes vom 21. Februar an alle Bürgermeister des Bezirkes gesandt hatte. Hupe behauptete, dass es nicht der Tatsache entspräche, »wenn die katholischen Bischöfe erklären, dass aus der Forderung eines sozialistischen Lebens den Katholiken täglich schwere Gewissensnöte und Gewissensentscheidungen erwachsen« und kündigte an, dass das Bischöfliche Generalvikariat Erfurt mit der Verlesung des Hirtenbriefes, »der die Absicht der Störung geordneter Beziehungen deutlich erkennen« ließe, »weder ihren Gläubigen noch sich selbst einen guten Dienst erwiesen« habe. Die Bürgermeister forderte der 1. Stellvertreter auf, in einer sofort anzuberaumenden Sitzung der Gemeindevertretungen das Schreiben zu verlesen und »den Charakter dieses Hirtenbriefes unter Zuhilfenahme

580 Auskunftsbericht zu GI »Johannes« vom 25.5.1962; BStU; MfS, AIM 2504/69, Teil P, Bl. 29 f.

581 Bericht des GI »Johannes« über Weihbischof Dr. Freusberg vom 9.9.1958; BStU; MfS, AIM 2504/69, Arbeitsvorgang, Bd. 1, Bl. 243 f.

582 Bericht über den Treff mit GI »Johannes« am 4.3.1960; BStU; MfS, AIM 2504/69, Arbeitsvorgang, Bd. 3, Bl. 144.

583 Abgedruckt findet sich der Fastenhirtenbrief »Der Christ in Atheistischer Umwelt« in: Lange: Katholische Kirche – sozialistischer Staat DDR, S. 163–168.

darüber erschienener Presseveröffentlichungen aufzuzeigen«. Über jegliche Vorkommnisse mit katholischen Geistlichen wollte er künftig informiert werden.[584]

Als drittes Dokument überreichte der GI den Bericht über eine Aussprache zu dem Hirtenbrief, die zwischen Hupe, dem Staatsanwalt Geyer und dem Referenten für Kirchenfragen Kother staatlicherseits und Weihbischof Freusberg und seinem Finanzreferenten Krüger von kirchlicher Seite geführt wurde. Hupe sah im Inhalt des Hirtenbriefes »offene politische Angriffe« gegen die Staatsordnung und forderte, die »weitere Verwendung des Hirtenbriefes hinsichtlich der beanstandeten Stellen« zu unterlassen, anderenfalls liege die Schuld beim Weihbischof, wenn katholische Bürger mit Gesetzen des Staates in Konflikt kämen und bestraft würden.[585]

Aus dem vorliegenden Konvolut von Treffbericht, Hirtenbrief, Brief an die Bürgermeister und Bericht über die Aussprache beim Rat des Bezirkes kann folgender Befund festgehalten werden: Das MfS war durch den von ihm platzierten GI »Johannes«, der sowohl mit kirchlichen Stellen in Verbindung treten als auch auf das Agieren des Referates für Kirchenfragen Einfluss nehmen konnte, in der Lage, in das Geschehen aktiv einzugreifen. Dies geschah aber nicht. Vonseiten des Rates des Bezirkes war das MfS, obgleich die Hirtenbriefangelegenheit für extrem bedeutsam gehalten wurde, nicht in das Handeln einbezogen worden. Offensichtlich wurde der Staatssicherheitsdienst weder vom Stellvertreter Hupe noch von dem in den Fall einbezogenen Bezirksstaatsanwalt informiert. Allein durch den zum Einsatz gekommenen Geheimen Informator bekam das MfS Kenntnis über die staatlichen Aktionen hinsichtlich des Fastenhirtenbriefes. Für das weitere Handeln des Staatssicherheitsdienstes hatte das Wissen um die Auseinandersetzung zwischen Rat des Bezirkes und Joseph Freusberg keine Bedeutung. Es werden keinerlei Maßnahmen genannt. Das in der Allgemeinen Personalablage zu dem Weihbischof vorliegende Material erwähnt den Sachverhalt nicht. Der Gesamtbefund ist insofern bemerkenswert, als sich in anderen Fällen ähnliche Konstellationen wiederholten. Das MfS hielt sich entweder für weitere Anweisungen bereit oder es war unfähig, die erhaltenen Informationen selbstständig weiter aktiv zu nutzen.

Ignoriert oder nicht wahrgenommen wurden weitgehend auch die ablehnende Haltung und die Aktivitäten katholischer Ortsgeistlicher hinsichtlich der Jugendweiheproblematik. Über die in Predigten und beim Verlesen von Hirtenbriefen geäußerte Ablehnung der Jugendweihe hinausgehende Maßnahmen katholischer Priester wurden kaum registriert. Ungewöhnlich auffallend wirkt

584 Schreiben des 1. Stellvertreters des Vorsitzenden des Rates des Bezirkes Erfurt Hupe an die Kollegen Bürgermeister vom 1.5.1960; BStU, MfS, AIM 2504/69, Arbeitsvorgang, Bd. 3, Bl. 153–156.

585 Niederschrift über eine Aussprache staatlicher Vertreter mit Weihbischof Freusberg wegen des Verlesens des Hirtenbriefes am 21.2.1960; ebenda, Bl. 145 f.

deshalb das Auftreten des Kaplans der katholischen Gemeinde in Rötha, Norbert Staeger[586]. Weil er »in seiner Tätigkeit als kath. Geistlicher sehr negativ in Erscheinung« trat, wurde zu ihm im April 1957 durch die Kreisdienststelle Borna ein Überprüfungsvorgang unter dem Decknamen »Priester« angelegt.[587] Im September desselben Jahres beauftragte der Kaplan einen Schüler, dem Verantwortlichen für Jugendweihe in Espenhain, der zugleich Lehrer war, den Auszug eines kirchlichen Rundschreibens zu dem sozialistischen Ritus zu übergeben. Einige Tage zuvor hatte der Kaplan eine Aussprache mit diesem Pädagogen und dabei geäußert, dass er »nicht gegen die Jugendweihe« sei, jedoch gern einmal an jener Jugendstunde teilnehmen möchte, »wenn das Thema über die Entstehung des Lebens zur Durchführung« gelange.[588] Am 18. November 1957 hängte Staeger ein von ihm mit Unterstreichungen und roten Fragezeichen versehenes Exemplar des in der Leipziger Volkszeitung erschienenen Artikels Paul Fröhlichs »Arbeiterklasse und Jugendweihe«[589] im Schaukasten der katholischen Kirche in Rötha aus und lud zu einer Aussprache darüber ein. Der Abschnittsbevollmächtigte von Rötha setzte den Leiter der Abteilung Innere Angelegenheiten beim Rat des Kreises Borna davon in Kenntnis, veranlasste die Entfernung des Exemplars und verbot die beabsichtigte Aussprache. Die Kreisleitung der SED in Borna ihrerseits beschloss, zu dem Vorkommnis am 21. November in Rötha eine öffentliche Einwohnerversammlung mit Paul Fröhlich durchzuführen.[590] Kaplan Staeger kam der Aufforderung, den Artikel aus dem Schaukasten zu entfernen und den vorgesehenen Vortrag abzusagen, nicht nach. Vielmehr ließ der Geistliche den Mitarbeiter der Abteilung Innere Angelegenheiten Melzer wissen, dass »er mit seiner ganzen Person dafür auch gerade steht, auch wenn er dafür eingesperrt werden sollte«. Außerdem machte er darauf aufmerksam, dass er den »gesamten Verlauf des Abends stenografieren« lassen werde. Ohne bei dem Priester etwas erreicht zu haben, führte Melzer eine Aussprache in der SED-Kreisleitung und bat, dafür zu sorgen, dass genügend Arbeiter »dieses Vorhaben von Staeger verhindern«. Außerdem sollte dem Geistlichen ein »offizielles Verbot« ausgesprochen werden. Diese Untersagung konnte dem Kaplan, da er »ortsabwesend« war, nicht rechtzeitig zugestellt werden. Der inzwischen informierte katholische Propst Ernst Pfeiffer rief am selben Tag den Amtsleiter Innere Angelegenheiten an, um sich zu erkundigen, »warum Staeger von der Polizei in Rötha gesucht wurde«. Er teilte zugleich mit, »daß an diesem Abend kein

586 Norbert Staeger, 1922–2000.

587 Beschluss über das Anlegen des Überprüfungsvorganges »Priester« vom 6.4.1957; BStU, MfS, BV Leipzig, AOP 365/61, Bl. 11.

588 Abschrift eines Schreibens des VPKA Borna, Abschnitt 15, Espenhain an das VPKA Borna, Abt. S zur Weiterleitung an die Abt. E bezüglich eines Auszuges aus dem Rundschreiben des Ordinariates des Bistums Meißen zur Jugendweihe vom 28.9.1957; ebenda, Bl. 127.

589 Fröhlich, Paul: Arbeiterklasse und Jugendweihe. In: LVZ v. 17.11.1957, Nr. 269, S. 3 f.

590 Aktennotiz zu einer Meldung des VPKA Borna vom 19.11.1957.

politischer Vortrag, sondern eine Messe« stattfinden würde. Erst gegen 19.00 Uhr wurde der Kaplan erreicht und ihm sein geplantes Vorhaben staatlicherseits verboten. Bereits um diese Zeit verwehrten über 100 Arbeiter der Kombinate Espenhain und Böhlen, Kampfgruppenmitglieder sowie der Spielmannszug der FDJ den Gläubigen den Eintritt in den Kirchenraum, in dem der Vortrag stattfinden sollte. Im Vorfeld wurden die Röther durch ein Flugblatt der Espenhainer Arbeiter darauf aufmerksam gemacht, dass »Staeger das Gotteshaus zu politischen Auseinandersetzungen mißbrauchen« wolle. Ein Jugendlicher, der den Vortrag mit einem Tonbandgerät aufzuzeichnen plante, wurde durch die Volkspolizei vernommen, die Menschenansammlung vor der Kirche gegen 21.00 Uhr zerstreut. Mit Flugblättern und dem Funkwagen von Espenhain wurde die Bevölkerung zu einer Versammlung unter dem Thema »Werktätige schützen kirchliche Einrichtungen vor NATO-Politikern« in das Klubhaus in Rötha geladen. Staeger, der selbst zum Kommen aufgefordert wurde, erschien nicht. Am 28. November fand außerdem die ursprünglich mit Paul Fröhlich geplante Einwohnerversammlung statt. Der 1. Sekretär der SED-Bezirksleitung nahm jedoch nicht daran teil. Auf der Veranstaltung wurde das Handeln des katholischen Geistlichen verurteilt und gefordert, eine Bestrafung Staegers zu prüfen.[591]

Anders als in der oben geschilderten, den Weihbischof Freusberg betreffenden Fastenhirtenbriefangelegenheit wurde das MfS durch die in diesem Fall federführende Abteilung Innere Angelegenheiten eingehend informiert. Weitere Maßnahmen gegen den Kaplan sind nicht erkennbar. Im Herbst 1960 wurde Norbert Staeger ordnungsgemäß nach Leipzig-Gohlis versetzt. Es wurde vorgeschlagen, den Geistlichen »in einer Handakte im Objekt-Vorgang Katholische Kirche weiterzuführen«.[592]

Auch unter den katholischen Jugendlichen nahm die Zahl der Jugendweiheteilnehmer zu. Im Jahr 1959 beteiligten sich von ihnen insgesamt 37,8 im Jahr 1960 bereits 43,58 Prozent an der Jugendweihe.[593]

Ost-CDU

Die Ost-CDU trat auch weiterhin öffentlich nicht kämpferisch gegen die Jugendweihe auf. Innerhalb der Partei hingegen gab es harte Auseinandersetzungen. Zwei Berichte des CDU-Hauptvorstandsmitgliedes Adolf Niggemeier, der seit 1954 mit dem MfS unter den Decknamen »Benno Roth« zusammenarbeitete, verdeutlichen die Situation der Partei zu diesem Zeitpunkt. Noch

591 Einschätzung der Abt. Innere Angelegenheiten hinsichtlich der Vorfälle in Rötha vom 2.12.1957; BStU, MfS, BV Leipzig, AOP 365/61, Bl. 138–140.

592 Schlußbericht zum Vorgang »Priester« vom 13.10.1961; ebenda, Bl. 305.

593 Schäfer: Katholische Kirche, S. 155.

vor Ende einer Dienstbesprechung des CDU-Hauptvorstandes traf sich Niggemeier am 30. Oktober 1957 mit seinem Führungsoffizier und berichtete über den Verlauf der Versammlung. Der Erfurter Bezirksvorsitzende Hermann Kalb habe auf der Sitzung das Thema Jugendweihe zur Sprache gebracht und »Klarheit von der Parteiführung in dieser Hinsicht« gefordert. Der GI deutete ferner die allgemeine Ablehnung der Handlungsweise des Pampower Propstes Otto Maercker durch breite Kreise leitender CDU-Funktionäre an, sprach sich aber zugleich gegen Maßnahmen zur Heranziehung religiös eingestellter Lehrer bei der Durchführung der Jugendweihe aus.[594] Zwei Tage später ergänzte »Benno Roth« seine Informationen zu der Dienstbesprechung. Dabei ging er auf eine Auseinandersetzung zwischen Gerald Götting und seinem Stellvertreter Max Sefrin ein. Der Generalsekretär habe im Vorfeld dieser Kontroverse bei einer Aussprache im Zentralkomitee das Problem religiös eingestellter Lehrer hinsichtlich der Jugendweihe bagatellisiert und daraus resultierende Republikfluchten von Pädagogen als »Einzelerscheinungen«, die für die CDU »kein großes Problem« darstellten, bezeichnet. Sefrin habe deshalb seinem Vorgesetzten in einer harten Auseinandersetzung vorgeworfen, gegenüber dem ZK die Schwierigkeiten der Christdemokraten in Bezug auf die Jugendweihe verschwiegen zu haben. Auch der Geheime Informator selbst betonte, dass die Schwierigkeiten mit den Lehrern »der Partei große Sorgen machen« würden. Welche Bedeutung die SED-Führung der Ost-CDU im Kampf um die Jugendweihe und überhaupt zukommen lassen wollte, sei »Benno Roth« klar geworden, als »Götting in einer Besprechung, bei der es um Fragen der Jugendweihe ging«, erklärt hatte,

> »dass ihm Walter Ulbricht gesagt habe, dass die SED verstärkt den Kampf gegen die NATO führe. Die Jugendweihe sei dabei ein Teil dieses Kampfes. Die Schwierigkeiten, die sich hinsichtlich der Jugendweihe für die CDU ergeben, wären nicht so wichtig. Der Kampf gegen die NATO einschließlich der Kirchenkreise, die die NATO unterstützen, sei wichtiger als die Existenz der CDU«.

Aus diesen »angeblichen Aussagen Walter Ulbrichts« schlussfolgerte der GI, dass alle Versuche der Ost-CDU, mit dem Zentralkomitee über die Jugendweihe zu verhandeln, zwecklos seien, da die SED ihre Politik ohnehin auf Kosten der CDU durchsetze. Überdies beklagte der Informant innerhalb der Partei ein »gewisses Doppelzünglertum«, das sich darin manifestiere, dass »selbst leitende Funktionäre der CDU eine offizielle und eine private Meinung« zur Jugendweihe hätten. In der Öffentlichkeit werde den Beschlüssen der christdemokratischen Partei zugestimmt, in privaten Kreisen jedoch eine gegenteilige Meinung vertreten. Niggemeier übergab seinem Führungsoffizier außerdem die Durchschrift eines Vierpunkteprogrammes, das die offizielle Haltung der Ost-

594 Bericht über einen Treff mit GI »Benno Roth« am 20.10.1957, BStU, MfS, AIM 11943, Teil A, Bd. 2, Bl. 12–14.

CDU zur Jugendweihe darstellte. Dieses Programm sei in seiner Urfassung vom Zentralkomitee abgelehnt worden und hatte neu formuliert werden müssen.[595] Es beinhaltete, dass erstens die Haltung der CDU in der Frage der Jugendweihe unverändert sei und die Entscheidung zur Teilnahme daran und an deren Propagierung im Gewissen gefällt werden müsse, zweitens CDU-Funktionäre in Fragen der organisatorischen Durchführung der Jugendweihe vorbildlich zu sein hätten und drittens CDU-Mitglieder, die sich nicht für die Jugendweihe entscheiden, dafür eine klare Stellungnahme gegen den Militärseelsorgevertrag und die »reaktionären Machenschaften der Kirchenleitungen« abgeben sollten. Schwierigkeiten, die einem Unionsfreund aufgrund einer solchen Stellungnahme erwüchsen, sollten, so der vierte Punkt des Programmes, innerhalb des Bezirkes zum Gegenstand von Aussprachen gemacht werden.[596]

Exkurs: Konrad Heckel und Otto Maercker

Konrad Heckel

Mit der Begründung, er trete »in seinen Predigten gegen alles fortschrittliche auf« und führe eine ständige Hetze gegen die DDR und die Sowjetunion, wurde im März 1955 durch die Kreisdienststelle Treptow ein Einzelvorgang gegen den 1908 in Ostpreußen geborenen Pfarrer von Berlin-Bohnsdorf, Konrad Heckel, angelegt.[597] Im April wurde der Vorgang zur weiteren Bearbeitung an die Abteilung V/4 der Verwaltung Berlin[598] des SfS übergeben.[599] Am Reformationstag[600] des Jahres 1957 sprach sich der Pfarrer in einer Predigt gegen die Teilnahme an der Jugendweihe aus und interpretierte sie mit dem Hinweis, dass es besser sei, die Kinder schieden mit einem einzigen Schlag aus dem irdischen Leben, anstatt an ihr teilzunehmen, als geistigen Tod.[601] In einer Leserzuschrift in der *Berliner Zeitung* wurde unter der Überschrift »Ein wahrhaft barmherziger Pfarrer. Bohnsdorfer Seelsorger mit SS-Einschlag/Mörderische ›Nächstenliebe‹« am 10. November in den Worten des Geistlichen eine vermeintliche »Überein-

595 Bericht über einen Treff mit GI »Benno Roth« am 1.11.1957; ebenda, Bl. 15–20.

596 Vier Punkte bezüglich der Jugendweiheproblematik, o. D. und Überschrift; ebenda, Bl. 21.

597 Beschluss über das Anlegen eine Einzelvorganges mit dem Decknamen »Heuchler« vom 8.3.1955; BStU, MfS, AOP 10248/62, Bd. 1, Bl. 10 f.

598 Neben den 14 Bezirksverwaltungen und der Objektverwaltung »W« (Wismut) existierte eine Verwaltung für Staatssicherheit Groß-Berlin, die die Befugnisse einer Bezirksverwaltung hatte. Vgl. Das MfS-Lexikon, S. 61.

599 Zwischenbericht zum Operativvorgang »Heuchler« vom 13.11.1957; BStU, MfS, AOP 10248/62, Bd. 1, Bl. 165.

600 31.10.1957.

601 Der Inhalt der Predigt ist im Wortlaut nicht überliefert.

stimmung mit dem Jargon der faschistischen Mord-SS« konstatiert.[602] Tags darauf legten der Bürgermeister von Treptow, Graewe, sowie Mitarbeiter des Magistrates von Groß-Berlin und des MfS bei einer Beratung fest, eine Einwohnerversammlung in Bohnsdorf einzuberufen, die das Verhalten des Pfarrers als Haupttagungsgegenstand haben sollte. Dabei wurde geplant, auf dieser Veranstaltung »nach Mobilisierung d. Menschen durch Partei, Demokratischen Block u NF« die Entlassung Konrad Heckels aus dem Kirchendienst zu fordern.[603] Am 13. November legte das MfS Maßnahmen »zur weiteren Bearbeitung« des Pfarrers fest: Im Umkreis des Geistlichen sollten Werbungen zur Zusammenarbeit mit dem Staatssicherheitsdienst durchgeführt, seine Predigten ständig überwacht und sein Arbeitszimmer mit Abhörtechnik versehen werden.[604]

Ein weiterer Artikel in der *Berliner Zeitung*, in welchem gegen den Pfarrer scharf polemisiert wurde, gab die vermeintliche Meinung einer allen bekannten Bürgerin wieder, dass sie »die Kirche nicht eher wieder betreten werde, bevor dieser Pfarrer abgelöst« sei.[605]

In Kirchenkreisen erregte das Vorgehen gegen den Geistlichen Widerstand. Die Jugendgruppe »Dietrich Bonhoeffer« der Jungen Gemeinde Adlershof bat am 15. November den Pfarrer, ihr seine Reformationspredigt im Wortlaut zukommen zu lassen, um jeglichen Angriffen »gegen unsere Ev. Kirche und ihre Amtsträger energisch entgegenzutreten«.[606] Der Kirchenrat der Bohnsdorfer Gemeinde sandte ein Schreiben an die Redaktion der *Berliner Zeitung* und forderte den Abdruck einer Erklärung, aus der hervorgehen sollte, dass die Veröffentlichungen der Presse gegen Konrad Heckel »unwahr und mit den Tatsachen nicht vereinbar« seien. Das kirchliche Gremium versicherte, dass 100 Gemeindeanhänger bezeugen könnten, dass die Behauptungen gegen Heckel nicht der Wahrheit entsprächen.[607]

Indessen rief der Demokratische Block der Parteien und Massenorganisationen in Treptow die Einwohner zu einer Versammlung im Volkshaus Bohnsdorf für den 22. November 1957 auf, in der die »ungeheuerlichen Äußerungen des Pfarrers Heckel« besprochen werden sollten. Als Redner wurde der Trepto-

602 Leserzuschrift von Horst Krahn in der Berliner Zeitung vom 10.11.1957; BStU, MfS, AOP 10248/62, Bd. 1, Bl. 169.

603 Aktenvermerk des Hauptmann Schmidt, Abt. V/4, Verwaltung Groß-Berlin, Pfarrer Heckel aus Bohnsdorf betreffend vom 21.11.1957; ebenda, Bl. 176.

604 Zwischenbericht zum Operativvorgang »Heuchler« vom 13.11.1957; ebenda, Bl. 165–168.

605 »Solche Pfarrer wollen wir nicht«. In: Berliner Zeitung v. 13.11.1957; ebenda, Bl. 170.

606 Abschrift eines Schreibens der Jungen Gemeinde Adlershof an Pfarrer Heckel vom 15.11.1957; ebenda, Bl. 172.

607 Schreiben des Bohnsdorfer Kirchenrates an die Redaktion der *Berliner Zeitung* vom 16.11.1957; ebenda, Bl. 174.

wer Bezirksrat Lukitz von der CDU angekündigt.[608] Superintendent Fritz Figur hatte Heckel empfohlen, an der Veranstaltung nicht teilzunehmen und erschien an seiner statt. Von den 2 000 erschienenen Interessenten fanden nur 600, unter ihnen viele Ortsfremde,[609] im Versammlungssaal Platz. Bezirksrat Lukitz forderte als Hauptredner mit den Worten »wir warten nicht mehr ein Jahr, Herr Heckel, [...] unsere Geduld ist zu Ende« von der Kirchenleitung die Ablösung Heckels als Seelsorger von Bohnsdorf. Superintendent Figur, der aufgrund anderer angemeldeter Diskussionsbeiträge zunächst zurückgewiesen wurde, erklärte schließlich, dass Heckel, wenn er gegen die Gesetze verstoßen hätte, bestraft werden müsse. Dies könne aber nicht geschehen, da der Pfarrer nichts Ungesetzliches getan habe. Als Figur überdies versuchte, die Haltung der Kirche zur Jugendweihe zu erläutern, wurde er »durch Sprechchöre aufgefordert«, seinen Beitrag zu beenden. Auch die Rede eines Jugendpfarrers wurde durch »Sprechchöre mit den Worten, abtreten, abtreten« unterbrochen. Mit nur vier Gegenstimmen wurde auf der Einwohnerversammlung eine Resolution verabschiedet, die von der Kirchenleitung die Abberufung Konrad Heckels als Pfarrer von Bohnsdorf forderte.[610] Das MfS wurde durch das Präsidium der Volkspolizei Berlin über den Verlauf der Versammlung in Kenntnis gesetzt.[611] Durch einen Artikel in der *Neuen Zeit* wurde die Forderung der Einwohnerversammlung nochmals bekräftigt.[612] In den folgenden Tagen gingen zahlreiche Resolutionen von Lehrern und Betrieben, in denen die Absetzung Pfarrer Heckels gefordert wurde, bei dem Superintendenten ein, der das gesamte Material an das Konsistorium weiterreichte. Die Äußerungen Heckels in seiner Reformationstagspredigt, die die gesamte Aktion ausgelöst hatten, fanden in den Resolutionen keine Erwähnung mehr.[613]

Noch im Dezember löste das MfS die Überwachung der Post Heckels aus. Dabei sollte vor allem in Erfahrung gebracht werden, wie die Bohnsdorfer Gemeindemitglieder zu ihrem Pfarrer stehen.[614] Die Kirchgemeinde selbst versi-

608 »Einwohnerversammlung in Bohnsdorf«. In: Neues Deutschland v. 20.11.1957; ebenda, Bl. 177.

609 Halbrock: Evangelische Pfarrer der Kirche Berlin-Brandenburg 1945–1961, S. 176.

610 Protokoll über die Einwohnerversammlung in Berlin-Bohnsdorf über das Thema »Wir leben nicht in Angst und Furcht, Herr Heckel« vom 22.11.1957; BStU, MfS, AOP 10248/62, Bd. 1, Bl. 178–185.

611 Schreiben des Präsidiums der Volkspolizei Berlin, Abt. Erlaubniswesen, vom 25.11.1957, die Einwohnerversammlung am 22.11.1957 betreffend, an alle Dienststellen gem. Verteiler; ebenda, Bl. 186–191.

612 »Wir leben nicht in Angst und Furcht. Die Bohnsdorfer Einwohner fordern Pfarrer Heckels Abberufung«. In: Neue Zeit v. 24.11.1957; ebenda, Bl. 193.

613 Auszüge aus dem Bericht des GM »Hermann Nimtz« über die Tagung der Ältesten des Kirchenkreises Oberspree am 4.12.1957 und über ein persönliches Gespräch mit Superintendent Figur am 10.12.1957; ebenda, Bl. 212.

614 Schreiben der Abt. V der Verwaltung Groß-Berlin des MfS an die Abt. M des MfS vom 18.12.1957; ebenda, Bl. 213.

cherte jedoch in einer Erklärung, Pfarrer Heckel habe nicht geäußert, die Eltern mögen »ihre Kinder erschlagen«, um »sie vor der Jugendweihe zu bewahren«.[615] Doch schon im Januar 1958 berichtete ein Geheimer Mitarbeiter dem Staatssicherheitsdienst von Anzeichen schwindenden Verständnisses für den Bohnsdorfer Pfarrer, die er auf einer Kirchenkreisratssitzung festgestellt habe. Dort sei berichtet worden, Heckel habe in einer Predigt in Grünau aus »Mangel an geistlicher Einsicht« Jesus Christus als den »König aller Könige«, alle anderen Könige und Machthaber hingegen als »Würstchen« bezeichnet. Auf derselben Sitzung habe ein Bohnsdorfer geäußert, die Erklärung seiner Gemeinde zwar unterschrieben, die in der Reformationstagspredigt beanstandeten Worte Heckels jedoch nicht verstanden zu haben, da »er nur mit einem halben Ohr hingehört« hätte. Der Mann habe ferner sogar bezweifelt, dass die Kirchgemeinde »ein zweites Mal ebenso hinter ihm [Heckel] stehen würde«.[616] Die Berliner Abteilung V des MfS nahm den Inhalt dieses Berichtes in einen Zwischenbericht zum Operativvorgang »Heuchler« auf.[617]

Da weder die Postkontrolle zu Heckel noch die Überwachungen der Predigten des Pfarrers Fortschritte in der Vorgangsbearbeitung brachten,[618] wurden neue Maßnahmen beschlossen. Unter anderem sollte der Geistliche zu »Ausfällen« gegen Staatsmacht und Partei »provoziert« werden. Außerdem war vorgesehen, dass der Rat des Stadtbezirkes mit dem Superintendenten über das weitere Vorgehen der Kirchenleitung in diesem Fall spricht. Ferner war eine Kontaktierung weiterer Kirchenratsmitglieder durch das MfS geplant.[619] Von den vorgesehenen Schritten wurden nur wenige durchgesetzt. Außerdem wurde in Erfahrung gebracht, dass eine Abberufung Heckels nur »auf Beanstandungen der Gemeinde an Lehre, dem Lebenswandel oder der Begabung des Pfarrers erfolgen könne« und daher seine Versetzung nur schwer durchzusetzen sei.[620]

Auch der Abteilungsleiter für Innere Angelegenheiten betrachtete, nachdem er seinen Schriftwechsel mit der Kirchenleitung an Unterleutnant Dohmeyer vom MfS übergeben hatte, im August 1958 die Angelegenheit Heckel für den Rat des Stadtbezirkes Treptow als geklärt. Dabei informierte er den Unterleutnant beiläufig über ein Gespräch mit Staatssekretär Eggerath, in dem dieser die Forderung aussprach, den Fall Heckel zum Abschluss zu bringen, bevor

615 Abschrift von Auszügen einer Erklärung der Bohnsdorfer Gemeinde über Pfarrer Heckel vom 6.1.1958; ebenda, Bl. 221.

616 Bericht des GM »Hermann Nimtz« über die Kirchenkreisratssitzung vom 24.1.1958; ebenda, Bl. 228 f.

617 Zwischenbericht zum Operativ-Vorgang »Heuchler« vom 18.2.1958; ebenda, Bl. 213 ff.

618 Ebenda.

619 Vorschlag von Maßnahmen zur weiteren Bearbeitung des Pfarrers Heckel von Bohnsdorf vom 22.4.1958; BStU, MfS, AOP 10248/62, Bd. 2, Bl. 35.

620 Bericht über die Stellung eines Gemeindekirchenrates zu Pfarrer Heckel vom 6.6.1958; ebenda, Bl. 36.

die Angelegenheit verpuffe und nichts dabei herausspringe.[621] Dessen ungeachtet nahm Dohmeyer mit Bezirksbürgermeister Gräfe Kontakt auf, um die Verhandlungen zwischen der Kirchenleitung und dem Rat des Stadtbezirkes nochmals zu erörtern. Das Stadtbezirksoberhaupt lehnte jedoch Aktionen, »wo nicht viel bei heraus kommt« ab. Der Rat des Stadtbezirkes Treptow mache, so Gräfe, nur noch »solche Dinge« mit, bei denen das Ziel festgelegt und erreichbar sei.[622]

Eine Äußerung des Superintendenten Figur »im internen Kreis«, man habe mit Pfarrer Heckel noch einmal Glück gehabt, die Sache wäre nicht »so glimpflich« ausgegangen, wenn sie »anders angefaßt worden« wäre, gab Unterleutnant Dohmeyer noch im August Anlass, über die bisherigen »Schwächen« nachzudenken. Dabei stellte er fest, dass »dem Vorgang nicht der nötige Ernst beigemessen wurde und er nicht zielstrebig genug bearbeitet wurde«. Vor allem die mangelnde Zusammenarbeit von Partei, Rat des Stadtbezirkes, Schule und MfS sei falsch gewesen.[623] Doch waren auch die neuen Maßnahmen Dohmeyers, die sich kaum von den alten unterschieden, für ein Vorgehen gegen den Pfarrer wenig aussichtsreich.[624]

Weder der Einsatz eines Geheimen Mitarbeiter noch eine ausgelöste Postkontrolle brachten neues verwertbares Material gegen Konrad Heckel. Die Bearbeitung des Vorganges schien zum Erliegen zu kommen. Da ging am 26. November 1959 ein Brief aus dem Bohnsdorfer Pfarramt beim neu eingeführten Bürgermeister von Berlin-Treptow ein. Pfarrer Heckel beschrieb darin einen »notvollen Zustand«, der sich vor allem aus dem Wirken der Schulleiterin Amm und der Lehrerin Ballentin aus der 15. Schule ergeben habe. Vor allem diese beiden Pädagoginnen setzten die Kinder wegen der Jugendweihe »unter Druck«. Die Folgen dieses Vorgehens seien dem Pfarrer deutlich geworden, als ein »technisch hochqualifizierter Mann« geäußert habe, dass die Schulleiterin durch ihre Druckausübung »Abwerbung aus der DDR« betreibe. Pfarrer Heckel, der bisher seinen Gemeindemitgliedern abgeraten habe, die DDR zu verlassen, sehe sich nun in diesen seinen Bemühungen beschwert, da die genannten Lehrerinnen Eltern und Kinder immer wieder in »solche Gewissenskonflikte« stießen.[625] Als der Bezirksbürgermeister bat, die Namen und Anschriften der bedrängten El-

621 Bericht über die Aussprache des Unterleutnants Dohmeyer mit dem Abteilungsleiter für Innere Angelegenheiten beim Rat des Stadtbezirkes Treptow vom 21.8.1958, ebenda, Bl. 54.

622 Bericht über eine Aussprache des Unterleutnants Dohmeyer mit dem Bezirksbürgermeister Gräfe am 2.8.1958; ebenda, Bl. 55.

623 Maßnahmeplan zur weiteren Bearbeitung des operativen Vorganges »Heuchler« vom 27.8.1958; ebenda, Bl. 56–58.

624 Ebenda.

625 Abschrift eines Briefes des Pfarrers Heckel an den Bürgermeister von Berlin-Treptow Hoffmann vom 16.11.1959; BStU, MfS, AOP 10248/62, Bd. 2, Bl. 112.

tern zu nennen,[626] lehnte der Seelsorger dies mit der Begründung ab, »die Gespräche mit den betreffenden Gemeindegliedern« seien vertraulich gewesen.[627]

Die Anschuldigungen, die Pfarrer Heckel gegen die beiden Pädagoginnen vorbrachte, wurden im Schulbereich öffentlich gemacht, führten zu Resolutionen und wurden von Eltern, deren Kinder an der Jugendweihe teilnahmen, zurückgewiesen.[628] Während einer Elternbeiratswahl wurden die beiden Lehrerinnen aufgefordert, Klage gegen den Geistlichen zu erheben.[629] Das MfS war über das gesamte Vorgehen nicht informiert und übernahm auch bei den folgenden Aktionen keine nennenswerten Initiativen. Nach drei Beschuldigtenvernehmungen durch die Volkspolizeiinspektion Treptow wurde im März 1960 ein Ermittlungsverfahren gegen Konrad Heckel eingeleitet. Die vorgesehenen Bearbeitungsfristen liefen jedoch ohne nennenswerte Ergebnisse ab.[630] Zudem war die Kreisleitung der SED in Treptow an einer Verurteilung Heckels nicht interessiert, da sie befürchte, der Pfarrer könnte »sich als Märtyrer aufspielen«.[631] Wegen Geringfügigkeit und mangels schädlicher Folgen seiner Straftat (§ 8 StEG) wurde das Verfahren eingestellt.[632]

Otto Maercker

Der evangelische Pampower Propst Otto Maercker, der im Jahr 1957 als Gegner der Jugendweihe in aller Munde war, lenkte bereits zu Beginn der fünfziger Jahre wegen seiner »reaktionären« Einstellung die Aufmerksamkeit des Staatssicherheitsdienstes auf sich.[633] Schon im Juli 1954 wurden im Schweriner Volkspolizeiamt Forderungen einer Entfernung des Geistlichen aus der Gemeinde bekannt. Der Propst und dessen Frau verreisten am Wahlsonntag und waren »die einzigen im Ort, die nicht von ihrem Abstimmungsrecht Gebrauch gemacht«

626 Abschrift eines Briefes des Bezirksbürgermeisters Hoffmann an Pfarrer Heckel vom 30.11.1959; ebenda, Bl. 114.

627 Abschrift eines Briefes des Pfarrers Heckel an Bezirksbürgermeister Hoffmann vom 3.12.1959; ebenda, Bl. 120.

628 Original der Resolution vom 8.2.1960 mit 29 Unterschriften; BStU, MfS, A-SKS 112.182, Handakte, Bd. 8–11.

629 Bericht über die Elternbeiratswahl der 15. Oberschule Berlin-Bohnsdorf am 12.2.1960 vom 13.2.1960; BStU, MfS, AOP 10248/62, Bd. 2, Bl. 132.

630 Formblatt Sta 7 für Fristeneinteilung, BStU, MfS, A-SKS 112.182, Staatsanwaltschaft von Groß-Berlin, Handakte.

631 Sachstandsbericht zum Operativvorgang »Heuchler« vom 25.3.1960; BStU, MfS, AOP 10248/62, Bd. 2, Bl. 141–145.

632 Aktennotiz vom 25.6.1960; BStU, MfS, A-SKS 112.182, Staatsanwaltschaft von Groß-Berlin, Strafsache, Bl. 68.

633 Beurteilung Otto Maerckers durch das MfS vom 21.12.1950; BStU, MfS, BV Schwerin, AOP 102/57, Bl. 5.

hatten. Was Teile der Pampower Bevölkerung »sehr erbost« habe, war die Tatsache, dass man genötigt gewesen sei, das Wahllokal den ganzen Tag zu bewachen. So haben »viele Friedensfreunde von Pampow sich die Nacht um die Ohren schlagen« und auf die Eheleute vergeblich warten müssen.[634] Bereits Anfang Februar 1955 sah der neu gebildete Ausschuss für Jugendweihe in Otto Maercker einen potenziellen Gegner des neuen Ritus.[635] Für Propst Maercker ungelegen war, dass im benachbarten Wüstmark der in den Ruhestand versetzte Pastor Kruse lebte, der seine Zugehörigkeit zu »den Fortschrittlichen Kräften in Wüstmark« mit seiner Teilnahme an einer Jugendweihe und der Beglückwünschung der Jugendgeweihten »durch Handschlag« bekundete und damit bewirkte, dass Propst Maercker den Sohn des Ruheständlers aus dem Konfirmationsunterricht verwies. Über dieses Verhalten des Pampower Seelsorgers wurde beim Parteisekretär von Wüstmark Beschwerde geführt.[636] Kruses Haltung zur Politik der SED war es offenbar auch, die Unterleutnant Bloßfeld von der Schweriner Abteilung V/4 des MfS veranlasste, im März 1956 bei ihm Erkundungen über Maercker einzuholen. Kruse informierte, dass Maercker Oberstleutnant im 2. Weltkrieg gewesen und als Geistlicher zweimal strafversetzt worden sei. Die Versetzung aus Blücher im Kreis Hagenow sei veranlasst worden, weil sich ein Konfirmand, der von Pfarrer Maercker aus dem Unterricht verwiesen wurde, erhängt habe.[637] Die eingeleiteten Ermittlungen ergaben jedoch, dass Maercker aus Blücher vor 1945 wegen seiner aktiven Gegnerschaft zum Nationalsozialismus versetzt worden war.[638] Die zweite Versetzung des Geistlichen geschah auf eigenem Wunsch.[639]

Inzwischen ging beim Pampower Bürgermeister Haferkamp die Information ein, dass »der Pfaffe Maerker [sic!] von allen Personen aus Pampow, die das Gebiet der DDR illegal verlassen, eine Beurteilung nach Westdeutschland geben« würde. Daraus schlussfolgerte Haferkamp, der Pfarrer stehe mit entsprechenden westdeutschen Dienststellen in Verbindung.[640]

Im August untersuchte der Leiter der Schweriner Abteilung V des MfS das Material, das ihm zu Maercker vorgelegt wurde, und stellte dabei keine Zu-

634 Informationsbericht des Volkspolizeikreisamtes an die Bezirksbehörde Deutsche Volkspolizei, Abt. PM vom 2.7.1954; ebenda, Bl. 6.

635 Informationsbericht zur Feindarbeit – Kirche der VP vom 16.5.1955; ebenda, Bl. 11.

636 Ebenda.

637 Bericht des Unterleutnants Bloßfeld über ein Treffen mit Pastor Kruse in Wüstmark am 22.3.1956; BStU, MfS, BV Schwerin, AOP 102/57, Bl. 15–17.

638 Bericht über ein Gespräch zwischen Unterleutnant Bloßfeld und GI »Kaufmann« am 25.6.1956; ebenda, Bl. 22.

639 Auskunft der Kreisdienststelle Altentreptow über Pastor Otto Maercker vom 28.6.1956; ebenda, Bl. 26.

640 Bericht des Bürgermeisters von Pampow über Propst Maercker vom 28.6.1956; ebenda, Bl. 39.

sammenarbeit des Pastors mit einer »feindlichen westdeutschen Organisation« fest.[641]

Im August 1956 gab Kruse schriftlich über ein Gespräch Auskunft, das er mit Maercker geführt hatte. Der Propst habe ihm dabei auf die Frage, ob Kinder, die an der Jugendweihe teilgenommen hätten, wieder ihre kirchlichen Rechte erhalten könnten, mitgeteilt, dass dazu vor der Gemeinde schriftlich oder mündlich die Teilnahme an der Jugendweihe bedauert werden und die Abgabe der Jugendweihegeschenke erfolgen müsse.[642]

Otto Maerckers Verhalten blieb auch weiterhin aufsehenerregend. Man beschwerte sich mehrfach über sein hartes Durchgreifen im Konfirmationsunterricht. Wie stark der Geistliche durch seine Haltung zur Jugendweihe aufgefallen war, zeigt ein Aufruf des Ortsausschusses für Jugendweihe in Pampow vom 30. März 1956. In dem gedruckten Blatt, das die Überschrift »Klarstellung! über die Bedeutung der Jugendweihe und zum Verhalten des Herrn Propst Maercker« trug, wurden die Einwohner Pampows aufgerufen, »sich gegen das undemokratische Verhalten der Beschränkung der Glaubens- und Gewissensfreiheit durch den Probst[643] Maercker zu wenden«. Man warf ihm unzulässigen Druck auf Eltern und Jugendliche vor, um sie von der Teilnahme an der Jugendweihe abzuhalten und behauptete, der Geistliche selbst erhebe, um sein Ziel zu erreichen, die Forderung »Entweder Konfirmation oder Jugendweihe«. Ferner hielt man ihm vor, die Konfirmationsausweise erst nach der Schulentlassung auszuhändigen und Kinder, die an den Jugendstunden teilnahmen, vom Konfirmandenunterricht auszuschließen und nicht zu konfirmieren.[644]

Am 3. Oktober 1957 verstarb die Tochter des Holthusener LPG-Vorsitzenden, Edeltraud Anderson,[645] im Alter von 19 Jahren in der Tbc-Heilstätte Lankow. Aus den verschiedenen Berichterstattungen ergibt sich folgendes Bild: Nach Angaben ihres Vaters habe Edeltraud ihn im Frühjahr 1957 darum gebeten, an der Konfirmation teilnehmen zu können. Seine telefonisch vorgebrachte Bitte, das Mädchen an der kommenden Konfirmation teilnehmen zu lassen, sei von Maercker mit dem Hinweis auf den notwendigen zweijährigen Vorbereitungsunterricht abgelehnt worden.[646] Maercker selbst bestritt später bei seiner Vernehmung, vom Vater Edeltrauds in dieser Angelegenheit angerufen worden zu sein. Er selbst habe den gesundheitlichen Zustand des Mädchens gekannt und hätte schon aus diesem Grunde eine Konfirmation nicht abgelehnt. Der

641 Aktenvermerk vom 11.8.1956; ebenda, Bl. 40 f.

642 Schreiben des Pastors Kruse vom 23.8.1956; ebenda, Bl. 24.

643 Anzumerken ist, dass selbst innerhalb des Blattes keine übereinstimmende Schreibung des Wortes Propst/Probst vorliegt.

644 BStU, MfS, BV Schwerin, AOP 102/57, Bl. 94 f.

645 Geb. am 28.11.1937.

646 Protokoll zur Vernehmung des Vaters der Verstorbenen vom 14.11.1957; BStU, MfS, BV Schwerin, AU 69/57, Bd. 2, Bl. 80–87.

Geistliche habe die Mutter sogar am Tage des Todes ihrer Tochter gefragt, warum sie die Verstorbene nicht konfirmieren ließe. Auf die Antwort der Frau, dass Edeltraud für eine Konfirmation schon zu alt sei, habe er ihr gesagt, dass niemand dafür zu alt sei.[647]

Um der Schwerkranken eine kurzfristige Teilnahme an der Jugendweihe zu ermöglichen, wandten sich die Eltern an den Demokratischen Frauenbund Deutschlands. Am 5. Mai nahm Edeltraud Anderson an der Jugendweihefeier in Stralendorf teil. Noch am Sterbetag des Mädchens sprach dessen Mutter bei Otto Maercker wegen der kirchlichen Bestattung vor. Der Geistliche habe jedoch eine kirchliche Beerdigung der Verstorbenen wegen deren Teilnahme an der Jugendweihe abgelehnt und außerdem auf bestehende Kirchensteuerrückstände hingewiesen. Da die Verstorbene ihre Rechte als Kirchenmitglied verloren habe, stünde zur Benutzung zwar die Leichenhalle, nicht aber die Friedhofskapelle zur Verfügung. Auf die Frage der Mutter, ob der Geistliche der Nachbarpfarrei Wittenförden die Beerdigung durchführen könne, habe Maercker mitgeteilt, dass dies möglich sei, wenn dieser Geistliche über die Teilnahme der Verstorbenen an der Jugendweihe informiert werde und er sich mit dem Propst vorher in Verbindung setzen würde. Der Wittenfördener Pfarrer insistierte jedoch, als er von Edeltrauds Vater aufgesucht wurde, auf eine entsprechende Anweisung der Kirchenleitung. Diese wollte nicht in den Kompetenzbereich Maerckers eingreifen und teilte den Angehörigen der Verstorbenen mit, dass der Propst in solchen Angelegenheiten allein innerhalb der Gemeinde entscheide. Auch die Vergabe des Bestattungsplatzes für die Verstorbene erregte bei den Eltern Anstoß. Edeltraud Anderson sollte am äußersten Rand des Friedhofes bestattet werden. Am 4. Oktober sprach das Ehepaar Anderson beim Rat des Kreises Schwerin vor und bat um die Bestellung eines Grabredners. Dort nahm man sich der Sache sofort an. Als Grabredner stellte sich der Kreistagsabgeordnete Rausch zur Verfügung. Auch für einen Bestattungsplatz in der ordentlichen Reihenfolge der Vergabe wurde gesorgt. Die Holthusener Friedhofskapelle wurde nicht zur Verfügung gestellt. Die Trauerfeier für Edeltraud Anderson fand am 6. Oktober im Hause ihrer Eltern statt, in dem die Verstorbene eine Stunde zuvor aufgebahrt worden war.[648]

In den folgenden Tagen brach eine Flut von Artikeln der ostdeutschen Presse über die Bevölkerung herein.[649] Dabei richtete sich die forcierte Empörung der Werktätigen über den »NATO-Prediger« immer mehr gegen »die Hetze der

647 Protokoll zur Vernehmung Otto Maerckers vom 16.11.1957; ebenda, Bl. 161–169.

648 Über die Ereignisse liegt ein Bericht, der offenbar von einem beauftragten Mitglied der Gemeindevertretung Holthusen am 25.10.1957 angefertigt wurde, vor (BStU, MfS, BV Schwerin, AOP 102/57, Bl. 50–52). Außerdem stützt sich der Verfasser auf die Vernehmungsprotokolle des Vaters der Verstorbenen (BStU, MfS, BV Schwerin, AU 69/57, Bd. 2, Bl. 80–87) und des Propstes Otto Maercker (ebenda, Bl. 161–169).

649 Vor allem in der *Schweriner Volkszeitung* und im *Neuen Deutschland*.

evangelischen Kirchenleitung gegen die Jugendweihe«. In unsachlicher Weise kamen Lehrer in Pressebeiträgen zu Wort und forderten den Schluss der feindlichen Tätigkeit der Kirchenleitung.[650] Man überzog Maercker mit allen Formen der Beschimpfungen, brachte alle vermeintlichen Vergehen der Kirche wie die behaupteten Währungsschiebereien von Kurt Grünbaum und Siegfried Klewitz mit Otto Maercker in Verbindung und forderte den »Schluß mit den Machenschaften einer reaktionären Geistlichkeit«.[651] Auch die Gefühle der Mütter wollten die Verfasser der Artikel erreichen, indem sie ein altes »Mütterchen« mit »Tränen in den Augen« die Frage aufwerfen ließen, ob man sich im finsteren Mittelalter befinde[652] oder den echten, vielleicht auch fiktiven Leserbrief einer Frau aus Parchim veröffentlichten, in welchem es hieß: »Meine ganze Verachtung richtet sich gegen diesen kirchlichen Würdenträger. Diese Tat werden ihm die Mütter nie verzeihen.«[653] Nicht ganz zu Unrecht vertrat Oberkirchenrat Fränkel später die Meinung, dass die Presseartikel zur Verhaftung des Geistlichen führten.[654]

Erst nach diesen Ereignissen eröffnete die Abteilung V der Bezirksverwaltung Schwerin am 11. Oktober gegen den Propst einen Operativvorgang. Als Grund wurde überraschend kurz angegeben, dass Otto Maercker »laufend eine wüste Hetze gegen die Deutsche Demokratische Republik« betreibe und versuche, »gegenüber Bürgern der DDR Gewissenszwang auszuüben«.[655] Die eilends eingeleiteten Ermittlungen brachten nur nebensächliche Ergebnisse. Selbst die Nachfrage beim örtlichen Schulleiter ergab nur ein vages Resultat. Nichtsdestoweniger wurde durch den Abteilungsleiter angeordnet, zwei Einzelbauern und ein ehemaliges Kirchengemeinderatsmitglied »zeugenschaftlich zu vernehmen«, um »das vorhandene Material nun schnellstens beweiskräftig zu machen«.[656] Das Handeln des MfS in den nächsten vier Tagen war unkoordiniert und blieb ergebnislos.

Da sie der Meinung war, dass »man schnellstens gegen Maercker etwas unternehmen muß«, ließ die Generalstaatsanwaltschaft beim MfS bezüglich des Bearbeitungsstandes der »Sache« Maercker nachfragen.[657] Am 28. Oktober ge-

650 So im *Neuen Deutschland* vom 29.10.1957 in dem Beitrag »Werktätige über NATO-Prediger empört«; BStU, MfS, BV Schwerin, AOP 102/57, Bl. 96.

651 »Schluß mit den Machenschaften einer reaktionären Geistlichkeit!«. In: Schweriner Volkszeitung, Nr. 253 v. 30.10.1957, S. 3; ebenda, Bl. 102.

652 »Wann werden die Konsequenzen gezogen?«. In: Schweriner Volkszeitung v. 26./27.10.1957; ebenda, Bl. 91.

653 Leserbriefe: »Keine Toleranz für unmenschlichen Pfarrer«. In: Schweriner Volkszeitung v. 28.10.1957; ebenda, Bl. 89.

654 BStU, MfS, BV Dresden, AOP 219/60, Bd. 4, Bl. 69.

655 Beschluss über das Anlegen eines Operativvorganges gegen Otto Maercker vom 11.10.1957; BStU, MfS, BV Schwerin, AOP 102/57, Bl. 44 f.

656 Aktenvermerk der Abteilung V vom 24.10.1957; ebenda, Bl. 46 f.

657 Aktennotiz vom 26.10.1957; ebenda, Bl. 53.

gen 21.00 Uhr begann die Abteilung VIII der Schweriner Bezirksverwaltung die Beobachtung des Propstes am Pampower Pfarrhaus. Der Geistliche und seine Frau wurden observiert, als sie sich am Morgen des 29. Oktobers mit dem Bus nach Schwerin begaben, dort im Vorbeigehen im Aushängekasten des *Neuen Deutschlands* einen Artikel über den »NATO-Prediger« lasen, zunächst empört waren, dann lachten und sich in das Gebäude der Domgemeinde begaben. Anschließend wurde beobachtet, wie sich das Ehepaar trennte und der Propst das Gebäude des Oberkirchenrates betrat. Um 11.50 Uhr verließ Maercker das Gebäude und wurde um 12.10 Uhr durch »die Mitarbeiter der Abteilung VIII in der Werderstr. festgenommen«.[658]

Am Abend des gleichen Tages fand in Pampow eine außerordentliche Sitzung der Gemeindevertretung statt. Einziger Tagesordnungspunkt war die »Stellungnahme zum Verhalten des Herrn Propst Maercker«.[659] Die Gemeindevertretung fasste den Beschluss, von der Landeskirche Mecklenburg die sofortige Ablösung des Propstes zu fordern. Begründet wurde dies damit, dass der »Propst Maercker kategorisch die Forderung erhebe »entweder Konfirmation oder Jugendweihe«« und damit die Verfassung der DDR offen verletze. Mit der von ihm begangenen unmenschlichen Handlungsweise wolle er »das Rad der Geschichte zurückdrehen« und sich gegen den Fortschritt stellen. Die Gesamtheit der Vorfälle zeige deutlich, dass »es sich um eine Kette reaktionärer Handlungen vonseiten des Herrn Propst Maerckers« handele.[660]

Wie um Versäumtes nachzuholen, nahm der Staatssicherheitsdienst noch am Tag der Verhaftung des Propstes drei tendenziös abgefasste Berichte Geheimer Informatoren entgegen, in denen von verschiedenen Bürgern ein hartes Vorgehen gegen den Geistlichen gefordert wurde. Der Leiter der Zentralschule Warsow habe verlangt, dass man »solche Gauner« einsperre und ein Schlosser bemerkt, dass die Zeiten vorbei seien, in denen »die Hunde« dächten, sie könnten machen, was sie wollen.[661] Durch einen Bauern aus Lehmkuhl sei die Frage aufgeworfen worden, wie »solch ein Untier Seelsorger sein« könne.[662] Im LPG-Büro Wüstmark habe man schon am Tag der ersten Presseveröffentlichung zum Fall Maercker die Forderung vernommen, dass man dem Propst »eins braten« müsse.[663]

658 Beobachtungsbericht der Abt. VIII für den 28. und 29. Oktober 1957; ebenda, Bl. 74 f.

659 Protokoll der 6. Sitzung der Gemeindevertretung der Gemeinde Pampow am 29.10.1957; ebenda, Bl. 69–71.

660 Beschluss der Gemeindevertretung der Gemeinde von Pampow vom 29.10.1957; ebenda, Bl. 72 f.

661 Bericht des GHI »Claus« vom 29.10.1957; ebenda, Bl. 85.

662 Bericht des GI »Tuch« vom 29.10.1957; ebenda, Bl. 87.

663 Bericht des GI »Hans-Otto« vom 29.10.1957; ebenda, Bl. 86.

Am 30. Oktober wurde in der *Schweriner Volkszeitung* nochmals zusammengefasst, was man über den Geistlichen ausfindig machen konnte. Sehr groß sei die Langmut der Bürger bis jetzt gewesen, »aber der Krug ist lange genug zu Wasser gegangen, nun ist er gebrochen«. [664]

Am 18. Dezember 1957 wurde der Operativvorgang gegen Maercker eingestellt.[665] Bereits am 29. Oktober war vom MfS ein Untersuchungsvorgang gegen den Geistlichen eingeleitet worden.[666] Noch am gleichen Tage ersuchte Staatsanwalt Uhlig den Haftrichter des Kreisgerichtes Schwerin, gegen den Propst einen Haftbefehl zu erlassen. Dem Geistlichen wurde vorgeworfen, sich gegen die in der »Verfassung geschützten Rechte aller Bürger der Deutschen Demokratischen Republik, insbesondere der Gleichberechtigung« vergangen zu haben. Außerdem lägen Verbindungen des Verdächtigten zu Westberliner und westdeutschen Dienststellen vor, denen er Beurteilungen über Republikflüchtlinge zukommen lassen habe. Da es sich beim Vergehen Maerckers um ein »Verbrechen nach Artikel 6« der Verfassung der DDR handele und aufgrund der zu erwartenden Freiheitsstrafe von mehr als zwei Jahren ein »Fluchtverdacht« bestehe, forderte der Staatsanwalt, einen Haftbefehl auszustellen.[667]

Der Richter des Kreisgerichtes folgte in seinem Haftbefehl den Vorgaben des Staatsanwaltes.[668] Mit der Anschuldigung des Verbrechens nach Artikel 6 der Verfassung der DDR, die mit der Verweigerung der Beerdigung eines jugendgeweihten Mädchens, mit weiteren Äußerungen gegen die Jugendweihe sowie mit Handlungen der Beihilfe zur Republikflucht untermauert wurde, ist eine direkte Achse zwischen MfS, Staatsanwaltschaft und Kreisgericht erkennbar, die sich durch das weitere Verfahren ziehen sollte.

Neben dem Haftbefehl, der die Grundlage für die reguläre Verhaftung bildete, erließ die Schweriner Abteilung V am gleichen Tag gegen Maercker einen Haftbeschluss,[669] der, obwohl strafverfahrensrechtlich nicht vorgeschrieben, das Vorgehen innerhalb des MfS absichern sollte.[670]

664 »Schluß mit den Machenschaften einer reaktionären Geistlichkeit!«. In: Schweriner Volkszeitung, Nr. 253 v. 30.10.1957, S. 3; ebenda, Bl. 102.

665 Beschluss über das Einstellen des Operativvorganges »Strolch« vom 18.12.1957; ebenda, Bl. 107.

666 Verfügung des Leiters der BV Schwerin Rudolf Vödisch über die Anordnung der Einleitung eines Untersuchungsverfahrens gegen Otto Maercker vom 29.10.1958; BStU, BV Schwerin, AU 69/57, o. Bd.-Nr., Bl. 7 f.

667 Schreiben des Staatsanwaltes Uhlig, Staatsanwaltschaft Schwerin, Abt. I, an den Haftrichter des Kreisgerichtes Schwerin vom 29.10.1958; ebenda, Bl. 9. Dringender Tat- und Fluchtverdacht oder Verdunklungsgefahr waren bei Strafverfahren des MfS allgemeine Voraussetzungen für die Anordnung einer Untersuchungshaft. Vgl. Das MfS-Lexikon, S. 342.

668 Haftbefehl vom 29.10.1958; BStU, BV Schwerin, AU 69/57, o. Bd.-Nr., Bl. 10.

669 Haftbeschluss gegen Otto Maercker vom 29.10.1957; BStU, MfS, BV Schwerin, AU 69/57, Bd. 1, Bl. 38.

670 Vgl. Das MfS-Lexikon, S. 128.

Die Festnahme Maerckers wurde durch Mitarbeiter der Abteilung VIII wie folgt dokumentiert: Nachdem der Propst die Dienststelle des Oberkirchenrates in Schwerin gegen 11.55 Uhr verließ, und sich in Richtung Werderstraße begab, wurde er an der nächsten Kreuzung einer DPA-Kontrolle unterzogen und aufgefordert, in den vorgefahrenen Pkw zu steigen. Nach anfänglichem Stutzen kam er der Aufforderung nach. Während der Fahrt zur Untersuchungshaftanstalt wurde ihm »eröffnet, daß er verhaftet sei«.[671]

Als dem Geistlichen am folgenden Tag um 20.15 Uhr der Haftbefehl verkündet wurde, wies er alle gegen ihn vorgebrachten Vorhaltungen von sich.[672] Eine von ihm eingelegte Haftbeschwerde[673] wies Staatsanwalt Wagner am 7. November zurück.[674]

Zahllose Beschuldigten- und Zeugenvernehmungen, eine Hausdurchsuchung und Ermittlungen zur Vergangenheit des Geistlichen wurden zur Stützung der Anschuldigungen hinzugezogen. Im Schlussbericht zum Untersuchungsvorgang wurde dem Propst vorgeworfen, »fortgesetzt gegen die verfassungsmäßig garantierte Gleichberechtigung und Glaubensfreiheit der Bürger« verstoßen und »durch staatsfeindliche Propaganda gegen die sozialistische Ordnung« in der DDR versucht zu haben, Bürger zu beeinflussen. Diese Anschuldigungen bezogen sich im Wesentlichen auf jene Handlungen und Aussagen des Pfarrers, die im Zusammenhang mit der Jugendweihe standen. Es sei festgestellt worden, dass er seit 1954 »eine sogenannte »Abwehr« gegen die Jugendweihe in der Deutschen Demokratischen Republik« durchgeführt habe. Auf das Verhalten Maerckers nach dem Tod Edeltraud Andersons wurde in besonderer Weise hingewiesen. Außerdem wurde dem Propst zur Last gelegt, »flüchtig gewordene Personen« durch Anfertigung von Beurteilungen, die er an die Auswanderermission des Evangelischen Hilfswerkes in Stuttgart gesandt habe, unterstützt zu haben. Damit schien für das MfS der Tatbestand der »Verbrechen nach Artikel 6 der Verfassung der Deutschen Demokratische Republik« erfüllt gewesen zu sein.[675]

Am 3. Dezember bat die Abteilung IX der Bezirksverwaltung Schwerin die Hauptabteilung IX/4 des MfS um die Genehmigung, die Hauptverhandlung gegen Otto Maercker vor dem 1. Strafsenat des Bezirksgerichtes Schwerin »vor erweiterter Öffentlichkeit« durchführen zu dürfen. Begründet wurde dieses An-

671 Bericht über die Verhaftung Otto Maerckers am 29.10.1957; BStU, MfS, BV Schwerin, AU 69/57, Bd. 1, Bl. 41.

672 Bericht über die Verkündung des Haftbefehls vom 30.10.1957; BStU, MfS, BV Schwerin, AU 69/57, o. Bd.-Nr., Bl. 15–17.

673 Haftbeschwerde Otto Maerckers an den Staatsanwalt des Bezirkes Schwerin, Abteilung I vom 5.11.1957; ebenda, Bl. 20.

674 Schreiben des Staatsanwaltes des Bezirkes Schwerin vom 7.11.1957; ebenda, Bl. 21.

675 Schlussbericht der Bezirksverwaltung Schwerin zum Untersuchungsvorgang vom 30.11.1957; BStU, MfS, BV Schwerin, AU 69/57, Bd. 2, Bl. 364–390.

sinnen damit, dass »fast alle Zeitungen der Deutschen Demokratischen Republik mehr oder weniger ausführlich über die Straftaten des Beschuldigten berichtet haben« und so ein großes Interesse unter der Bevölkerung bestehe.[676]

Im Mittelpunkt der Anklageschrift des Bezirksstaatsanwaltes vom 4. Dezember standen die Verweigerung der kirchlichen Beerdigung Edeltraud Anderssons und die generelle Ablehnung der Jugendweihe durch Otto Maercker. Der Geistliche räumte bei der Verhandlung drei Formen der »Abwehr« gegen den Ritus durch seine Person ein: die Predigt von der Kanzel, das Vorgehen im Konfirmationsunterricht und Besuche bei den Konfirmandeneltern. Der Ankläger beantragte die Eröffnung des Hauptverfahrens und die Fortdauer der Untersuchungshaft des Geistlichen.[677] Der Vorsitzende des I. Strafsenates des Bezirksgerichtes Schwerin folgte dem Antrag des Bezirksstaatsanwaltes mit seinem Beschluss vom 5. Dezember 1957.[678]

Vier Tage später unterzeichnete der eben erst zum Minister für Staatssicherheit ernannte Erich Mielke[679] den Vorschlag über die Hinzuziehung einer erweiterten Öffentlichkeit bei der Hauptverhandlung gegen Otto Maercker. Die von der Schweriner Abteilung IX vorgebrachten Empfehlungen wurden von dem Minister erweitert. Es sollten Mitarbeiter der Abteilung Agitation des MfS zur Verhandlung entsendet werden, um die Anleitung der Pressevertreter zu übernehmen. Auf diese Weise könne »durch eine öffentliche Verhandlungsführung gegen MAERCKER und eine qualifizierte propagandistische Auswertung« die »insbesondere in der Bezirkspresse Schwerin durchgeführte Pressekampagne erfolgreich zum Abschluß gebracht werden« und den christlichen Teilen in der Bevölkerung die Verwerflichkeit des Handelns des Propstes aufgezeigt und »andere reaktionäre Geistliche in die Schranken gewiesen« werden.[680]

Der Prozess fand vom 16. bis zum 18. Dezember 1957 vor dem 1. Strafsenat des Bezirksgerichtes Schwerin statt. »Auf Vorzeigen von Einlaßkarten« wurde eine begrenzte Öffentlichkeit zum Verfahren zugelassen. Neben Pressevertretern, Bürgern aus den Kirchgemeinden des Geistlichen, Vertretern der Bezirksstaatsanwaltschaft, des Bezirksgerichtes und der Bezirksleitung der SED nahmen zehn »Personen vom MfS« an dem Gerichtsverfahren teil. Propst Maercker hatte sich in keinem der Anklagepunkte für schuldig erklärt. Da sich »nicht

676 Schreiben des stellvertretenden Leiters der Schweriner Abt. IX an die HA IX/4 vom 3.12.1957; ebenda, Bl. 391–393.

677 Anklageschrift des Staatsanwaltes des Bezirkes Schwerin vom 4.12.1957; BStU, MfS, BV Schwerin, AU 69/57, Gerichtsakte, Bl. 2–20.

678 Beschluss des Vorsitzenden des I. Strafsenates des Bezirksgerichtes Schwerin vom 5.12.1957; ebenda, Bl. 22 f.

679 Erich Mielke wurde am 1. November 1957 zum Minister für Staatssicherheit ernannt.

680 Von Erich Mielke unterzeichneter Vorschlag zur Hinzuziehung einer erweiterten Öffentlichkeit bei der Hauptverhandlung gegen Otto Maercker vom 6.12.1957. Verfassende Abteilung des Schreibens nicht erkennbar; BStU, MfS, BV Schwerin, AU 69/57, Bd. 2, Bl. 394–396.

der Propst MAERCKER auf der Anklagebank befand, sondern der Bürger MAERCKER«, wurde ihm die Möglichkeit genommen, sein Handeln wenigsten in Teilen als Erfüllung seiner Amtspflicht auszulegen. Am 19. Dezember erfolgte die Urteilsverkündung.[681]

Schon vor Prozessende gingen Schreiben beim Bezirksgericht Schwerin ein, in denen eine harte Bestrafung des Geistlichen gefordert wurde. So verlangte eine Haus- und Hofgemeinschaft in Krakow am See »die mindeste Strafe von fünf Jahre Zuchhaus und 7 Jahre Ehren verlust« [sic!].[682] Die Unterzeichneten einer Protestresolution der NVA-Panzerschule Großenhain forderten »eine härtere, abschreckendere Bestrafung« des Seelsorgers.[683]

Propst Otto Maercker wurde »wegen Verbrechens nach Artikel 6 der Verfassung der Deutschen Demokratischen Republik« zu einer Zuchthausstrafe von zwei Jahren und sechs Monaten verurteilt. Ihm wurde ferner auf Dauer untersagt, »im öffentlichen Dienst oder in leitenden Stellen im wirtschaftlichen und kulturellen Leben tätig zu sein«. Außerdem verlor er das aktive und passive Wahlrecht und hatte die Kosten des Verfahrens zu tragen. Die 24-seitige Begründung der Urteilsfindung richtete sich an den Ergebnissen der Untersuchungen des MfS aus.[684]

Am 21. Februar 1958 trat Propst Otto Maercker seine Haft in der Strafvollzugseinrichtung Waldheim an. Er wurde am 19. Februar 1960 von dort entlassen.[685]

681 Bericht über den Verlauf des Prozesses gegen den Beschuldigten Otto Maercker vom 23.12.1957; ebenda, Bl. 399–401.

682 Schreiben einer Haus- und Hofgemeinschaft aus Krakow am See vom 18.12.1957; BStU, MfS, BV Schwerin, AU 69/57, Gerichtsakte, Bl. 328.

683 Protestresolution der NVA-Panzerschule Großenhain vom 19.12.1957; ebenda, Bl. 329.

684 Vom Bezirksgericht Schwerin beglaubigte Abschrift des Urteils über Otto Maercker und der Begründung, rechtskräftig und vollstreckbar mit Ablauf des 27.12.1957; ebenda, Bl. 301–326.

685 Als »Anmerkung 156« gekennzeichnete Aktennotiz o. D.; BStU, MfS, HA VII/8, ZMS, Nr. 395/81, Bd. 1, Bl. 278.

9. Schwindende Einheitlichkeit beim Entweder-oder – Das Jugendweihejahr 1958/1959

9.1 Überblick

Auch im Jugendweihejahr 1958/59 überschlugen sich kirchenpolitische Ereignisse. Vorrangiges Ziel der SED-Kirchenpolitik war weiterhin die Entfernung des Berlin-Brandenburgischen Bischofs Otto Dibelius aus dem Einflussbereich der ostdeutschen evangelischen Kirche. Dadurch glaube man, den Weg für die Errichtung einer eigenen Kirchenkanzlei der Evangelischen Kirche in der DDR sowie eine eindeutige Loyalitätserklärung der Kirche gegenüber dem SED-Staat bereiten zu können.

In die Zeitfolge der Geschehnisse und von der Partei eingewoben in die Realisierung ihrer Pläne fügte sich die Jugendweiheproblematik unübersehbar in das Gesamtbild ein. Ganz auf der Linie der Sonneberger Rede verfügte Ministerpräsident Grotewohl im Februar 1958 die Unterstützung der Jugendstunden und der Jugendweihe durch die Leiter und Mitarbeiter staatlicher Organe. Schulleiter, Leiter naturwissenschaftlicher Institute und kultureller Einrichtungen sollten dazu Hilfe und Unterstützung gewähren.[686] Wie auf der Politbürositzung im Oktober 1957 beschlossen, fand im Frühjahr 1958 eine neue Gelöbnisformel bei den Jugendweihen Verwendung. Die Jugendlichen erklärten sich fortan bereit, »ihre ganze Kraft für die große und edle Sache des Sozialismus einzusetzen«.[687] An diesen vierten Jugendweihefeierlichkeiten nahmen DDR-weit 44,1 Prozent der infrage kommenden Jugendlichen teil. Dabei lagen die Zahlen der Jugendgeweihten in den Großstädten wie Leipzig mit 80,8[688] und Magdeburg mit 83,3[689] Prozent weit über dem Durchschnitt. Mit Befriedigung meinte Willi Barth, zuständig für Kirchenfragen im Zentralkomitee der SED, Anhaltspunkte feststellen zu können, aus denen ersichtlich sei, dass »in der Haltung zum Entweder-oder-Standpunkt keine so feste Einheitlichkeit mehr« bestehe. Dabei nahm er auch auf die Ergebnisse der Thüringischen Landessynode

686 Raabe: Jugendweihe als Instrument, S. 56.
687 Wentker: Einführung, S. 163.
688 Wilhelm: Die Diktatur und die evangelische Kirche, S. 410.
689 Kaltenborn: Magdeburger Schüler, S. 312.

im Oktober 1957 und der außerordentlichen Synode der Landeskirche Thüringen im Januar 1958 Bezug.[690]

Die wachsenden Konflikte in den Beziehungen zwischen Staat und Kirche machten Gespräche auf höchster Ebene unumgänglich. In einem Schreiben an Grotewohl, das zunächst unbeantwortet blieb, baten die Kirchenleitungen um ein gemeinsames Treffen. Am 17. Mai 1958 teilte der Ministerpräsident mit, dass er Vertreter der evangelischen Kirche, die außerhalb der DDR ihren Wohnsitz hätten, nicht empfangen werde. Damit war vor allem Otto Dibelius von dem möglichen Treffen ausgeschlossen. Erst nachdem die Ostkirchenkonferenz eine Delegation zusammengestellt hatte, deren Mitglieder ausschließlich Vertreter der Kirchen in der DDR waren, fanden im Juni und Juli Gespräche zwischen Grotewohl und den Kirchenvertretern hinter verschlossenen Türen statt.[691] Der noch im Februar von Bischof Mitzenheim im Zusammenhang mit der Jugendweihe erneut erhobene Vorwurf der Verletzung der Grundsätze der Verfassung,[692] der allenthalben im Raum stand, wurde bei den Treffen nur scheinbar aus dem Weg geschafft. Als Ergebnis der Verhandlungen erschien am 21. Juli 1958 eine Pressenotiz, die in der Folge als »Kommuniqué« bezeichnet wurde. Die Kirchenvertreter nahmen diesem Text zufolge den erhobenen Vorwurf des Verfassungsbruches zurück und akzeptierten in der DDR die Entwicklung zum Sozialismus.[693] Schon hier und anderenorts entstand der Eindruck, Bischof Mitzenheim sollte als »einziger kirchlicher Verhandlungspartner des Staates aufgebaut werden«.[694]

Neben dem Kommuniqué konnten die SED-Politiker zwei weitere auch die Jugendweihefrage tangierende Erfolge registrieren. Zum einen wurde die Prager »Christliche Friedenskonferenz« unter der Leitung von J. L. Hromádka im Jahr 1958 gegründet, die als Pendant zum westlich ausgerichteten »Ökumenischen Rat der Kirchen« gesehen wurde. Zum anderen schlossen sich im Juli des gleichen Jahres regimenahe Geistliche zum »Bund Evangelischer Pfarrer in der DDR« zusammen.[695] Beide Vereinigungen erwiesen sich hinsichtlich der Jugendweihe als Gegner des Entweder-oder-Standpunktes der evangelischen Kirche.

Am 27. August 1958 wurde von der Ostkonferenz ein Vorschlag formuliert, der zwar an der Unvereinbarkeit von Konfirmation und Jungendweihe festhielt, jedoch ein Vorgehen in dieser Problematik forderte, das »mit seelsorglicher Barmherzigkeit gepaart sein« sollte. Die Konferenz empfahl, künftig Ju-

690 Besier: SED-Staat. Weg in die Anpassung, S. 255.
691 Pollack: Kirche in der Organisationsgesellschaft, S. 149.
692 Diederich: SED und Jugendweihe, S. 37.
693 Pollack: Kirche in der Organisationsgesellschaft, S. 149.
694 Wie z. B. von Besier u. a. vermutet. Vgl. Besier: SED-Staat. Weg in die Anpassung, S. 328.
695 Besier; Wolf: »Pfarrer, Christen und Katholiken«, S. 16.

gendliche auch dann nicht vom kirchlichen Unterricht auszuschließen, wenn deren Teilnahme an den Jugendstunden für die Jugendweihe bekannt war. An dem bisher üblichen zweijährigen Konfirmationsunterricht hielt man fest. Im Anschluss an diese Unterweisung sollte für Jugendliche, die an der Konfirmation teilnahmen, eine weitere vierteljährige »Vorbereitung auf den ersten Empfang des Sakraments stattfinden«.[696] Doch noch bevor die Evangelische Kirche Deutschlands eine einheitliche verbindliche Regelung schaffen konnte, fanden verschiedene Praktiken im Umgang mit Jugendgeweihten Eingang in die einzelnen Gliedkirchen. Dem Vorschlag der Ostkonferenz entsprechend beschloss die Evangelische Landeskirche Sachsens am 21. Oktober, eine entsprechende vierteljährige Zurüstung auf den ersten Abendmahlsgang nur für jene stattfinden zu lassen, die nicht an der Jugendweihe teilnahmen. Jugendgeweihte hingegen sollten erst ein Jahr später konfirmiert werden, unter der Voraussetzung, dass sie ihre Abkehr vom Atheismus durch regelmäßige Teilnahme am kirchlichen Leben unter Beweis gestellt hätten. Die Landeskirche Thüringens legte durch Synodenbeschluss fest, Jugendgeweihte nur noch dann von der Konfirmation zurückzustellen, wenn »dem Pfarrer aus besonderen Anzeichen erkennbar wurde, dass die Kinder mit ihrer etwaigen Beteiligung an der Jugendweihe eine Verleugnung des Evangeliums zum Ausdruck bringen wollten«.[697] Ebenso führten die anderen Landeskirchen eigene Vorgangsweisen ein. Damit war eine Einheitlichkeit der evangelischen Kirche in der Jugendweihefrage nicht mehr gegeben.

Unverändert blieb die Haltung der katholischen Kirche. In einer Besprechung mit Werner Eggerath am 10. Februar 1958 wies der Berliner Bischof Julius Döpfner darauf hin, dass man an der Durchsetzung der Jugendweihe deutlich erkennen könne, »wie es mit der Freiheit der Überzeugung und des Gewissens in der DDR tatsächlich steht«. Bereits im Jahr zuvor hatte der Staatssekretär festgestellt, dass die katholische Kirche seit der Berufung Döpfners nach Berlin ihre »Politik der geschickten Zurückhaltung« aufgegeben habe und den reaktionären Kräften der evangelischen Kirche gefolgt sei.[698] Anders als die der evangelischen blieb die Praxis der katholischen Kirche im Umgang mit Jugendgeweihten einheitlich. Im Falle einer Mitwirkung oder Teilnahme an der Jugendweihe wurde vor einer Wiederzulassung zur Kommunion und zu kirchlichen Ehrenämtern eine textlich vorgegebene Widerrufung vor zwei Zeugen verlangt.[699]

696 Urban; Weinzen: Jugend ohne Bekenntnis, S. 140.
697 Ebenda, S. 146.
698 Besier: SED-Staat. Weg in die Anpassung, S. 252.
699 Pilvousek: Kirchliches Leben, S. 24.

9.2 Betriebsame Wahrnehmungen

Das mit der Fülle der kirchenpolitischen Problemfelder überforderte MfS gab sich zwar allenthalben betriebsam, kam aber über ein allgemeines Bemerken und Registrieren einzelner Phänomene nicht hinaus. So lässt sich aus den von ihm zusammengetragenen Informationen zur Jugendweiheproblematik nur selten eine im breiten Rahmen wirksame Einflussnahme des Sicherheitsdienstes auf die Gegebenheiten erkennen.

Das Interesse des MfS an den Teilnehmerzahlen der Jugendweihe, das noch bei den ersten Feierlichkeiten signifikant war, schien zu schwinden. Die Zahlen konnten offiziellen Quellen entnommen werden. Das Bestreben des Staatssicherheitsdienstes richtete sich mehr und mehr darauf, den von der Regierung beabsichtigten Eindruck der Freiwilligkeit der Jugendweihe zu unterstützen. Doch blieb es auch hier vor allem bei der Informationserhebung.

In ihrer Not wandten sich immer mehr Eltern an die Kirchen und teilten Bedrängnisse ihrer Kinder durch staatliche Stellen wegen deren Nichtteilnahme an der Jugendweihe mit. Im Dezember 1958 forderte die Evangelisch-lutherische Landessynode Sachsens die Gläubigen auf, sie über Fälle von Zurücksetzungen und Schlechterbehandlung Nichtjugendgeweihter zu informieren.[700] Auch die katholischen Bischöfe ließen sich über das Schicksal ihrer Jugendlichen unterrichten. Ein Schreiben des Magdeburger Weihbischofs Rintelen an das Leunaer Pfarramt, das zu Beginn des Jahres 1958 vom MfS einbehalten wurde, zeugt davon, dass der Oberhirte über die Zustände ausreichend informiert und persönlich mit starker Anteilnahme seinen Gläubigen verbunden war. Für Rintelen war es eine »Tatsache«, dass auf die Kinder wegen der Jugendweihe starker Druck ausgeübt wurde. Ihm war bekannt, dass christlich eingestellte Lehrer gezwungen wurden, zwischen ihrer christlichen Weltanschauung und dem marxistischen Sozialismus zu wählen und er bat darum, über Einzelschicksale von Schülern genauer in Kenntnis gesetzt zu werden.[701] Der Staatssicherheitsdienst konnte nicht nur ein wachsames Interesse der Kirchen an den Bedrängnissen der Jugendlichen, der Eltern und der christlichen Lehrer feststellen, bei ihm gingen auch diesbezügliche Berichte seiner Geheimen Mitarbeiter ein. So schätzte der als GI geführte CDU-Kreisvorsitzende von Heiligenstadt, Theodor Weinrich, im April 1958 ein, dass einige Lehrer wegen der Jugendweiheproblematik »in Gewissenskonflikte geraten« seien und es deshalb »noch zu einigen Repub-

700 Abschrift. Innerkirchliche Angelegenheit. Aus dem Weihnachtswort der Ev.-luth. Landessynode Sachsens vom 4.12.1958; BStU, MfS, BV Karl-Marx-Stadt, Abt. XX, Nr. 390, Bl. 55.

701 Schreiben des Weihbischofs Rintelen an das kath. Pfarramt Leuna vom 5.2.1958; BStU, MfS, BV Magdeburg, Abt. XX, ZMA 5224, Bd. 1, Bl. 9.

likfluchten kommen« werde.[702] Doch auch derartige Hinweise gerieten aus dem Blickfeld der Mitarbeiter und gingen in der kaum zu verarbeitenden Informationsfülle unter. Interessen der Bevölkerung waren für den Staatssicherheitsdienst wenig von Belang.

Die bei den Jugendweihefeierlichkeiten 1958 verwendete neue Gelöbnisformel hinterließ in den Materialien, die das MfS zusammentrug, kaum Spuren. Mit der Information des vom MfS als GI »Johannes« geführten Referenten für Kirchenfragen des Bezirkes Erfurt, Rudolf Gotthardt,[703] die Jugendweihe werde auf der kommenden Synode der Thüringischen Landeskirche nicht behandelt werden, da die Kirche nach der Änderung des Gelöbnisses »zu polemisieren« keinen Grund mehr habe, dürfte die Situation völlig verkannt worden sein. Gotthardt hatte sich darüber vom Präsidenten der Thüringischen Synode, Dr. Rudolf Lotz,[704] am 15. April 1958 informieren lassen.[705]

Auch die Gespräche zwischen Vertretern der evangelischen Kirche und der Regierung der DDR im Juni 1958, die in der Kirchengeschichtsschreibung große Aufmerksamkeit erhalten haben, sind von den Mitarbeitern des Staatssicherheitsdienstes kaum registriert worden. Zwar nahmen sie im März 1958 einen diesbezüglichen Brief des thüringischen Landesbischofs an Otto Grotewohl »zur Akte Mitzenheim«, der Inhalt des Schreibens blieb jedoch unbeachtet. Der Bischof wollte mit seinem Brief, in dem der Vorwurf des Verfassungsbruches durch den Staat mehrfach anklingt, auf die Nöte der Kirche aufmerksam machen. Er beklagte die angestrebte Verbindlichkeit der Jugendweihe für alle Jugendlichen und die Beteiligung des Staates an deren Durchführung. Er beanstandete, dass bei den Angriffen gegen die Kirche »den Vertretern der atheistischen Weltanschauung alle propagandistischen Mittel und weitgehend der Staatsapparat zur Verfügung« stünden, während »der christliche Teil der Bevölkerung daran gehindert« werde, »öffentlich in eine sachliche Auseinandersetzung einzutreten«. Christliche Bürger schädige man allein wegen ihres Glaubens in ihrer bürgerlichen Existenz und ihrem Fortkommen. Dies sei ebenso verfassungswidrig wie die dem Bischof bekannten Entlassungen von Lehrern aufgrund ihrer kirchlichen Aktivitäten in Potsdam, Pockau und Eberswalde. Aus all dem werde deutlich, so Mitzenheim, dass »kein Christ mehr Lehrer sein« dürfe. Gegen den Artikel 35 Abs. 1 der DDR-Verfassung, wonach jeder Bürger

702 Bericht über einen Treff mit GI »Franz« vom 3.4.1958; BStU, MfS, BV Erfurt, AIM 1601, Arbeitsvorgang, Bd. 2, Bl. 35–37.

703 Rudolf Gotthardt, Jg. 1920, Referent für Kirchenfragen beim Rat des Bezirkes Erfurt, wurde lt. Auskunftsbericht für die Abt. V/4 am 27.10.1957 geworben. BStU, MfS, AIM 2504/69, Teil P, Bl. 29.

704 Dr. Richard Hugo Rudolf Lotz, 1901–1973, von 1954–1973 Präsident der Synode der Ev.-Luth. Kirche in Thüringen.

705 Bericht über eine Aussprache des GI »Johannes« mit dem Präsidenten der Thüringischen Synode am 15.4.1958; BStU, MfS, AIM 2504/69, Arbeitsvorgang, Bd. 1, Bl. 154–156.

das gleiche Recht auf Bildung und auf freie Wahl seines Berufes hatte, verstoße aus seiner Sicht die Tatsache, dass »Kinder nur dann zur Oberschule zugelassen werden, wenn sie sich der Jugendweihe« unterzögen. Dem Kirchenoberhaupt seien Kirchenkreise bekannt, in denen kein Konfirmand zur Oberschule zugelassen worden sei. Ebenso sei es eine Tatsache, dass Jugendliche bei der Bewerbung um eine Lehrstelle nach ihrer Teilnahme an der Jugendweihe befragt würden. Aufgrund dieser Verletzungen der Grundsätze der Verfassung stelle sich für viele Christen die Frage: »Können wir, die wir aus unserem Glauben heraus für uns die atheistische Weltanschauung ablehnen müssen, noch als Bürger der Deutschen Demokratischen Republik leben, ohne daß uns wesentliche bürgerliche Rechte versagt oder beschnitten werden?« Abschließend bat der Landesbischof in seinem Schreiben den Ministerpräsidenten, Maßnahmen zu treffen, um »den verfassungsmäßigen Schutz der Glaubensfreiheit sicherzustellen«.[706]

Die im Juni 1958 unter Ausschluss der Öffentlichkeit durchgeführten Gespräche auf oberster Kirchen- und Regierungsebene[707] selbst wären offensichtlich vom MfS kaum wahrgenommen worden, wenn der im Vertrauen Mitzenheims stehende Geheime Mitarbeiter »Karl«[708] es nicht darüber informiert und weitere Vorgehensweisen vorgeschlagen hätte. Zunächst setzte er seinen Führungsoffizier davon in Kenntnis, dass es auf einer Sitzung der evangelischen Bischöfe am 28. Mai 1958 heftige Diskussionen zwischen Bischof Dibelius und Propst Grüber einerseits und den anderen Bischöfen der DDR andererseits gegeben habe. Der Berlin-Brandenburgische Bischof habe es strikt abgelehnt, den Wünschen Grotewohls entsprechend nur eine ostdeutsche Kirchendelegation zu den geplanten Gesprächen zuzulassen und empfohlen, »die Anliegen der DDR zähe [zu] ignorieren«. Mitzenheim habe hingegen geraten, die Meinung der Regierung der DDR nicht auf Dauer »in den Wind« zu schlagen, da es die Bischöfe der DDR seien, die die Folgen zu tragen hätten. Außer Bischof Hornig hätten alle übrigen DDR-Bischöfe der Meinung Mitzenheims zugestimmt. Dibelius habe daraufhin die Beratung verlassen. Die Bischofe hätten nun beschlossen, dem Ministerpräsidenten entgegenzukommen, und »eine Delegation als Abordnung der Kirche in der DDR am – vom Gen. Grotewohl vorgeschlagenen Termin – 2. Juni 1958 zu schicken«. In Eisenach angekommen, habe sich Mitzenheim mit den Oberkirchenräten der Landeskirche darüber beraten, »wie er beim Gen. Grotewohl auftreten« solle. Die thüringischen Oberkirchenräte hätten das Verhalten des Landesbischofs begrüßt und Lotz mit der Ausarbeitung einer Er-

706 Abschrift eines Schreibens des Bischofs Mitzenheim im Namen der Konferenz der Evangelischen Kirchenleitungen im Gebiet der DDR an Otto Grotewohl vom 20.3.1958; BStU, MfS, AP 11226/92, Bl. 39–45.

707 Vgl. Besier; Wolf: »Pfarrer, Christen und Katholiken«, S. 13.

708 Gerhard Lotz.

klärung, die der Bischof als Leiter der Delegation beim Ministerpräsidenten vortragen könne, beauftragt.[709]

Der GM »Karl« war es auch, der das MfS über den Verlauf des Gespräches, soweit er selbst davon unterrichtet war, informierte. Bischof Mitzenheim sei von diesem Treffen »ziemlich deprimiert« zurückgekommen, da Grotewohl die von Lotz vorbereitete und vom Thüringer Landesbischof vorgetragene Erklärung zwar angehört habe, darüber jedoch kein Protokoll geführt worden und der Ministerpräsident nicht auf den Vortrag des Bischofs eingegangen sei. Grotewohl habe ihm vielmehr »eine Reihe Vorhaltungen« gemacht. Mitzenheim habe hinterher seinem engen Vertrauten Gerhard Lotz geklagt, er »hätte sich nun mit Dibelius verkracht; habe eine Grundsatzerklärung abgegeben, welche in ihrem Inhalt eine praktische Anerkennung der DDR bedeutet und nun seien ihm nur Vorwürfe gemacht worden«.[710] Die Worte des Thüringer Bischofs beim Ministerpräsidenten wurden später, vor allem von Gerhard Lotz selbst, als Loyalitätserklärung der Kirche gegenüber dem Staat ausgelegt.

Dem Treffen vom 2. Juni folgten Gespräche der Kirchendelegation mit Staatssekretär Eggerath, deren Ziel es aufseiten der Regierung war, Bischof Dibelius als Gegner auszuschalten.[711] Über eine solche Gesprächsrunde, die am 11. Juni 1958 stattfand, berichtete GM »Karl« seinen Führungsoffizier. Bischof Mitzenheim sei von dieser Verhandlung, da sie seiner Meinung nach gut verlief, erfreut zurückgekommen. Hinsichtlich der Jugendweihefrage sei vereinbart worden, dass »die Kirche jeglichen Druck bei den Konfirmanden vermeidet und vom Staat ebenfalls ohne Druck bei der Durchführung der Jugendweihe gearbeitet wird«. Mitzenheim habe sich bemüht, Spitzen, die der Berater der Delegation, Oberkirchenrat Hafa, während des Gesprächs vorgebracht habe, »sofort abzubiegen und zu glätten«. »Karl« machte zudem darauf aufmerksam, dass am 12. Juni eine Ratstagung in Berlin stattfinden werde, auf welcher nochmals das Für und Wider der Gespräche mit der DDR-Regierung verhandelt werden solle. Dabei hänge »viel von der Haltung Mitzenheims« ab. Dieser sei über das Gebaren von Dibelius, nicht zuletzt wegen dessen in Stuttgart vorgebrachter Meinung, im Osten müsse seitens der Kirche weitergekämpft werden, »äußerst verärgert«. Mitzenheim habe zum Ausdruck gebracht, dass »Dibelius, wenn er unbedingt kämpfen will, nach dem Osten ziehen soll, dort kann er kämpfen. Von Stuttgart aus lässt es sich leicht reden«. Es habe dem Geheimen Mitarbeiter viel Kraft gekostet, »Mitzenheim zu einer solchen Haltung zu bewegen«. Hier

709 Auszug aus einem Treffbericht mit »Karl« vom 4.6.1958; BStU, MfS, AP 11226/92, Bl. 30–32.

710 Ebenda.

711 Vgl. Besier: SED-Staat. Weg in die Anpassung, S. 268.

eröffne sich die Möglichkeit, den »Spalt zwischen Mitzenheim und einer Reihe DDR-Bischöfe einerseits und Dibelius andererseits zu vertiefen«.[712]

Die weiteren Verhandlungen zwischen den Vertretern beider Seiten, die mit dem sogenannten Kommuniqué vom Juli 1958 endeten, hatten auf die Jugendweihefrage keine Auswirkungen. Der von Gerhard Lotz angedeutete Versuch einer Beeinflussung der Kirchenleitung und der »Spaltung« innerhalb derselben wurde nicht realisiert. Die Maßnahmen gingen allein von dem Geheimen Mitarbeiter aus. Es bleibt offen, warum die hauptamtlichen Mitarbeiter des MfS auf die Angebote ihres Geheimen Mitarbeiters nicht eingingen.

Auch die Möglichkeit, durch das MfS auf den im Juli 1958 gegründeten Bund Evangelischer Pfarrer und auf diesem Wege auch auf die evangelische Kirche Einfluss zu nehmen, blieb nahezu ungenutzt. Die Vereinigung, deren Gründung den Druck auf die Kirchen, eine Loyalitätserklärung abzugeben, erhöhen sollte,[713] nahm zur Jugendweihe eine entgegenkommende Haltung ein. Das Politbüro der SED hatte am 1. April 1958 empfohlen, den Pfarrerbund durch »Genossen im Büro des Nationalrates der Nationalen Front« in engster Zusammenarbeit mit dem Staatssekretär Eggerath politisch anzuleiten und zu kontrollieren.[714] Der Einsatz des Arnsfelder Pfarrers Erich Schirmer[715], der zunächst als KP »Schirmer« von der Kreisdienststelle Annaberg genutzt wurde, lässt ein Interesse des MfS an dem Pfarrerbund erkennen. Am 20. Juni 1958 wurde der Kreisdienststelle Annaberg die Übergabe der KP an die Abteilung V/4 der Bezirksverwaltung Karl-Marx-Stadt angewiesen. Diese Maßnahme wurde mit der Mitgliedschaft Schirmers im Bund evangelischer Pfarrer in der DDR begründet. Die »zentrale Anleitung des betreffenden« sei erforderlich, weil der Bund »eine große Bedeutung für die Vorbereitung der Pfarrerschaft auf den Kampf gegen die reaktionäre Kirchenleitung« habe.[716] Schon im Mai hatte Schirmer über eine Sitzung des provisorischen Vorstandes der Pfarrervereinigung berichtet, an der er selbst nicht teilnahm. Auf dieser Tagung gab es »größere Auseinandersetzungen«, sodass ihm Wolfgang Caffier[717] geschrieben habe, dass er »fast am zusammenbrechen« gewesen sei. Da Schirmer auch an den kommenden Sitzungen nicht teilnehmen konnte, erhielt er vom MfS die Aufgabe, persönlich mit Caffier Kontakt aufzunehmen, um in Erfahrung zu bringen, »ob und mit welchen

712 Bericht über den Treff mit GM »Karl« vom 11.6.1958 in Berlin; BStU, MfS, AIM 3043/86, Arbeitsvorgang, Bd. 2, Bl. 49–53.

713 Vgl. Mau: Protestantismus, S. 65.

714 Anlage Nr. 8 zum Protokoll Nr. 15/58 der Sitzung des Politbüros des Zentralkomitees am 1.4.1958; Wilke: SED-Kirchenpolitik, S. 381 f.

715 Erich Schirmer, geb. am 8.11.1893, evangelischer Pfarrer in Arnsfeld, Kr. Annaberg, am 1.7.1958 als GI geworben, Deckname: »Max Müller«.

716 Anweisung der Leitung der BV Karl-Marx-Stadt an die KD Annaberg vom 20.6.1958; BStU, MfS, BV Karl-Marx-Stadt, AGI 1858/63, Personalakte, Bl. 85.

717 Wolfgang Caffier, 1919–2004, 1958–1961 Leiter des Bundes evangelischer Pfarrer in der DDR.

Methoden die einzelnen Mitglieder neue Anhänger gewinnen sollen«.[718] Offensichtlich wollte der Staatssicherheitsdienst selbst Informanten in die Gruppe einbringen.

Erich Schirmer, der inzwischen unter dem Decknamen »Max Müller« als Geheimer Informant mit dem MfS zusammenarbeitete, reiste im Sommer im Auftrag der Staatssicherheit nach Weixdorf, um Näheres von Caffier zu erfahren. Zurückgekehrt konnte er berichten, dass der Weixdorfer Pfarrer »mit Liebe bei der Sache ist und im Bund ev. Pfarrer« aufgehe. Für bedenklich hielt »Max Müller« jedoch dessen »enge Fühlung« zum Landesbischof Noth. Caffier lege Wert darauf, dem Oberhirten zu verdeutlichen, dass der Bund politisch nicht instrumentalisiert werde. Der Bischof seinerseits habe ihm seine Befürchtung dargelegt, der Bund werde die Pfarrerschaft spalten.[719] Darüber hinaus berichtete »Max Müller« über die Gründungsversammlung des Bundes Evangelischer Pfarrer, an der er am 1. Juli 1958 in Leipzig teilnahm. Die Anwesenheit von nur 38 Personen[720] habe weit unter den Erwartungen des Geheimen Informators gelegen. Drei der Anwesenden, nach Schirmers Meinung »von den Gegnern geschickt«, hätten gegen den Bund Stellung bezogen. Zum Vorsitzenden sei Wolfgang Caffier und zu seinem Stellvertreter Werner Meinecke gewählt worden. Als Geschäftsführer habe man Hans Rauch eingesetzt. Der Bund Evangelischer Pfarrer sei an diesem Tag mit der Annahme der Satzung gegründet worden.[721]

Im September 1958 trat der Pfarrerbund mit einem »Wort zur Konfirmationsfrage« an die Öffentlichkeit, in dem er eine vermeintliche Vereinbarkeit von Jugendweihe und Konfirmation feststellte.[722] Das Evangelisch-Lutherische Landeskirchenamt Sachsens ließ am 6. November allen Pfarrämtern eine »Stellungnahme zu dem »Wort« des Bundes evangelischer Pfarrer zur Konfirmationsfrage« zukommen. In dem von Rudolf Harzer[723] verfassten Schreiben wurde darauf hingewiesen, dass der Bund evangelischer Pfarrer »nicht die offizielle Vertretung der Pfarrerschaft« sei. Harzer nahm zunächst Bezug auf die in dem »Wort« aufgezeigte »unübersteigliche Grenze« zwischen Marxismus-Leninismus und Christentum. Der Behauptung, »mit dem Jugendweihegelöbnis bekenne sich der Jugendliche nicht zu dieser atheistischen Weltanschauung«, stellte er die damit im Widerspruch stehenden zahllosen Äußerungen gegen-

718 Bericht über einen Treff mit der KP »Schirmer« am 16.5.1958; BStU, MfS, BV Karl-Marx-Stadt, AGI 1858/63, Arbeitsvorgang, Bl. 10.

719 Bericht über den Treff mit GI »Max Müller« am 22.8.1958; ebenda, Bl. 12.

720 Nach Besier: SED-Staat. Weg in die Anpassung, S. 294, wurde der Gründungsaufruf an 6 000 evangelische Pfarrer gesandt. Es erschienen 60 Personen.

721 Bericht über den Treff mit GI »Max Müller« am 22.8.1958; BStU, MfS, BV Karl-Marx-Stadt, AGI 1858/63, Arbeitsvorgang, Bl. 12.

722 Wilhelm: Die Diktatur und die evangelische Kirche, S. 411.

723 Dr. Rudolf Harzer, 1899–1959, bis 1957 Leiter der Kirchenamtsratsstelle Chemnitz, dann Präsident des Landeskirchenamtes Sachsen.

über, die man zur Jugendweihe sonst vernehmen könne. Ferner brachte Harzer seine »Betrübnis« darüber zum Ausdruck, dass »ein Kreis evangelischer Pfarrer ein Wort zur Jugendweihe und Konfirmation veröffentliche, ohne mit einer Silbe von dem harten Druck zu sprechen«, der im Zusammenhang mit der Jugendweihe ausgeübt werde.[724] Ähnliche Worte richtete der Landesbischof selbst an seine »Brüder im Amt« und unterstrich die Unmöglichkeit, den »immer wieder in aller Öffentlichkeit betonten atheistischen Charakter der Jugendweihe so leicht zu übergehen«. Man könne keine Lösung anbieten und dabei den »Kern des Problems« umgehen.[725]

Der Bund selbst befasste sich am 13. November erneut mit der Jugendweihefrage und beauftragte den Schweriner Domprediger Karl Kleinschmidt, mit dem Direktorium für Jugendweihe in Verbindung zu treten, um die Entfernung antichristlicher Aussagen aus den Thesen zur Jugendweihevorbereitung zu erwirken.[726]

Auch die Evangelisch-Lutherische Landessynode Sachsens nahm in ihrem Weihnachtswort des Jahres 1958 auf das »Wort« des Bundes Bezug, mit welchem die »Lage verschleiert und verharmlost« und damit beigetragen werde, »die jungen Christen zur Unwahrheit und zum Abfall« zu verführen.[727] Als überdies auch die Weihnachtskanzelabkündigung des Landeskirchenamtes Sachsen den Beitrag der Pfarrervereinigung thematisierte, teilte Caffier der Kirchenleitung mit, dass er den von ihm geleiteten Bund »zum vierten Male innerhalb weniger Wochen« als »Gegenstand einer kirchenamtlichen Verlautbarung« gesehen habe. Dies wäre für ihn »immerhin zu ertragen« gewesen. Die in der letzten Abkündigung »offen zutage tretende politische Bindung der Kirche« habe jedoch bewirkt, dass er für sich den »status confessionis« gegeben sehe. Daher halte er sich für berechtigt, die Abkündigung nicht verlesen und auch künftig »die Anordnungen des Landeskirchenamtes und der Landessynode nicht befolgen« zu müssen. Außerdem beklagte er »grobe Verleumdungen« des Staates, die in der Kanzelabkündigung enthalten seien.[728]

Aus einem Gespräch mit Landesbischof Noth erfuhr GM »Konrad« im Februar 1959, dass es »größte Schwierigkeiten« mit dem Vorsitzenden des Bundes evangelischer Pfarrer gebe, da er wegen der Konfirmationsfrage den kirchlichen

724 Schreiben des Evangelisch-Lutherischen Landeskirchenamtes Sachsens vom 6.11.1958 an alle Pfarrämter, Reg.-Nr. 2271/1269/20120; BStU, MfS, AIM 1822/64, Arbeitsvorgang, Bd. 2, Bl. 334 f.

725 Schreiben des Landesbischofs Noth an die Geistlichen in seinem Amtsbereich vom 4.11.1958; ebenda, Bl. 332 f.

726 Bericht über einen Treff mit GI »Max Müller« am 24.11.1958; BStU, MfS, BV Karl-Marx-Stadt, AGI 1858/63, Arbeitsvorgang, Bl. 24.

727 Aus dem Weihnachtswort der Ev.-Luth. Landessynode Sachsens vom 4.12.1958; BStU, MfS, BV Karl-Marx-Stadt, Abt. XX, Nr. 390, Bl. 55.

728 Schreiben Wolfgang Caffiers an das Ev.-luth. Landeskirchenamt Sachsen vom 16.1.1959; BStU; MfS, AP 22623/92, Bl. 20.

Gehorsam verweigert habe. Der Bund selbst finde vonseiten der Kirchenleitung Sachsens keine Anerkennung und besitze keine Autorität.[729]

Dem MfS scheint die Position, die Caffier einnahm, dauerhaft unklar gewesen zu sein. So werden in einer als »streng geheim« eingestuften Information die Beziehungen des Weixdorfer Pfarrers zu den »reaktionären Personen der Ev. Kirchenleitung Sachsens« damit in Verbindung gebracht, dass die Kirchenoberen stets über die Einflussnahme staatlicher Organe auf die Pfarrervereinigung informiert waren. Auch über »eine Aussprache im internen Kreise«, die Caffier mit der Kirchenleitung am 25. März 1959 führte, kam das MfS in Kenntnis. Der Geistliche habe dabei schriftlich erklärt, der evangelischen Kirche künftig den Gehorsam nicht mehr zu verweigern.[730]

Der staatskonforme Pfarrerbund gelangte nie zu der erhofften Bedeutung. Bei großen Teilen der Pfarrerschaft galt er als verächtlich. Im Jahr 1985 erlosch er wegen seiner Bedeutungslosigkeit.[731]

9.3 Kirchenpolitische Betriebsamkeiten

Um in der Jugendweihefrage agieren zu können und gegebenenfalls die Einheitlichkeit der evangelischen Kirche an dieser Stelle zu unterminieren, war es notwendig zu erfahren, wie es um diese Einheitlichkeit tatsächlich stand. Ein Gremium, in welchem der Grad des einheitlichen Denkens und Handelns der Gliedkirchen gemessen werden konnte, war die Ostkonferenz. Zwar sind keine Hinweise einer Einflussnahme des Staatssicherheitsdienstes auf die kirchliche Ostkonferenz erkennbar, Möglichkeiten dazu waren nur im Ansatz vorhanden, aussagekräftige Informationen über das Gremium wurden jedoch registriert und hätten als Voraussetzung für weiteres Handeln genutzt werden können.

Die 58. Ostkonferenz am 9. Mai 1958 hatte festgestellt, dass vom Staat in der Jugendweihefrage bisher kein voller Sieg erreicht worden sei.[732] Der von der Bezirksverwaltung Dresden geführte Geheime Mitarbeiter »Konrad« berichtete am 3. Juli über die Treffen der Ostkonferenz am 9. Mai und am 26. Juni und übergab seinem Führungsoffizier Leutnant Jänicke eine von Oberlandeskirchenrat Gottfried Knospe[733] angefertigte Niederschrift über die 59. Sitzung des Ausschusses. Jänicke schickte eine Abschrift des Treffberichtes und der Nieder-

729 Bericht über einen Treff mit GM »Konrad« am 25.2.1959; BStU, MfS, AIM 1822/64, Arbeitsvorgang, Bd. 3, Bl. 15–18.

730 Information Nr. 21/59 vom 6.4.1959; BStU; MfS, AP 22623/92, Bl. 21.

731 Mau: Protestantismus, S. 65.

732 Besier: SED-Staat. Weg in die Anpassung, S. 256.

733 Gottfried Knospe, 2.4.1901–16.10.1965, Oberlandeskirchenrat in Dresden.

schrift an die Hauptabteilung V/4 nach Berlin.[734] Auf der Tagung trug Oberkirchenrat Dr. Hafa die Ergebnisse einer Umfrage zu den Kirchenzuchtmaßnahmen gegen Jugendgeweihte in den einzelnen Gliedkirchen vor. Einheitlich sei dieser Erhebung zufolge überall die Zulassung zur Konfirmation abgelehnt worden, wenn die betreffenden Kinder an der Jugendweihe teilgenommen hatten. In Brandenburg und Sachsen habe man die Tendenz, Jugendgeweihte möglichst lange im Konfirmandenunterricht zu belassen, erkennen können. Die Zulassung zum Abendmahl von Jugendlichen, die nach der Konfirmation an der Jugendweihe teilnahmen, werde hingegen unterschiedlich praktiziert. In Thüringen sei eine Teilnahme Jugendgeweihter am Abendmahl, über die der Geistliche vor Ort entscheiden müsse, möglich. In allen Gliedkirchen werde ihnen das kirchliche Wahlrecht und das Patenrecht entzogen. Auch die Behandlung von Erwachsenen, die an der Jugendweihe mitwirkten, sei uneinheitlich. Über ungefähre Teilnehmerzahlen der Jugendweihe verfügte nur die Thüringer Landeskirche. In Sonneberg sei die Teilnahme an der Jugendweihe im Jahr 1958 auf 70, in Gera auf 60, in Ohrdruf auf 20 und in Greiz auf 8 Prozent geschätzt worden. In den übrigen Gliedkirchen gehe man von einer Teilnahme von etwa 30 Prozent aus. Bischof Dibelius habe die Ergebnisse der Umfrage zusammengefasst und geraten, einheitlich Jugendgeweihte möglichst lange im Konfirmandenunterricht zu belassen, die Bewährungsfrist für die Aufhebung der Kirchenzuchtmaßnahmen auf ein Jahr zu beschränken, die Gewährung von Trauung und Begräbnis Jugendgeweihter »außer Diskussion« zu lassen und die Taufe der Geschwister »unter keinen Umständen« zu verweigern.[735]

Die in der Kirchenprovinz Sachsen[736] am 2. Juni 1958 ins Leben gerufene »Neuordnung der Konfirmation«, durch die ein behutsamerer Umgang mit Konfirmation und Jugendweihe gewährt wurde,[737] habe, so berichtete »Konrad« außerdem, am 26. Juni auf der Ostkonferenz zu heftiger Kritik an der Kirchenleitung in Magdeburg geführt. Vor allem sei beanstandet worden, dass »ohne Fühlungnahme mit anderen Kirchen eine Regelung in Bezug auf die Konfirmation und Jugendweihe getroffen« wurde. Darüber hinaus habe die Ostkonferenz die im sogenannten Kommuniqué zusammengefassten Ergebnisse der Gespräche zwischen Vertretern von Staat und Kirche kritisiert. Man könne von der Kirche keine Loyalitätserklärung verlangen, solange man ihr nicht den Raum zubil-

734 Bericht über den Treff mit GM »Konrad« am 3.7.1958; BStU, MfS, AIM 1822/64, Arbeitsvorgang, Bd. 2, Bl. 289–292.

735 Niederschrift Gottfried Knospes über die 58. Kirchliche Ostkonferenz in Berlin am 9.5.1958; ebenda, Bl. 293–296.

736 Die Kirchenprovinz Sachsen umfasste etwa das Gebiet des heutigen Bundeslandes Sachsen-Anhalt. Ihr Sitz war in Magdeburg.

737 Kaltenborn: Magdeburger Schüler, S. 313.

lige, der ihr »laut Verfassung« zustehe.[738] Das MfS war somit bereits zu diesem Zeitpunkt vom Zwiespalt innerhalb der Ostkonferenz hinsichtlich der um sich greifenden Uneinheitlichkeit in der Jugendweihepraxis informiert.

Trotz aller Unstimmigkeiten in der Jugendweihefrage empfahl die Ostkonferenz auf ihrer Sitzung am 27. August den Gliedkirchen, am Inkompatibilitätsgrundsatz festzuhalten.[739]

Am 1. Oktober übergab GM »Konrad« seinem Führungsoffizier eine von Dr. Erich Grauheding gefertigte Niederschrift über die 61. Kirchliche Ostkonferenz.[740] Zur Frage der Konfirmation 1959 sei dem Gremium ein Entwurf vorgelegt worden, den ein eigens hierzu beauftragter Ausschuss am Vortag erarbeitet hatte. Dieses Konzept habe auf der Sitzung der Ostkonferenz »nach eingehender Aussprache« Änderungen erfahren und sei »den Kirchenleitungen zur Beachtung empfohlen« worden.[741] Im Kern beinhaltete die Empfehlung, dass Geistliche Jugendgeweihte nicht »unbesehen konfirmieren« sollten, da dies aufgrund der Unvereinbarkeit von Konfirmation und Jugendweihe keine »echte geistliche Lösung« sei. Die Grundsatzentscheidung der Inkompatibilität müsse allerdings »mit seelsorglicher Barmherzigkeit gepaart sein«. Jugendliche, die zur Jugendweihe gingen, sollten im kirchlichen Unterricht belassen werden. Es wurde empfohlen, den bisherigen zweijährigen Konfirmandenunterricht für alle unverändert bestehen zu lassen. Wer zur Konfirmation zugelassen werde, solle an einer vierteljährigen Vorbereitung auf den ersten Empfang des Sakramentes teilnehmen. Am Ende dieser Vorbereitungszeit könne der Sakramentsempfang »in Form einer Einsegnung nach der Konfirmationsordnung« stattfinden.[742]

Nach seiner Rückkehr von dieser Ostkonferenzsitzung richtete Bischof Mitzenheim ein persönliches Schreiben an alle Bischöfe, worin er zum Ausdruck brachte, dass vor der »Durchführung dieser Richtlinien in dieser Frage nochmals eine Einigung erzielt werden« solle. Dessen ungeachtet hatten die Landeskirchen von Sachsen und Berlin-Brandenburg die Weisungen der Kommission sofort in die Praxis umgesetzt. In Thüringen hingegen versuchten Gerhard Lotz und die »oppositionellen Kräfte« alles zu unternehmen, »um von diesem Entweder-oder-Standpunkt weiterhin abzurücken und die Konfirmation sowie die Jugendweihe gleichzeitig vornehmen zu lassen«.[743]

738 Bericht über den Treff mit GM »Konrad« am 3.7.1958; BStU, MfS, AIM 1822/64, Arbeitsvorgang, Bd. 2, Bl. 289–292.

739 Pollack: Kirche in der Organisationsgesellschaft, S. 154.

740 Bericht über den Treff mit GM »Konrad« am 1.10.1958; BStU, MfS, AIM 1822/64, Arbeitsvorgang, Bd. 2, Bl. 306–311.

741 Abschrift einer von E. Grauheding verfassten Niederschrift über die 61. Kirchliche Ostkonferenz am 27.8.1958 in Berlin; ebenda, Bl. 312–314.

742 Vorschlag der Kirchlichen Ostkonferenz vom 27.8.1958, zit. nach: Urban; Weinzen: Jugend ohne Bekenntnis, S. 140 f.

743 Bericht über einen Treff mit GM »Karl« am 10.9.1958; BStU, MfS, AIM 3043/86, Arbeitsvorgang, Bd. 1, Bl. 57–60.

Das MfS stellte fest, dass neben den Landeskirchen von Sachsen und Berlin-Brandenburg die meisten anderen Gliedkirchen die Empfehlungen der Ostkonferenz hinsichtlich der Konfirmation ebenfalls akzeptierten. So kam der Staatssicherheitsdienst in den Besitz eines Schreibens des Greifswalder Bischofs Krummacher, durch das er am 1. September 1958 die Geistlichen seines Kirchengebietes von dieser Wegweisung der Ostkonferenz, die von der Kirchenleitung der Pommerschen Evangelischen Kirche eine geringfügige Ergänzung erfuhr,[744] in Kenntnis setzte. Dabei hob er das Ziel eines einheitlichen und gemeinsamen Handelns aller Geistlichen bei den Konfirmationen im kommenden Jahr hervor und verlieh seiner Hoffnung Ausdruck, dass die Synode der Evangelischen Kirche in Deutschland für das Jahr 1960 eine grundsätzliche Neuordnung der Konfirmation in der gesamten Evangelischen Kirche Deutschlands vorlegen werde.[745]

Ein geplantes Vorgehen des MfS in der Jugendweihefrage ist auch am Ende des Kampfes um die Einführung des neuen Ritus nicht zu erkennen. Deutlich intensiver war sein Agieren in Sachsen und Thüringen, wo die Teilnahme an der Jugendweihe ohnehin höher lag als in Mecklenburg oder in Teilen Brandenburgs. Gezielte Planung lag jedoch auch hier nicht vor.[746] Zu dem lokal unterschiedlichen Vorgehen des Staatssicherheitsdienstes und anderer staatlicher Stellen kam eine allmählich wachsende Uneinheitlichkeit in der Haltung der einzelnen Gliedkirchen zur Jugendweihefrage. So sah der im ZK für Kirchenfragen verantwortliche Willi Barth in einem Memorandum, das die Berliner Stelle der EKD-Kirchenkanzlei im Januar 1958 »Zur Frage der Jugendweihe« verfasste, Anhaltspunkte für einen vorsichtigen Prozess des Umdenkens in allen DDR-Kirchen. Dessen ungeachtet wurden von außen eingebrachte Lösungsvorschläge zur Jugendweiheproblematik durch die Kirchenkanzlei weitgehend abgelehnt.[747] Noch im September 1958 wurde Mitzenheims »loyale Haltung zum Staat«, die man glaubte nun auch in Bezug auf die Jugendweihe zu erkennen, bei einer Besprechung in der Kirchenkanzlei von allen Bischöfe heftig kritisiert. Der Thüringer Landesbischof bestand daher darauf, dass »jede Landeskirche

744 So wurde außerdem vorgeschlagen, allen, die am Konfirmandenunterricht teilgenommen hatten, unabhängig davon, ob eine Jugendweihe stattfand, eine Bescheinigung auszuhändigen, aus der die Teilnahme am Unterricht hervorging. Ferner durfte unter Umständen der Konfirmationstermin auf einen späteren Zeitpunkt zwischen Ostern und Exaudi verlegt werden.

745 Abschrift eines Schreibens des Bischofs Friedrich-Wilhelm Krummacher an alle Geistlichen seines Kirchengebietes vom 1.9.1958; BStU, MfS, AP 10653/92, Bl. 75–78.

746 Die vorliegende Studie muss sich auf das Material beschränken, das bis zum Abschluss der Recherchen in den einzelnen Außenstellen des BStU aufgefunden wurde. Obgleich die Recherchen in den Unterlagen aller ehemaligen DDR-Bezirke mit gleicher Intensität durchgeführt wurden, ist der entsprechende Umfang des Materials sehr unterschiedlich.

747 Besier: SED-Staat. Weg in die Anpassung, S. 256.

das Recht hat, selbst und frei zu handeln und zu entscheiden«.[748] Das MfS bemerkte das Abweichen einzelner Gliedkirchen in der Jugendweihefrage durchaus, konnte es aber scheinbar nicht einordnen. So nahm es die kirchliche Neuordnung in der Konfirmationsproblematik der Kirchenprovinz Sachsen vom Juli 1958 lediglich zur Kenntnis.[749] Auch dass die Greifswälder Pröpste »nicht mehr mit der starren Haltung von Bischof Krummacher zur Jugendweihe einverstanden« waren, konnten die staatlichen Stellen in Erfahrung bringen.[750] Der Greifswalder Bischof trat 1958 öffentlich mehrfach massiv gegen die Jugendweihe auf. Bei einer Predigt in Middelhagen am 6. Juli zählte er sie zu den Dingen, »die gegen Gott sind und die sich die Marxisten unrechtmäßig« angeeignet hätten.[751] Der Staatssicherheitsdienst nutzte die ihm bekannt gewordenen Spaltungen nicht aus und blieb inaktiv.

Wieder anders war die Situation in Görlitz. Mitglieder des evangelischen Konsistoriums waren weiterhin im Vorgang »Plakate« erfasst. In besonderer Weise trat Oberkonsistorialrat Hans-Joachim Fränkel »im Kampf gegen die demokratischen Schulen und Jugendweihe« aggressiv in Erscheinung.[752] Beim Eröffnungsgottesdienst zur Provinzialsynode im November 1958 erneuerte er den Vorwurf des Verfassungsbruches durch den Staat, dem es erst durch einen gewissen Zwang möglich gewesen sei, die Zahl der Teilnehmer an der Jugendweihe zu erhöhen.[753] Eine Infiltration in die evangelische Kirche Restschlesiens ist dem MfS in diesem Zeitraum nicht gelungen.

Ganz aus dem Schema fällt das Vorgehen des MfS gegen den Bischof der Evangelischen Kirche Berlin-Brandenburg, Otto Dibelius. Er galt stets als wichtigster Gegner der Jugendweihe und der DDR-Kirchenpolitik überhaupt, wurde aber selbst vom Staatssicherheitsdienst nie in einem Vorgang erfasst. Da er nicht auf dem Boden der DDR residierte, war ein staatliches Vorgehen gegen ihn beinahe unmöglich.

Die Gesamtsituation hinsichtlich des Konfirmationsproblems zu diesem Zeitpunkt spiegelt sich in einem Vortrag wider, den Pfarrer Hamel in der zweiten Hälfte des Jahres 1958 auf dem Kurmärkischen Kirchentag in Potsdam gehalten hatte. Dort wurde die Konfirmation als »Tummelplatz aller möglichen Lieblingsvorschläge aller möglichen Leute« bezeichnet. Man habe von Anfang

748 Bericht über einen Treff mit GM »Konrad« am 2.10.1958; BStU, MfS, AIM 1822/64, Arbeitsvorgang, Bd. 2, Bl. 306–311.

749 Kirchliche Neuordnung im Zusammenhang einer Lösung des Konfirmationsproblems, Naumburg, 4.7.1958, vom MfS abgelegt in: BStU, MfS, BV Magdeburg, Abt. XX, Nr. 2750, Bl. 2–78.

750 Besier: SED-Staat. Weg in die Anpassung, S. 799, Anm. 522.

751 Informationsbericht über den Verlauf des Gottesdienstes am 6.7.1958 in Middelhagen; BStU, MfS, AP 10653/92, Bl. 80 f.

752 Sachstandsbericht zum OV »Plakate« vom 22.5.1958; BStU, MfS, BV Dresden, AOP 219/60, Bd. 1, Bl. 81.

753 Abschlussbericht zum OV »Plakate« vom 29.9.1960; ebenda, Bl. 118–122.

an gehofft, »den Kampf gegen die Jugendweihe zu gewinnen, weil man auf die Macht der Tradition vertraute«. Dabei sei eine »Zementierung der längst abbruchreifen Konfirmation« erfolgt. 1958 habe man einen Einbruch in die kirchliche Front erlebt. Kirchenzuchtmaßnahmen seien die falschen Reaktionen gewesen, da »Kinder ungeeignete Objekte« dafür sind. Pfarrer Hamel war sich sicher, dass »die Einheit der EKD« an dieser Stelle nicht mehr zu halten sei.[754]

Allein innerhalb der Thüringischen Landeskirche kam es mit Wissen und Zutun des MfS zu einer Niederlage der Kirche in der Jugendweihefrage. Spiritus Rector des Agierens war der vom Staatssicherheitsdienst als GM »Karl« geführte Gerhard Lotz. Eng zur Seite stand ihm dabei Ingo Braecklein, der ebenfalls mit dem MfS zusammenarbeitete.[755] Er war maßgeblich an der Bildung des sogenannten Weimarer Arbeitskreises, einer Gruppe evangelischer Geistlicher, die in der Jugendweihefrage Veränderungen anstrebten, beteiligt. Während einer Fahrt – offenbar von Berlin nach Eisenach – berichtete GM »Karl« seinem Führungsoffizier Franz Sgraja über die ordentliche Synode der Thüringischen Landeskirche, die vom 1. bis 4. Dezember 1957 stattgefunden hatte. Er informierte, dass von den Synodalen eine Entschließung gebilligt worden sei, die in der Jugendweihefrage ein Abrücken vom harten Kurs des »Entweder-oder-Standpunktes« darstellte. Die Synode habe dem Landesbischof den Auftrag erteilt, auf der Ostkonferenz diesen Synodalbeschluss zu vertreten. Dessen ungeachtet sei von der Ostkonferenz die Thüringer Entschließung verworfen und ein kleiner Sonderausschuss gebildet worden, der eine »grundsätzliche Stellungnahme der Kirchen zur Frage der Jugendweihe – Konfirmation« erarbeiten sollte. Mitzenheim wurde von der Ostkonferenz damit betraut, eine Sondersynode einzuberufen und die Revision der Thüringer Entschließung zu veranlassen.[756]

Im Vorfeld dieser außerordentlichen Synode teilte »Karl« seinem Führungsoffizier die Bedenken mit, die er über deren Ausgang hatte. Der Landesbischof operiere mit der in Gefahr gebrachten Einheit der Evangelischen Kirche in Deutschland. Außerdem habe Mitzenheim von einigen Konventen Forderungen nach Revision der Entschließung vom Dezember erhalten. Lotz ging daher von harten Auseinandersetzungen auf dieser Sondersynode aus und versicherte, »möglichst mit vielen Synodalen zu sprechen, um einen positiven Ausgang zu erreichen«. Da zu befürchten sei, dass das Landeskirchenoberhaupt im Zusammenhang mit der Jugendweihefrage – ähnliche wie die Bischofskonferenz – mit der Gleichsetzung des Sozialismus mit einer atheistisch-materialistischen Weltanschauung argumentieren werde, schlug Lotz vor, in den Zeitungen einen Ar-

754 Vortrag des Pfarrers Hamel über die Konfirmation vor dem kurmärkischen Kirchentag in Potsdam, o. D.; BStU, MfS, AIM 10990/68, Arbeitsvorgang, Bd. 4, Bl. 110–114.

755 In diesem Zeitraum als KP »Ingo«.

756 Bericht über einen Treff mit GM »Karl« am 29.1.1958; BStU, MfS, AIM 3043/86, Arbeitsvorgang, Bd. 1, Bl. 146–151.

tikel mit einer »Klarstellung der Frage über sozialistische Gesellschaftsordnung und materialistische Auffassung« zu veröffentlichen.[757]

Die Sondersynode, die am 18. Januar 1958 stattfand, blieb ergebnislos. GI »Karl« berichtete, dass sich der Landesbischof die »Revidierung der alten Entschliessung einfach vorgestellt« hätte. Um eine Spaltung der Evangelischen Kirche in Deutschland (EKD) zu vermeiden, hätte er daher vorgeschlagen, einen von Oberkirchenrat Hafa verfassten Entwurf anzunehmen. Die Synodalen hätten dieses Konzept jedoch abgelehnt und dem Bischof vorgeworfen, die Interessen der Synode auf der Ostkonferenz nicht richtig vertreten zu haben. Es sei nun ein Ausschuss gebildet worden, der den alten Entschluss überarbeiten und zur Beschlussfassung auf einer erneuten außerordentlichen Synode am 25. Januar vorlegen soll.[758] Aber auch auf dieser Sondersynode wurden die Beschlüsse vom Dezember 1957 nicht widerrufen.[759]

Als sich die Superintendenten der Thüringer Landeskirche im April 1958 zu ihrer Frühjahrskonferenz trafen, war eine Ablehnung der Entschließung vom Dezember 1957 durch die Hälfte der Konvente deutlich erkennbar.[760] Anders verhielt es sich nach »Karls« Information mit der personell anders zusammengesetzten Thüringer Landessynode. Obwohl Bischof Mitzenheim auf der Frühjahrssynode darauf hingewiesen habe, der Beschluss vom Dezember 1957 sei dafür verantwortlich, dass viele Pfarrer Jugendgeweihte konfirmiert hätten, habe er kein zurück zum alten Entweder-oder erreichen können. Lotz habe nach eigenen Angaben außerdem mit einem nebenbei eingeworfenen Hinweis auf eine unzureichende Wertschätzung des Erziehungsausschusses der Generalsynode der EKiD dafür gesorgt, dass in der Synode ein »großer Tumult« entstanden sei, der zur Absetzung des Punktes Jugendweihe von der Tagesordnung geführt habe.[761]

Als Mitzenheim im September von den Bischöfen wegen seiner loyalen Haltung zum Staat »starke Vorwürfe« gemacht wurden, habe er nach Ansicht des sächsischen Oberlandeskirchenrates Dr. Konrad Müller[762] »positiv reagiert« und geantwortet, dass » jede Landeskirche das Recht hat, selbst und frei zu handeln und zu entscheiden«. Bei dieser Auseinandersetzung zwischen den Bischöfen sei es »sehr erregt und heftig zugegangen«.[763]

757 Bericht über einen außerplanmäßigen Treff mit GM »Karl« am 15.1.1958; ebenda, Bl. 141–145.

758 Bericht über einen Treff mit GM »Karl« am 29.1.1958; BStU, MfS, AIM 3043/86, Arbeitsvorgang, Bd. 1, Bl. 146–151.

759 Koch-Hallas: Die Evangelisch-Lutherische Kirche, S. 179.

760 Ebenda, S. 182.

761 Bericht über einen Treff mit GM »Karl« am 12.5.1958; BStU, MfS, AIM 3043/86, Arbeitsvorgang, Bd. 2, Bl. 26–32.

762 GM »Konrad«.

763 Bericht über einen Treff mit GM »Konrad« am 4.9.1958; BStU, MfS, AIM 1822/64, Arbeitsvorgang, Bd. 2, Bl. 306–311.

Schon im Januar hatte Bischof Jänicke bei der EKD-Kirchenkanzlei die unterschiedliche Praxis in der Jugendweihefrage, die sich besonders in den »Grenzgebieten zwischen Thüringen und Kirchenprovinz Sachsen« bemerkbar mache, beklagt.[764]

Am 17. Oktober 1958 avisierte Gerhard Lotz dem MfS das Treffen von fünf Personen im »Thüringer Hof« in Eisenach, bei dem erörtert werden sollte, »wie und mit welchen Methoden sie die Synodalen beeinflussen können, damit diese hinter der Entschliessung bezüglich der Jugendweihe und Konfirmation stehen«.[765] Wie der Kirchenjurist später berichtete, fand am 19. Oktober die Sitzung der inzwischen »Weimarer Fünferkreis«[766] genannten Gruppe statt. Zu ihr gehörten die Oberkirchenräte Gerhard Lotz und Gerhard Säuberlich, der Superintendent Ingo Braecklein sowie die Pfarrer Dr. Karl Büchner und Dr. Walter Grundmann. Der Arbeitskreis habe beschlossen, noch vor der Herbstsynode eine Versammlung von Synodalen zu organisieren, auf der als Grundlage für die Diskussion auf der Synode eine Entschließung mit Unterschriften der Anwesenden angenommen werden solle, die die Forderung beinhalte, künftig Jugendweihe und Konfirmation nebeneinander ohne Verhängung von Zuchtmaßnahmen durchführen zu können. Der Fünferkreis habe ferner gefordert, dass fortan eine Bevormundung durch westdeutsche und Westberliner kirchliche Stellen in der Jugendweihefrage fortfalle und die Selbstständigkeit der Landeskirche Thüringen erhalten bleibe. Ferner sah der Arbeitskreis vor, sich mit noch schwankenden Synodalen zu »befassen und sie dahingehend für eine positive Regelung über die Jugendweihe und Konfirmation« zu beeinflussen und gegebenenfalls gegen »reaktionäre Absichten« des Superintendenten Walter Pabst auf der Synode vorzugehen.[767] Alle vom Fünferkreis einberufenen 25 Personen unterzeichneten den ihnen vorgelegten Entwurf.[768]

Am 9. November wurde die Thüringer Herbstsynode eröffnet. GM »Karl« berichtete, dass nach einem zum einheitlichen Handeln der Kirche mahnenden Referat des Oberkirchenrates Köhler, Braecklein den Weimarer Entwurf und Pabst den »reaktionären Entwurf« vorgelegt hatten. Beide Entwürfe wurden den Synodalen in schriftlicher Form ausgehändigt. Auf der Kommissionssitzung am 11. November sei es schließlich »zu heissen Auseinandersetzungen zwischen den Anhängern des Weimarer Arbeitskreises und dem reaktionären Kreis um den Superintendent Papst [sic!]« gekommen. Man habe sich schließlich darauf geeinigt, dass eine Konfirmation auch dann durchgeführt werden solle, wenn die

764 Besier: SED-Staat. Weg in die Anpassung, S. 789, Anm. 366.

765 Bericht über einen Treff mit GM »Karl« vom 17.10.1958; BStU, MfS, AIM 3043/86, Arbeitsvorgang, Bd. 2, Bl. 61–64.

766 Auch Weimarer Arbeitskreis genannt.

767 Information der Erfurter Abteilung V/4 an die HA V/4 vom 25.10.1958; BStU, MfS, AIM 3043/86, Arbeitsvorgang, Bd. 2, Bl. 69–71.

768 Koch-Hallas: Die Evangelisch-Lutherische Kirche, S. 184.

Jugendlichen an der Jugendweihe teilnähmen. »Karl« vertrat seinem Führungsoffizier gegenüber die Ansicht, dass auf der Synode ein Entwurf ausgearbeitet worden sei, »der in seinen Grundzügen den Gedanken des Weimarer Arbeitskreises« entsprochen habe. Sgraja und der GM kamen daher überein, die Ergebnisse der Synode in der ganzen DDR, vor allem aber in der Landeskirche Sachsen, die die »reaktionärste Rolle in der DDR« spiele, zu verbreiten. Dazu sollten einige Personen des Fünferkreises zu oppositionellen Kräften der Landeskirche Sachsen persönliche Verbindung aufnehmen, um auch dort eine »organisierte oppositionelle Bewegung« ins Leben zu rufen.[769]

In der Sächsischen Landeskirche lagen die Dinge anders als in Thüringen. Landesbischof Noth war wie Mitzenheim Vertreter einer strikten Entweder-oder-Haltung. Eine Nähe zum sozialistischen System war bei ihm jedoch nicht vorhanden. Beinahe die gesamte Kirchenleitung Sachsens stand hinter ihm. Ähnlich wie in Thüringen war es dem Staatssicherheitsdienst gelungen, auch am sächsischen evangelisch-lutherischen Landeskirchenamt einen leitenden Mitarbeiter für eine Zusammenarbeit als Geheimen Mitarbeiter zu gewinnen. Während Gerhard Lotz jedoch immensen Einfluss auf Mitzenheim ausübte und Aufträge des MfS umzusetzen in der Lage war, gelang dies dem als Jurist am Landeskirchenamt Sachsen angestellten Dr. Konrad Müller[770] nicht. GM »Konrad« berichtete über Kirchenleitungsinterna und übergab dem Staatssicherheitsdienst verschiedene Dokumente. So informierte er am 3. Juli 1958 über den Entwurf eines Briefes, den Bischof Noth an seine Geistlichen über Konfirmation und Jugendweihe herauszugeben beabsichtigte.[771] Für ein operatives Handeln wäre es jedoch zu spät gewesen. Der Brief wurde bereits am 4. Juli verschickt. Bemerkenswert ist in dem Schreiben die Aufforderung, sich bei aller Verschiedenheit der Meinungen in der Konfirmationsfrage »im einzelnen nicht auseinander oder gar gegeneinander bringen« zu lassen.[772] Doch genau dies war ein Ziel der DDR-Kirchenpolitik.

Ein Versuch, GM »Konrad« in der Kirchenleitung hinsichtlich der Konfirmationsproblematik wirksam werden zu lassen, deutete sich August 1958 an. Leutnant Jänicke von der Dresdener Abteilung V/4 besprach mit »Konrad« am 22. August die für den 2. und 3. September anberaumte Außerordentliche (17.) Synode der Landeskirche Sachsen. Einziger Tagesordnungspunkt der Kirchenversammlung sollte das Thema ›Konfirmation und Jugendweihe‹ sein. Jänicke beauftragte den Kirchenjuristen mit der Teilnahme an der Synode und anschlie-

769 Bericht über einen Treff mit GM »Karl« am 21.11.1958; BStU, MfS, AIM 3043/86, Arbeitsvorgang, Bd. 2, Bl. 79–86.

770 GM »Konrad«.

771 Bericht über einen Treff mit GM »Konrad« am 3.7.1958; BStU, MfS, AIM 1822/64, Arbeitsvorgang, Bd. 2, Bl. 289.

772 Brief des Landesbischofs der Evangelisch-Lutherischen Landeskirche Sachsens an die Brüder im Amt vom 4.7.1958; BStU, MfS, AP 10343/92, Bl. 60 f.

ßender Berichterstattung.[773] Am 1. Oktober kam GM »Konrad« diesem Auftrag nach und berichtete, dass es »keine gegenteiligen Meinungen« gegeben habe und »eine einheitliche Linie zu erkennen« gewesen sei. Zugleich übergab er den schriftlichen Beschluss der Synode, in dem zum Ausdruck kam, dass »nach wie vor, auch im Jahre 1959 Konfirmation und Jugendweihe unvereinbar« seien.[774] Es blieb bei Berichterstattungen und Übergaben von Dokumenten. Eigenständiges operatives Handeln innerhalb der Sächsischen Landeskirche kam bei GM »Konrad« nicht zustande.

Als GM »Konrad« seinem Führungsoffizier in Kenntnis setzte, dass der Beschluss der außerordentlichen Synode inhaltlich in die Kanzelabkündigung der Weihnachtsfeiertage einfließen würde, wurde diese Information unverzüglich an die HA V/4 weitergegeben.[775] In dem öffentlichen Schreiben wurde ausdrücklich darauf verwiesen, dass die Landeskirche Thüringen in der Konfirmationsfrage von der Grundlinie der evangelischen Kirche in Deutschland abgewichen sei. Nachdem der Präses der sächsischen Landessynode, Reimer Mager, überdies der thüringischen Kirchenleitung in einem Brief am 29. Dezember die Verwunderung der Landeskirche Sachsen über den Beschluss der Thüringer Synode hinsichtlich der Konfirmation dargelegt hatte, beanstandete die Thüringer Kirchenleitung, »mit Befremden zur Kenntnis« genommen zu haben, dass sich die sächsische Kirchenleitung in die innerkirchlichen Angelegenheiten von Thüringen einmische. Bei Mitzenheim, der die von Lotz verfasste Antwort unterzeichnete, habe das Vorgehen der sächsischen Kirchenleitung »grosse Empörung hervorgerufen«. Die persönlichen Differenzen zwischen zwischen Noth und Mitzenheim verschärften sich derart, dass »sich der Bischof Lilje, als Vorsitzender der lutherischen Kirche in Deutschland, genötigt sah, eine Art Ehrengericht einzuberufen«. Eine Aussprache der beiden Landesbischöfe sollte, wie GM »Karl« seinen Führungsoffizier wissen ließ, im Januar 1959 in Westberlin stattfinden.[776]

GM »Konrad« berichtete über die Missstimmung unter den beiden Bischöfen wie folgt: Bischof Noth habe in einem Brief »besonders die Stellung der Landeskirche Thüringen zur Jugendweihe kritisiert« und Mitzenheim darüber Beschwerde bei der Kirchenleitung in Berlin eingelegt. Nachdem Bischof Lilje[777] den Auftrag erhalten habe, in dieser Angelegenheit zu schlichten, sei im Johan-

773 Bericht über einen Treff mit GM »Konrad« am 22.8.1958; BStU, MfS, AIM 1822/64, Arbeitsvorgang, Bd. 2, Bl. 302–304.

774 Bericht über einen Treff mit GM »Konrad« am 1.10.1958; ebenda, Bl. 306–311.

775 Bericht über einen Treff mit GM »Konrad« am 18.11.1958; BStU, MfS, AIM 1822/64, Arbeitsvorgang, Bd. 3, Bl. 8–11.

776 Bericht über einen Treff mit GM »Karl« am 12.1.1959; BStU, MfS, AIM 3043/86, Personalakte, Bd. 1, Bl. 89–93.

777 Johannes Lilje, 1899–1977, Landesbischof der Evangelisch-lutherischen Landeskirche von Hannover, stellvertretender Ratsvorsitzender der EKD.

nisstift in Berlin-Spandau ein Gespräch zwischen den Bischöfen Lilje, Noth und Mitzenheim zustande gekommen. Dabei sei Bischof Mitzenheim »sehr zugesetzt und erklärt« worden, dass es nicht gut sei, wenn er als Bischof der Landeskirche aus der Reihe tanze. Unter dem Druck von Lilje habe der Thüringer Landesbischof nachgegeben, sich mit Bischof Noth geeinigt, aber zugleich erklärt, dass er bei »seiner Jugendweiheregelung« bleibe.[778] Der Riss in der immer wieder beschworenen Einheit der evangelischen Gliedkirchen in der Jugendweihefrage konnte nicht mehr übersehen werden.

Einfluss auf den in der Jugendweiheproblematik energischen Gottfried Noth zu nehmen, war weder dem MfS noch anderen staatlichen Stellen gelungen. Im Jahr 1961 sah der Staatssicherheitsdienst den Sächsischen Landesbischof als jemanden, der »sich von den reakt[ionären] Angestellten« der Kirchenleitung »lenken und leiten« lasse.[779]

1957 geriet ein Geistlicher im Kreis Oschatz wegen seiner Kritik an den gesellschaftlichen Verhältnissen ins Blickfeld staatlicher Stellen. Der Einführung der Jugendweihe stand er ablehnend gegenüber. Im Juni 1957 wurde gegen ihn der Überprüfungsvorgang »Vatikan« eröffnet.[780] Ausdrücklich wurde seine »negative Einstellung gegenüber der Jugendweihe und der DDR« im Sachstandsbericht genannt.[781] Der örtliche Grundschulleiter Karl Voigtländer beschrieb dem MfS den Pfarrer als einen, der dem Staat negativ gegenüberstehe und ein »Gegner der Jugendweihe« sei.[782] Wenige Tage später wurde Voigtländer vom MfS als Geheimer Informator »Hans« angeworben. Beim Werbungsgespräch gab er an, dass der Ortspfarrer »ihm Schwierigkeiten bereitet in der Durchführung der Jugendweihe«.[783] Damit geriet die Jugendweiheproblematik in den Mittelpunkt der Bearbeitung des Überprüfungsvorganges. Die rigorose Ablehnung der Jugendweihe durch den Geistlichen fand GI »Hans« nochmals bestätigt, als er »auftragsgemäß« die Wohnung des Pfarrers aufsuchte. Obgleich ihn der Seelsorger darauf hinwies, dass er herzleidend sei und Aufregung vermeiden müsse, lenkte der Geheime Informator das Gespräch auf den Fall Maercker, fragte, wie er in solch einem Fall gehandelt hätte und bekam zur Antwort, dass der Pfar-

778 Bericht über einen Treff mit GM »Konrad« am 25.2.1959; BStU, MfS, AIM 1822/64, Arbeitsvorgang, Bd. 3, Bl. 15–18.

779 Einschätzung über Gottfried Noth vom 11.11.1961; BStU, MfS, AP 10669/92, Bl. 124–128.

780 Beschluss über das Anlegen des Überprüfungsvorganges »Vatikan« vom 3.6.1957; BStU, MfS, BV Leipzig, AOP 92/60, Bl. 6.

781 Sachstandsbericht zur Bearbeitung des Überprüfungsvorganges »Vatikan« vom 7.6.1957; ebenda, Bl. 13.

782 Bericht über ein Gespräch zwischen dem Schulleiter Karl Voigtländer und Feldwebel Ullrich vom 3.7.1957; ebenda, Bl. 32.

783 Bericht zur Werbung des GI »Hans« (Karl Voigtländer, geb. 21.9.1894); BStU, MfS, BV Leipzig, AIM 4124/63, Teil P, Bl. 5.

rer, wenn die örtliche Leichenhalle Kircheneigentum wäre, »genau so verfahren« wäre.[784]

Am 27. Januar 1957 ließ das MfS einer Frau aus dem Kirchenvorstand einen anonymen Brief zukommen mit dem Ziel, den Pfarrer »zu kompromittieren«.[785] Nur sein Wortlaut lässt das Gewicht der in den Schreiben enthaltenen erfundenen Anschuldigungen gegen den Geistlichen erfassen:[786]

> »Liebe Frau N. N.! Es viel mir nicht leicht mich zu diesen entschluß durch zu ringen ihnen diesen Brief zu schreiben. For kurzer Zeit kam meine Tochter aus der religion und machte mier einen sehr mergwürtigen eindruck. Als ich meine Tochter frug was vorgefallen ist, fing Sie an zu weinen und gab keine antwort. Nach längeren zureden sagte meine Tochter unter Schlurtzen zu mir als ich mit dem Pastor alein war in einen Zimmer kam dieser zu mir umarmte mich und grif mir zwichen die Bene und versuchte mich auf die Bank zu legen und zu küssen. Ich war erschüttert über diesen Vorfall und war erschüttert dass es gerade Herr N. N. war der meiner Tochter solches leid zufügte ich konnte schon fiele Nächte nicht schlafen und der Pastor ist in meinen Augen ein großer Lump und ein Schwein ich kann es nicht mer aleine auf mir ruhen lassen und getraue es mir aber nicht öfentlich zu sagen wegen den gerede. Ich mußte ihnen das mitteilen damit ihrer N. N. nicht dasselbe basiert wie meine Tochter. Ich bringe es nicht über das Herz meinen Namen zu nennen weil ich meiner Tochter versprochen habe es niemanten mehr zu sagen.«[787]

Nachdem der Pfarrer von der Empfängerin den Brief erhalten hatte, wurde er beim Abschnittsbevollmächtigten vorstellig und erklärte, man wolle »ihn durch solche Maßnahmen unmöglich machen«. Ähnliches habe er bereits im Dritten Reich durchmachen müssen. Auf die Frage, wie er sich verhalten solle, riet ihm der Volkspolizist, die Angelegenheit »vorläufig noch geheim zu halten«.[788] Mit einem erneuten anonymen Brief an den Kantor der Gemeinde sollte die Aufklärung der vermeintlichen Vorwürfe gegen den Pfarrer gefordert werden.[789] Der Schreiber unterrichtete am 25. Februar 1958 das Kirchenvorstandsmitglied davon, dass ihm Vorwürfe gegen den Ortspfarrer bekannt geworden seien, wonach sich dieser »unsittlich an Mädels vergangen haben soll«. Er wisse nicht, ob die Sache im Kirchenvorstand bekannt sei und bat daher den Empfänger, eine Klarstellung in dieser Sache zu veranlassen.[790] Zwei Tage darauf informierte GI »Hans«, dass der Pfarrer in der Klinik Hubertusburg liege. Im Auftrag des

784 Bericht der KP »Hans« vom 23.11.1957; BStU, MfS, BV Leipzig, AOP 92/60, Bl. 91.
785 Aktennotiz vom 1.2.1958; ebenda, Bl. 100.
786 Die Rechtschreibung ist beibehalten worden, Namen wurden durch N.N. ersetzt.
787 Abschrift eines anonymen vom MfS verfassten Briefes vom 22.1.1958; BStU, MfS, BV Leipzig, AOP 92/60, Bl. 101.
788 Aktennotiz des Unterleutnants Hoppe vom 1.2.1958; ebenda, Bl. 102.
789 Operativplan zur Bearbeitung des Vorganges »Vatikan« vom 21.1.1958; ebenda, Bl. 105 f.
790 Anonymer Brief an den Kirchenvorstand vom 25.2.1958; ebenda, Bl. 107.

Staatssicherheitsdienstes sollte er den Kontakt zu dem Pfarrer aufrechterhalten und ihn in der Klinik und nach dessen Krankenhausentlassung in der Gemeinde erneut aufzusuchen.[791]

Ein inzwischen aus dem Kirchenvorstand geworbenes Mitglied wurde beauftragt, über den Verlauf der weiteren Sitzungen des Gremiums zu berichten. Weil sich die Krankenhausentlassung des Geistlichen hinauszögerte, ist außerdem eine Anwerbung unter dem Pflegepersonal der Hubertusburgklinik ins Auge gefasst worden.[792] Da die anonymen Briefe das vorgesehene Ziel verfehlten und innerhalb der Gemeinde wirkungslos blieben, verfasste das MfS am 8. Januar 1959 einen Brief an den Rat des Kreises Oschatz, in welchem Konsequenzen für das unsittliche Verhalten des Geistlichen gefordert wurden.[793] Als mögliche Unterzeichner des Schreibens sollten aus der Gemeinde »einige positive Personen in Erfahrung« gebracht werden, die bezüglich der Jugendweihe oder des Austrittes aus der Kirche »schon mit dem Pfarrer Auseinandersetzungen hatten«.[794] Doch wurde der Plan nach Aussprache des vorgangsführenden Offiziers mit der Oschatzer SED-Kreisleitung offenbar fallengelassen. Man beabsichtigte vielmehr, in einem als »Maßnahme von der Partei« getarnten Besuch durch »2 Genossen«, den Pfarrer zu einer Stellungnahme zu aktuellen politischen Ereignissen und zur »Verfolgung von Pfarrer Niemöller« zu bewegen.[795] Aber auch dazu scheint es nicht gekommen zu sein. Es wurde festgestellt, dass »der Pfarrer nicht mehr offen negativ in Erscheinung« trete.[796] Im Mai 1960 wurde der Vorgang »Vatikan« zur Ablage gebracht.[797]

Auch die katholischen Kirchenleitungen ließen im Jahr 1958 nicht nach, sich zur Jugendweiheproblematik zu äußern. Exemplarisch seien die einschlägigen Pastoralanweisungen genannt, die der in Görlitz residierende Kapitelsvikar des Erzbistums Breslau, Ferdinand Piontek, im September 1958[798] und das Bischöfliche Ordinariat Berlin im November desselben Jahres[799] erließen. Die katholische Kirche hatte sich mit ihren Verlautbarungen klar gegen eine Beteiligung gläubiger Katholiken an der Jugendweihe positioniert. In den Unterlagen des Staatssicherheitsdienstes finden sich diesbezüglich keine relevanten Hinweise.

In der zweiten Hälfte des Jahres 1958 nahm ein Verfahren seinen Lauf, das als Biesdorfer Jesuitenprozess in die Geschichtsschreibung eingegangen ist. Das

791 Aktennotiz vom 27.2.1958; ebenda, Bl. 108.

792 Maßnahmeplan zur Bearbeitung des Vorganges »Vatikan« vom 13.3.1958; ebenda, Bl. 109.

793 Schreiben an den Rat des Kreises Oschatz vom 8.1.1958; ebenda, Bl. 137.

794 Operativplan zur Bearbeitung des Vorganges »Vatikan« vom 21.1.1959; ebenda, Bl. 136.

795 Variante zur Bearbeitung des Vorganges »Vatikan« vom 18.2.1959; ebenda, Bl. 138.

796 Maßnahmeplan vom 3.4.1959; ebenda, Bl. 143.

797 Beschluss über das Ablegen des Überprüfungsvorganges »Vatikan« vom 13.5.1959; ebenda, Bl. 149.

798 Pilvousek: Kirchliches Leben, S. 24.

799 Höllen: Loyale Distanz, Bd. II, S. 146.

bereits wissenschaftlich bearbeitete Szenarium[800] tangierte auch, bisher kaum wahrgenommen, die Jugendweihefrage. Im Juli 1958 wurden in Berlin-Biesdorf vier Jesuitenpatres inhaftiert, denen Monate später in Frankfurt/O. der Prozess gemacht wurde. Pater Robert Frater (1915–1987) wurde angeklagt, die Grundlagen der Gesellschaftsordnung der DDR und den innerdeutschen Zahlungsverkehr verletzt zu haben. Als »Agent« des Bundesamtes für Verfassungsschutz habe er Spionage betrieben und sich weiterer Delikte gegen die Gesetze der DDR schuldig gemacht. Pater Wilhelm Rueter (1916–1987) sollte Bürger zum Verlassen der DDR verleitet und westdeutsche Schriften eingeführt haben. Pater Joseph Müldner (1911–1984) wurde vorgeworfen, den innerdeutschen Zahlungsverkehr und die Gesellschaftsordnung der DDR verletzt zu haben. Auch Pater Joseph Menzel (1916–2006) sollte gegen den innerdeutschen Zahlungsverkehr verstoßen, außerdem sechs Mopeds in die DDR eingeführt und Bürger zum Verlassen der DDR verleitet haben.[801] Außer Joseph Müldner, der zu einer Bewährungsstrafe verurteilt wurde, erhielten die Ordensgeistlichen mehrjährige Haftstrafen. Obgleich die Patres Menzel und Müldner nur zufällig in Biesdorf weilten, traf sie dieses Schicksal. Kirchlicherseits konnte man den Vorwürfen kaum etwas entgegensetzen, obwohl klar war, dass die Verstöße nicht bewusst beziehungsweise eher grob fahrlässig begangen wurden.[802] Seinen Ausgang nahm das Geschehen im Versuch eines Ehepaares, die DDR nach Westdeutschland zu verlassen. Noch bevor das Vorhaben verwirklicht werden konnte, wurden die vier Ordensgeistlichen und das Ehepaar verhaftet. Bei der Vernehmung gab der Ehemann an, er hätte die DDR verlassen wollen, weil die Familie die religiöse Erziehung ihrer Kinder in der DDR infrage gestellt sah. Da die Entscheidung über die Teilnahme der zwölfjährigen Tochter an der Jugendweihe angestanden habe, entschloss sich das Ehepaar, »im Interesse der religiösen Erziehung« der Kinder nach Westdeutschland zu gehen.[803] Pater Frater gegenüber gaben die Eheleute als Grund für das Verlassen der DDR an, dass »ihnen die Erziehung ihrer Kinder in der Deutschen Demokratischen Republik nicht passte«.[804] In einem mit Halbwahrheiten verwobenen Ermittlungsverfahren wurde dem Ordensmann Spionage vorgeworfen. Verurteilt wurde er »wegen Spionage, wegen staatsgefährdender Propaganda und Hetze und wegen illega-

800 Clemens Brodkorb hat diesen Prozess bereits dargestellt in: Jahrbuch für mitteldeutsche Kirchen- und Ordensgeschichte, 7. Jg. 2011, S. 125–170.

801 Anklageschrift des Staatsanwaltes des Bezirkes Frankfurt/O., AZ I 301/58 betreffend, vom 11.12.1958; BStU, MfS, AU 100/59, Bd. 11, Bl. 103 ff.

802 Brodkorb: Der Biesdorfer Jesuitenprozess 1958, S. 128.

803 Vernehmungsprotokoll des Ehemannes vom 6.8.1958; BStU, MfS, AU 100/59, Bd. 9, Bl. 50.

804 Urteil in der Strafsache gegen die Ordensgeistlichen Frater, Rueter, Müldner und Menzel, Datum unleserlich; BStU, MfS, AU 100/59, Bd. 11, Bl. 17.

ler Einfuhr von Zahlungsmitteln« zu einer Zuchthausstrafe von vier Jahren und vier Monaten.[805]

In ähnlicher Weise ist dem Schweriner Weihbischof Bernhard Schräder Hilfsbereitschaft zum Verhängnis geworden, als sich auf ihn im Juni 1961 Vernehmungen im Zuge eines Untersuchungsvorganges des MfS ausweiteten. Das Verfahren bezog sich – wenigstens aus der Sicht des Bischofs – auch auf die Jugendweiheproblematik. Ein dem Weihbischof bis dahin unbekannter Mann aus dem Kreis Lübz suchte ihn im Frühjahr 1961 in seinem Amtszimmer auf und bat ihn, bei seiner geplanten Republikflucht behilflich zu sein. Er ersuchte den Geistlichen, einen Geldbetrag von 33 500 DM der Deutschen Notenbank entgegenzunehmen, der dem Mann nach gelungener Flucht in Berlin vom Büro des Franziskus-Krankenhauses in gleicher Summe in westdeutscher Währung zurückgezahlt werden sollte.[806] Eine solche Vorgehensweise, kirchlichen Institutionen im Osten Deutschlands Hilfsgelder aus dem Westen heimlich zukommen zu lassen, war nicht unüblich. Auf die Frage Schräders nach den Gründen der Republikflucht antwortete der Hilfesuchende, dass die Flucht aus kirchlichen Gründen erfolge. Er erklärte, »daß seine Kinder hier in einer atheistischen Schule aufwachsen, wegen der größeren Entfernung von Wohnort zur Kirche schlecht Gelegenheit zur Teilnahme am kirchlichen Leben hätten und sie auch dem künftigen Druck, an der Jugendweihe teilzunehmen, ausgesetzt würden«.[807] Das Vorhaben des Mannes scheiterte. Wegen der ihm später nachgewiesenen Beihilfe zu einer geplanten Republikflucht wurde Bernhard Schräder am 21.11.1961 vom I. Strafsenat des Bezirksgerichtes Schwerin zu einer Geldstrafe in Höhe von 5 000 DM[808] verurteilt.[809]

805 Ebenda, Bl. 12.

806 Verfügung des Staatsanwaltes des Bezirkes Schwerin vom 24.6.1961; BStU, MfS, BV Schwerin, AU 118/61, Bd. IV, Bl. 7.

807 Vernehmungsprotokoll des Beschuldigten Bernhard Schräder vom 26.6.1961; BStU, MfS, BV Schwerin, AU 118/61, Gerichtsakte, ohne Bandangabe, Bl. 14.

808 Deutsche Mark der Deutschen Notenbank (der DDR).

809 Schlussbericht des MfS, BV Schwerin zum Beschuldigten Bernhard Schräder vom 17.10.1961, handschriftlicher Vermerk; BStU, MfS, BV Schwerin, AU 118/61, Bd. IV, Bl. 166.

10. Der entscheidende Durchbruch – Die Jugendweihe 1959

Entgegen den Empfehlungen der Ostkonferenz der EKD, hinsichtlich der Jugendweihe einheitlich und uneingeschränkt am Inkompatibilitätsgrundsatz festzuhalten, wichen die Landeskirchen von Anhalt und Thüringen noch vor den Jugendweihefeierlichkeiten des Jahres 1959 von den gemeinsam beschlossenen Richtlinien ab und machten zwischen Jugendgeweihten und Nichtjugendgeweihten keinen erkennbaren Unterschied mehr. Bedenken über diese sich anbahnende Praxis äußerte die Ostkonferenz bereits am 8. Oktober 1958, als sie in Berlin tagte.[810]

In dieser Zeit lässt sich ein spürbares Nachlassen des Interesses des MfS an der Jugendweiheproblematik feststellen. Einschlägige Hinweise gingen nur noch sporadisch ein und wurden, zumindest partiell weitergeleitet. Das entsprach einem Befehl aus dem Jahr 1954, Informationen zu den Kirchen an die HA V/4 zu übermitteln.[811] So sandte im Februar 1959 die Abteilung V der Bezirksverwaltung Magdeburg die Kopie eines Schreibens des evangelischen Bischofs der Kirchenprovinz Sachsen, Johannes Jänicke, an die Hauptabteilung V/4.[812] Der Brief des Oberhirten, der am 9. Januar an alle Pfarrämter zur Weiterreichung an die Konfirmandeneltern gesandt wurde, sollte über die Haltung der Kirche in der Jugendweihefrage informieren. Da es dabei um »Bekenntnis, Gelöbnis und Weihe« gehe, so der Bischof, können Christen nur »ein klares und entschiedenes Nein sagen«. Jänicke informierte die Eltern über den Weg, den die Synode der Kirchenprovinz Sachsen »im Wesentlichen in Übereinstimmung mit anderen Gliedkirchen« in dieser Problematik beschlossen hatte. Demnach konnten alle Kinder, auch die, die an der Jugendweihe teilnehmen wollten, gemeinsam unterrichtet werden und einen Abschluss, der nicht als Konfirmation betrachtet werden würde, absolvieren. Danach sollte ein Sakramentsunterricht stattfinden und einige Wochen später jene Kinder, die nicht an der Jugendweihe teilnähmen, »zum Tisch des Herrn zugelassen« werden. Die Jugendgeweihten hingegen hatten in einem Zeitraum von etwa einem Jahr unter Beweis zu stellen, »dass sie wirklich in der Gemeinde bleiben wollen und nicht für ihren weiteren

810 Besier: SED-Staat. Weg in die Anpassung, S. 811, Anm. 771, vgl. dazu auch Urban; Weinzen: Jugend ohne Bekenntnis, S. 146.

811 Befehl des Staatssekretärs Wollweber vom 21.12.1954; BStU, MfS, BdL/Dok. Nr. 271, Bl. 4.

812 Schreiben des Leiters der Abt. V der BV Magdeburg an die HA V/4 vom 4.2.1959; BStU, MfS, AP 21696/92, Bl. 36.

Weg durch eine antichristliche, atheistische Bindung bestimmt« sind.[813] Dass diese Entscheidung zumindest eines Teils der Gliedkirchen der EKD nun immer weniger von den Gläubigen akzeptiert wurde, demonstrierte vor allem das stetige Wachsen derjenigen, die an dem neuen Ritus teilnahmen. Äußerungen einzelner Christen, die in diese Richtung wiesen, wurden vom MfS registriert. So überreichte GI »Eduard«, Pfarrer in Propstheida, dem MfS einen Brief, den das Evangelisch-Lutherische Landeskirchenamt Sachsens im Januar 1959 einer Mutter zusandte. Sie hatte der Leitung der Sächsischen Landeskirche vorgeworfen, kein Verständnis für die Eltern der Konfirmanden zu haben. Der Verfasser des Schreibens ließ die Frau wissen, die Landessynode habe sich gerade wegen der Notlage vieler Eltern und Kinder erneut mit der Konfirmation befasst und »die Möglichkeit einer späteren Konfirmation für solche Kinder offen gelassen, die selbst oder deren Eltern dem Druck nicht zu widerstehen und auf die Jugendweihe zu verzichten vermögen, sofern diese Kinder wirklich innerlich die Konfirmation begehren«.[814] Angesichts der Tatsache, dass zwei Landeskirchen begonnen hatten, einen anderen Weg zu beschreiten, war mit dem allgemeinen Unverständnis der Gläubigen zu rechnen.

Diese staatlicherseits erwartete Entfremdung durchzog die evangelische Kirche nicht mehr bloß vertikal zwischen Kirchenvolk und Kirchenleitung, auch horizontal, innerhalb des evangelischen Episkopats, entstanden Spaltungen. Obgleich sich die evangelischen Bischöfe noch gemeinsam am 21. November 1958 schriftlich bei Ministerpräsident Grotewohl über den »Druck auf die christlichen Eltern, ihre Kinder gegen ihren Willen zur Jugendweihe zu schicken«, beklagten,[815] der sich von Monat zu Monat verstärke, war eine Auseinandersetzung zwischen den Hauptvertretern der jeweiligen Richtung, Moritz Mitzenheim nun nolens volens Repräsentant der gemäßigten Regelung und Gottfried Noth als der einer rigoros vertretenen Inkompatibilität, scheinbar nicht mehr zu umgehen. Zwar konnte der Streit zwischen Mitzenheim und Noth in einem Vermittlungsgespräch mit Bischof Lilje im Januar 1959 vorerst beigelegt werden, die Problematik, die aus dem Thüringer Weg entstanden war, blieb jedoch bestehen.[816] Noch während des Schlichtungsgespräches machte Bischof Noth deutlich, dass durch die thüringische Konfirmationsordnung die Praxis des Entweder-oder aufgehoben werde. Für die benachbarte Sächsische

813 Schreiben des evangelischen Bischofs der Kirchenprovinz Sachsen an die Konfirmandeneltern vom Januar 1959; BStU, MfS, AP 21696/92, Bl. 38–41.

814 Schreiben des Evangelisch-Lutherischen Landeskirchenamtes Sachsen an eine Mutter vom 16.1.1959, Unterschrift unleserlich; BStU, MfS, BV Leipzig, AIM 2020/76, Teil II, Bd. 1, Bl. 188 f.

815 Eilnachrichten des Evangelisch-Lutherischen Landeskirchenamtes Sachsen an die Konventsvorsitzenden vom 19.5.1959 über den Schriftwechsel zwischen den Kirchen in der DDR und der Regierung der DDR; BStU, MfS, AIM 1822/64, Teil A, Bd. 3, Bl. 62–70.

816 Bericht über einen Treff mit GM »Konrad« am 25.2.1959; ebenda, Bl. 15 f.

Landeskirche bedeute dies eine Erschwerung der Not. Mit Recht wies Bischof Noth darauf hin, dass in der Jugendweihefrage Sachsen gegen Thüringen ausgespielt und die sächsische nunmehr als »NATO-hörige« Kirche während die Thüringer als positive Kirche gesehen werde.[817]

Durch das gemeinsame Schreiben der Bischöfe vom 21. November 1958 wurde ein Schriftwechsel mit Ministerpräsident Grotewohl eröffnet, dem sich im Mai 1959 ein Brief mit einem Memorandum der Bischöfe an den Staatssekretär für Kirchenfragen anschloss. Die Jugendweiheproblematik wird in diesen Schreiben nur am Rand erwähnt. Der Staatssicherheitsdienst erfuhr von diesem Schriftverkehr lediglich durch GM »Konrad«, der einen zur Information aller Geistlichen bestimmten, vom Landeskirchenamt Sachsen zusammengestellten Überblick dieser Korrespondenz[818] seinem Führungsoffizier übergab. Bei dieser Gelegenheit informierte Konrad Müller Leutnant Jänicke von seiner Versetzung nach Schwerin, der er, trotz entgegenstehender Wünsche des MfS, zugestimmt hatte.[819]

Im November 1958 gab das Bischöfliche Ordinariat Berlin eine Pastoralanweisung heraus, die für die Folgezeit Geltung haben sollte. Den Seelsorgern wurde dabei auferlegt, sich nicht auf gelegentliche Nachrichten aus der Gemeinde zu verlassen, sondern »selbst zu untersuchen, wer von seinen Kindern sich zur Jugendweihe angemeldet oder schon daran teilgenommen hat«. Das Schreiben unterschied explizit zwischen Anmeldung, Teilnahme nur an den Vorbereitungsstunden und Teilnahme an der Jugendweihe. Außerdem wurde die Werbung für und die Mitwirkung an der Jugendweihe thematisiert. Kinder des 1. und 2. Schuljahres, die von den Eltern und Kinder des 3. bis 8. Schuljahres, die gegen ihren Willen zur Teilnahme angemeldet wurden, durften »nach dem klugen Ermessen der Seelsorger« weiterhin zum Empfang der Sakramente zugelassen werden. Die Teilnahme an den Vorbereitungsstunden der Jugendweihe konnte zur Verweigerung der Sakramente führen, wenn eine Teilnahme an dem Ersatzritus nicht mehr zu verhindern war. Wer an der Jugendweihe teilnahm, durfte »erst nach einer Bewährungszeit von ½ Jahr zum Empfang der heiligen Kommunion und Firmung zugelassen werden«. Eine Zulassung zu diesen Sakramenten setzte das Ablegen eines Treu-Versprechens voraus. Auch für die Eltern, die ihre Kinder an dem Ersatzritus angemeldet und die katholischen Pädagogen, die daran mitgewirkt hatten, kam eine Verweigerung der Sakramente in Betracht.[820] Die in der Richtlinie ausdrücklich »zur Stärkung des Glaubens«

817 Besier: SED-Staat. Weg in die Anpassung, S. 360.

818 Eilnachrichten des Evangelisch-Lutherischen Landeskirchenamtes Sachsen an die Konventsvorsitzenden mit Bitte um Weitergabe an die Pfarrer vom 19.5.1959; BStU, MfS, AIM 1822/64, Teil A, Bd. 3, Bl. 62–70.

819 Bericht über einen Treff mit GM »Konrad« am 12.5.1959; ebenda, Bl. 41–44 .

820 Pastoralanweisung des Bischöflichen Ordinariats Berlin zu Fragen des Kirchenaustritts und Sozialistischer Ersatzriten vom 24.11.1958; Lange (Hg.): Katholische Kirche – Sozi-

empfohlene Erstkommunion bereits im 2. Schuljahr zeigt, dass die Interessenkonflikte in der katholischen Kirche weniger zum Tragen kommen konnten als in der evangelischen, wo Konfirmation und Jugendweihe zeitlich zusammenfielen.

Diese Richtlinien aus Berlin und die Hirtenworte zu dem sozialistischen Ersatzritus waren in den katholischen Gemeinden präsent, als sich die Jugendweihefeierlichkeiten des Jahres 1959 vollzogen. Offene Ablehnung der Jugendweihe durch katholische Seelsorger registrierte das MfS nicht. Mitarbeiter der Kreisdienststelle Karl-Marx-Stadt/Stadt schätzten im Sommer 1959 die katholischen Geistlichen ihres Bereichs als nie in Erscheinung tretende, »ängstlich fast jede Berührung mit den Organen des Staates« meidende Bürger ein, die »nach außen vollkommene Loyalität bezw. Uninteressiertheit, in politischen Dingen zur Schau« trügen, die jedoch »ihre Machtstellung gegenüber den Gläubigen zu zielstrebiger Aufweichung und Hetze im Sinne der Adenauer-CDU« benutzten.[821] Die Jugendweiheproblematik wurde dabei nicht ausdrücklich genannt.

In einer im November für den Bezirk Karl-Marx-Stadt vom MfS erstellten Einschätzung der Tätigkeit der Kirchen wurde andererseits betont, dass es unter den katholischen Geistlichen, im Gegensatz zu einzelnen evangelischen Seelsorgern, keine Beispiele dafür gebe, dass die ablehnende Haltung ihrer Kirche zur Jugendweihe von ihnen nicht mitgetragen werde. Ausdrücklich wurde darauf hingewiesen, dass die Gläubigen durch die Hirtenbriefe aufgefordert wurden, sich »nicht an der soz. Jugendweihe, Namensgebung und soz. Eheschließung zu beteiligen«. Immer wieder hätten ihnen die katholischen Seelsorger angeraten, sich auf die in der Verfassung garantierte Glaubens- und Gewissensfreiheit zu berufen.[822]

Im Frühjahr 1959 kam es für die Jugendweihe zum entscheidenden Durchbruch. Angaben über Teilnehmerzahlen zwischen 80,4[823] und 86,7[824] Prozent lassen erkennen, dass sich nur noch kleine Randgruppen dem neuen Ritus entzogen. Innerhalb der Bezirke gab es leichte Abweichungen. Im Bezirk Leipzig nahmen 86,71, im Bezirk Dresden 72,4 Prozent der Jugendlichen des Altersjahr-

alistischer Staat DDR, S. 140–146.

821 Analyse über Religionsgemeinschaften im Stadtkreis Karl-Marx-Stadt vom 10.8.1959; BStU, MfS, BV Karl-Marx-Stadt, Abt. XX, Nr. 355, Bl. 28.

822 Einschätzung über die Tätigkeit der Kirchen, Religionsgemeinschaften und Sekten im Bezirk Karl-Marx-Stadt vom 14.11.1959; ebenda, Bl. 65 f.

823 In der Nationalzeitung, Berlin (Ost), vom 14.11.1974 veröffentlicht. Hier zit. nach: Urban; Weinzen: Jugend ohne Bekenntnis, S. 27.

824 Angabe des Bezirksausschusses für Jugendweihe vom 18.1.1964. Hier zit. nach: Timmermann: Agenda DDR-Forschung, S. 315.

ganges am Ersatzritus teil.[825] Die Bezirksbehörde der Deutschen Volkspolizei Karl-Marx-Stadt gab für ihren Bezirk eine Teilnahme von 73,7 Prozent an.[826]

In die MfS-Unterlagen fand dieser »Erfolg« keinen Eingang. In einem anonymen Bericht über eine Synode des Kirchenkreises Oberspree wurde im November 1959 festgehalten, dass die Konfirmationen vor Ort um zwei Drittel gegenüber 1954 zurückgegangen seien und dass überdies 90 Prozent der Konfirmanden nachträglich zur Jugendweihe gingen.[827]

Auch unter den katholischen Jugendlichen nahm die Zahl der Teilnehmer an der Jugendweihe zu. Unterzogen sich noch 1958 DDR-weit etwa 11 bis 12 Prozent der katholischen Kinder dem neuen Ritus, so waren es 1959 bereits 37,8 Prozent.[828]

825 Dähn: Sozialistische Riten und ihre Rolle in der SED-Politik, S. 315 f.

826 Angaben der BDVP Karl-Marx-Stadt, Erlaubniswesen, vom 29.5.1959 über die Teilnahme an der Jugendweihe 1958/59 im Bezirk Karl-Marx-Stadt; BStU, MfS, BV Karl-Marx-Stadt, Abt. XX, Nr. 59, Bd. 1, Bl. 19.

827 Bericht über die Kreissynode des Kirchenkreises Oberspree vom 4.11.1959; BStU, MfS, AS, Nr. 2553/67, Bd. 1, Bl. 220 ff.

828 Diederich: SED und Jugendweihe, S. 72.

11. Weitere Entwicklungen

Erst nachdem die Jugendweihe ihren sicheren Platz in der Gesellschaft der DDR hatte, wurden fast unmerklich und über einen langen Zeitraum hinweg Veränderungen an ihr vorgenommen, die den Kern des Ritus und damit den Gegenstand der Auseinandersetzung mit seinen Gegnern jedoch kaum berührten.

Bereits im Jahr 1958 wurde der Text der Gelöbnisformel von 1955 verändert und 1969 erneut umgestaltet. War in der Formel von 1958 der Akzent darauf gesetzt, die Kraft der Jugendlichen für »die große und edle Sache des Sozialismus« und für den Kampf »mit dem Sowjetvolk und allen friedliebenden Menschen der Welt« zur Sicherung und Verteidigung des Friedens einzusetzen, so wurde ab 1969 außerdem die Stellung der Jugendlichen im »Arbeiter- und Bauernstaat« betont.[829] Dass das geforderte Bekenntnis zum Sozialismus auch ein Zugeständnis an die Weltanschauung des Marxismus-Leninismus darstellte, wurde von den Kirchen stets hervorgehoben.

Die MfS-Bezirksverwaltung Potsdam brachte in einer kurzen Abhandlung im September 1969 »Fragen der Jugendweihe und des neuen Jugendweihe-Gelöbnisses« zur Sprache und stellte dabei Differenzen innerhalb der Evangelischen Kirche Berlin-Brandenburg fest. Reaktionär eingeschätzte Pfarrer hätten zum Ausdruck gebracht, dass »das Jugendweihegelöbnis und das damit verbundene Bekenntnis zum Sozialismus vom Atheismus geprägt und gegen die Kirche gerichtet« sei. Die Kirche könne daher von ihrer Haltung der Unvereinbarkeit von Jugendweihe und Konfirmation nicht abweichen. Die in den Augen des MfS loyalen und positiven Kirchenkräfte hätten hingegen die Ansicht vertreten, dass »das jetzige Jugendweihegelöbnis keine antichristlichen Akzente und keinerlei Absagen an den religiösen Glauben« enthielten. Aus diesem Grunde würden sie die Streichung der Unvereinbarkeit von Jugendweihe und Konfirmation aus der Ordnung der Kirchenleitung fordern.[830] Die Abhandlung wurde vom MfS in einem Ordner abgelegt, der thematisch und chronologisch ungeordnetes Material zu Kirchenfragen enthielt.

Der von den Kirchen stets beanstandete Themenplan für die Jugendweihestunden wurde im Jahr 1963 völlig umgestaltet. Rein atheistische Tendenzen waren danach nicht mehr feststellbar.[831] Ein im Jahr 1970 eingeführtes Jugend-

829 Alle drei Gelöbnisformeln sind abgedruckt in: Urban; Weinzen: Jugend ohne Bekenntnis, S. 58–69.

830 Abhandlung der BV Potsdam zu Fragen der Jugendweihe und des neuen Jugendweihe-Gelöbnisses vom 10.9.1969; BStU, MfS, HA XX/4, Nr. 2341, Bl. 90–92.

831 Urban; Weinzen: Jugend ohne Bekenntnis, S. 44.

stundenprogramm vermittelte natur- und gesellschaftswissenschaftliche Sachverhalte schließlich nur noch am Rand. Im Jugendweihejahr 1982/83 wurde das Jugendstundenprogramm zum dritten Mal geändert.[832]

Zur Ablösung des Geschenkbuches »Weltall, Erde, Mensch« kam es erst im Jahr 1975. Den Jugendweihlingen wurde nun das Buch »Der Sozialismus – Deine Welt« überreicht. Im Jahr 1983 führte man das Werk »Vom Sinn unseres Lebens« als Jugendweihegeschenk ein.[833]

Die Kirchen sahen sich Ende der fünfziger Jahre mit neuen Hindernissen und Problemen im Erziehungsbereich konfrontiert. Die Verordnung des Ministerrates der DDR zur Schulordnung und das entsprechende »Gesetz über die sozialistische Entwicklung des Schulwesens in der DDR«, das die Volkskammer am 2. Dezember 1959 verabschiedete, sahen vor, Religionsunterricht nicht mehr in Eckstunden und nur noch nach einer zweistündigen Pause zur letzten Schulstunde zu gestatten. Damit war die christliche Unterweisung derart erschwert, dass ein starker Einbruch zu befürchten war.[834]

Als Walter Ulbricht bei seiner Wahl zum Staatsratsvorsitzenden in seiner »Programmatischen Erklärung« am 4. Oktober 1960 einen neuerlichen Kurswechsel in der Kirchenpolitik der SED ankündigte und dabei betonte, dass es keine Gegensätze zwischen dem Christentum und dem humanistischen Ziel des Sozialismus gebe,[835] hatten die Kirchen den Kampf um die Einführung der Jugendweihe bereits verloren.

In der Folgezeit ignorierte das MfS die Jugendweiheproblematik. Sporadisch eintreffende Informationen zu der Thematik wurden unbeachtet unter anderem Kirchenmaterial abgelegt. Für die Kirchen blieb die Jugendweihe ein Problem. Im November 1969 hielt der Schweriner Oberkirchenrat Timm in einem Material zur Jugendweihe fest, dass auch nach einer 15-jährigen Erfahrung der Kirche mit dem sozialistischen Ritus die Konflikte nicht geringer geworden seien. Vor allem die gültigen kirchlichen Ordnungen gegenüber Jugendweiheteilnehmern erschienen »vielen verwirrend und schwer zu praktizieren«.[836]

Aufschlussreich für das Mitwirken des MfS bei der Einführung der Jugendweihe ist eine Darstellung, die Gerhard Lotz im November 1959 über die allgemeine kirchliche Situation für das MfS anfertigte. Dabei hob er hervor, dass die evangelischen Kirchen auf dem Boden der DDR bis zur Hälfte des Jahres 1958 »einen relativ geschlossenen Block gebildet« hätten. Eine »Anti-Haltung gegen die DDR« sei damals eine stillschweigende Voraussetzung gewesen. Dies habe

832 Ebenda, S. 54.

833 Ebenda, S. 89.

834 Besier: SED-Staat. Weg in die Anpassung, S. 338.

835 Vgl. Mau: Protestantismus, S. 64.

836 Material über die Frage der Jugendweihe zur Besprechung im Pastorenkonvent der Landeskirche Mecklenburg vom 12.11.1969; BStU, MfS, BV Rostock, KD Rostock, Nr. 332, Bl. 108–115.

sich zwischenzeitlich geändert. Zwar werde eine »starre Haltung des Anti gegenüber der DDR« noch vor allem von Bischof Dibelius vertreten, in der kirchlichen Ostkonferenz sei jedoch »ein starker Einbruch erzielt worden«. »Datumsmäßig« sei dieser Einbruch »mit dem sog. Thüringer-Jugendweihe-Erweichungsbeschluss«, mit dem den Pfarrern praktisch die »Ignorierung der Jugendweihe« nahegelegt wurde, und mit verschiedenen Äußerungen Mitzenheims zu fixieren. Mit diesen Ereignissen sei eine positive Haltung kirchlicherseits gegenüber der DDR »sozusagen salonfähig geworden«. Lotz wies in seiner Beschreibung darauf hin, dass die Evangelische Landeskirche Anhalts bezüglich der Jugendweihe einen ähnlichen Weg wie Thüringen gehe und dass »vielfach die Pfarrer auch in den anderen Kirchen außerhalb Thüringens und Anhalts eine ähnliche Haltung in der Praxis« eingenommen hätten. Nicht zuletzt betonte er die Bedeutung des Weimarer Arbeitskreises, der »mit der Durchdrückung des Konfirmationsbeschlusses in Thüringen« den aufgezeigten Durchbruch erzielt habe.[837]

Die katholische Kirche vertrat weiterhin geschlossen die Unvereinbarkeit von Jugendweihe und Empfang der Sakramente. In zahlreichen Hirten- und Pastoralbriefen wiesen die katholischen Bischöfe und bischöflichen Kommissare immer wieder darauf hin. Noch im September 1967 erinnerten die Oberhirten die Geistlichen ihrer Bereiche daran, dass Christen, die an den sozialistischen Ersatzriten freiwillig teilnahmen, gegen den Glauben sündigten und bis zu ihrer Bekehrung von den Sakramenten ausgeschlossen seien. Die weitere Gültigkeit der festgelegten Sanktionen wurde expressis verbis betont.[838] Im Februar 1969 verfasste die Berliner Ordinarienkonferenz eine Stellungnahme zur neuen Fassung der Gelöbnisformel der Jugendweihe. Aus Gesprächen und Gutachten hätten sich demnach »keine neuen Gesichtspunkte in der christlichen Beurteilung der Jugendweihe« ergeben. Die »bisherigen Sanktionen« wurden jedoch als ein nicht mehr brauchbares Mittel für die Jugendlichen, zu einer klaren Glaubensentscheidung zu gelangen, gesehen. Sie sollten durch eine »andere geeignete Bewährung im Glauben ersetzt werden«.[839] Damit wurden alle im Zusammenhang mit der Jugendweihe stehenden Sanktionen »unter Beibehaltung der grundsätzlichen Ablehnung« des Ersatzritus aufgehoben.[840]

Weitere Schreiben der Ortsordinarien folgten u. a. 1972, 1981 und 1986. Noch im Dezember 1989 nahm die Berliner Bischofskonferenz in einem den Wandel in Staat und Gesellschaft betreffenden gemeinsamen Hirtenbrief auf die Jugendweihe Bezug und betonte, dass diese, ebenso wie Junge Pioniere, FDJ

837 Bericht des GM »Karl« über die kirchliche Situation heute und ihre politische Bedeutung vom 2.11.1959; BStU, MfS, AIM 3043/86, Bd. 3, Bl. 5–12.

838 Pastoralbrief der Bischöfe an ihre Mitbrüder im Presbyterium vom 4.9.1967; Lange: Dokumente, S. 225.

839 Stellungnahme der Berliner Ordinarienkonferenz zur Fassung der neuen Gelöbnisformel der Jugendweihe vom 25.2.1969; ebenda, S. 238.

840 Vgl. Pilvousek: Die Katholische Kirche in der DDR, S. 426 f.

oder Gesellschaft für Sport und Technik (GST), in den Schulen nichts zu suchen hätten.[841]

Der Staatssicherheitsdienst ließ sich auch regelmäßig informieren, welche Kinder der eigenen Mitarbeiter an der Jugendweihe teilnahmen. Diese Informationen wurden über eine eigens dafür festgelegte Tagebuchnummer erhoben. So forderte die Leipziger Abteilung Kader und Schulung im März 1960 alle Leiter der Dienststellen der Bezirksverwaltung auf, »Kinder, welche im Jahre 1960 an der Jugendweihe« teilnahmen, bis zum 30. März mit Namen, Vornamen, Geburtsdatum und genauer Wohnanschrift zu melden.[842] Vordergründig sollte diese Maßnahme ermöglichen, den Jugendgeweihten eine Geschenksendung zukommen zu lassen.

Der erzwungene Erfolg der Jugendweihe bestand im rapiden Anstieg ihrer Teilnehmerzahlen, der am deutlichsten im Jahr 1959 feststellbar war. Im Bezirk Leipzig lag die Teilnahme an dem Ersatzritus in diesem Jahr mit 86,7[843] signifikant über dem DDR-Gesamtdurchschnitt von 80,4 Prozent.[844] Bereits 1958 beteiligten sich in Leipzig mit 80,8 Prozent doppelt so viele Jugendliche daran wie im Rest der Republik. Gelegentlich wird der harte Kurs des ersten Sekretärs der SED-Bezirksleitung, Paul Fröhlich, für dieses Vorangehen der Messestadt verantwortlich gemacht.[845] Im Bezirk Dresden stieg die Beteiligung von 1958 bis 1959 um 39,2 auf 72,4 Prozent,[846] im Bezirk Karl-Marx-Stadt im gleichen Zeitraum um 27,1 auf 73,0 Prozent.[847] In den folgenden Jahren erhöhten sich die Zahlen allmählich weiter, bis sie im Jahr 1983 die Marke von 98 Prozent erreicht hatten.[848] Gegenüber der steigenden Jugendweiheteilnehmerzahl nahm die der Konfirmanden kontinuierlich ab. Der Pfarrer der Leipziger Taborgemeinde, in welcher 1955 noch 80 Jugendliche an der Konfirmation teilnahmen, rechnete für das Jahr 1959 nur noch mit drei Konfirmanden.[849] Ähnliche Zahlenverhältnisse waren in der Folgezeit DDR-weit festzustellen. Im Inspektionsbereich Berlin-Köpenick des Kirchenkreises Oberspree nahmen 1966 von den 1 294 für Jugendweihe und Konfirmation infrage kommenden Jugendlichen 1 240 an dem sozialistischen Ritus und nur 111 an der kirchlichen Feier teil. 25 Prozent dieser

841 Gemeinsamer Hirtenbrief der Berliner Bischofskonferenz zum Wandel in Staat und Gesellschaft vom 19.12.1989; Lange: Dokumente, S. 394.

842 Schreiben der Abteilung Kader und Schulung der BV Leipzig an alle Leiter der Dienststellen vom 25.3.1960; BStU, MfS, BV Leipzig, Abt. XIV, Nr. 00243, Bl. 63.

843 Dähn: Sozialistische Riten, S. 315.

844 Urban; Weinzen: Jugend ohne Bekenntnis, S. 27.

845 Wilhelm: Die Diktatur und die evangelische Kirche, S. 410.

846 Dähn: Sozialistische Riten und ihre Rolle in der SED-Politik, S. 316.

847 Information der BV KMS über das Verhalten von Pfarrern gegenüber der Jugendweihe vom 12.11.1960; BStU, MfS, BV Karl-Marx-Stadt, AKG, Nr. 5779, Bl. 300.

848 Plato: Bedeutsame Ereignisse vor Ort, S. 263.

849 Wilhelm: Die Diktatur und die evangelische Kirche, S. 410.

Konfirmanden feierten aufgrund ihrer Teilnahme an der Jugendweihe im vorangegangenen Jahr die kirchliche Feier um ein Jahr verzögert.[850]

Auch unter den katholischen Jugendlichen nahm die Zahl der Jugendweiheteilnehmer zu. Im Jahr 1959 waren es bereits 37,8 und 1960 beinahe 44 Prozent der infrage kommenden katholischen Jugendlichen, die an dem sozialistischen Ritus teilnahmen.[851] In den katholisch geprägten Eichsfeldkreisen Heiligenstadt und Worbis, in denen die Teilnehmerzahlen in der DDR-Statistik über die Jugendweiheteilnahme stets am geringsten waren, nahmen in den siebziger Jahren etwa drei Viertel der Kinder an dem Ersatzritus teil.[852] Dennoch lag die Beteiligung katholischer Jugendlicher an dem Initiationsritus deutlich unter dem Durchschnitt. Von 1960 an war die Frage der Teilnahme an der Jugendweihe im Wesentlichen eine Angelegenheit des Einzelnen. Die Mehrheit der Jungen und Mädchen und deren Eltern entschieden sich für eine Beteiligung an der Jugendweihe. Wer an ihr nicht teilnahm, hatte die Konsequenzen weitgehend allein zu tragen.

850 Bericht über Anzahl der Jugendweiheteilnehmer und Konfirmation 1966 im Inspektionsbereich Berlin-Köpenick vom 23.6.1966; BStU, MfS, AS, Nr. 2553/67, Bd. 1, Bl. 320.

851 Schäfer: Katholische Kirche, S. 155; vgl. auch Diederich: SED und Jugendweihe, S. 72.

852 Plato: Bedeutsame Ereignisse vor Ort, S. 263.

12. Schlussbetrachtung

Das Ziel der SED-Politiker, allen voran das des Generalsekretärs des ZK Walter Ulbricht, bei der Einführung der Jugendweihe war weitreichend. Die Macht der Kirchen sollte gebrochen, ihre Monopolstellung bei der öffentlichen Ausgestaltung familiärer Feste untergraben, die Jugend der Beeinflussung durch die Geistlichen entzogen und vor allem der Einfluss des Staates auf die atheistische Erziehung der Kinder erweitert werden. Von Anweisungen oder Befehlen der Parteiführung an ihr Überwachungsorgan hinsichtlich des neuen Ritus gibt es keine Spur in den Unterlagen des MfS. Gleichsam automatisch scheint die Forderung um Mitwirkung bei der Durchsetzung der Jugendweihe von der Parteispitze auf das Ministerium übergegangen zu sein. Unverzüglich waren seine Mitarbeiter für diese Problematik sensibilisiert und begannen Informationen zu sammeln. In schon laufenden operativen Vorgängen begann der neue Ritus an Bedeutung zu gewinnen.

Über Kircheninterna war das MfS zu diesem Zeitpunkt kaum informiert. Da geeignete Geheime Informatoren fehlten, musste man auf offizielle Informationen zurückgreifen. Immer häufiger wurden Briefe, die Geistliche an Konfirmanden oder deren Eltern schrieben, Ausgangspunkt für eine Überwachung. Nicht die kirchlichen Oberen, die die Anweisung hinsichtlich der Jugendweihe gaben, rückten ins Blickfeld des Staatssicherheitsdienstes, sondern die Geistlichen vor Ort, die diese Direktiven auszuführen hatten.

Mittels seines Informationsdienstes setzte das MfS die Parteiführung über die Situation nach der Einführung der Jugendweihe in Kenntnis. Doch scheint es aus den Vorwürfen nach den Juni-Ereignissen 1953, die SED nicht richtig und ausreichend informiert zu haben, keine Lehren gezogen zu haben. Die wahre Situation wurde verschleiert, es wurde weitergeleitet, was die Partei gern hörte, nicht das, was sie zur richtigen Einschätzung der Lage hätte hören sollen. Die Berichte und Analysen, die die Parteispitze erreichten, waren tendenziös und nicht wahrheitsgetreu. Die Gründe, warum die Kirchen die Jugendweihe ablehnten, wurden nicht erwähnt, obwohl sie die dem Ministerium längst bekannt waren. Nöte und Ängste der Christen, bekanntgewordene Fälle von Benachteiligungen Nichtjugendgeweihter, eindeutige Verstöße gegen die Freiwilligkeit und Nichtstaatlichkeit der Jugendweihe sind verschwiegen und nicht selten als »Gerüchte« desavouiert worden.

Bald schon wurde die Kritik an der Jugendweihe als Kritik an der Politik der SED ausgelegt und rückte damit in den Bereich des Strafbestandes der Boykotthetze. Die »Bearbeitung« von Geistlichen, die die Jugendweihe offen ablehnten, wurde intensiviert. Die gesamte Bandbreite der die Kirchen betreffenden Arbeitsweisen des MfS der fünfziger Jahre kam zum Einsatz: Bespitzelung durch Geheime Mitarbeiter, Differenzierungsmaßnahmen, Einschüchterung und die Einbindung der Presse. Das MfS verbreitete Lügen über die Geistlichen, führte Pressekampagnen gegen sie durch und beteiligte sich an Einwohnerversammlungen, in denen deren Versetzung gefordert wurde. Nicht immer hatte der Staatssicherheitsdienst mit seinen Aktionen Erfolg, ohne Wirkung blieben sie jedoch nicht. Verängstigt, oft alleingelassen oder eingeschüchtert zogen sich die angefochtenen Seelsorger zurück und äußerten sich nicht mehr kritisch zur Jugendweihe.

Differenzierungsmaßnahmen wurden auf allen Ebenen durchgeführt. Man suchte Keile zu treiben zwischen Kirchenobere und Pfarrer, zwischen sogenannt reaktionäre und fortschrittliche Geistliche und zwischen die Seelsorger und das Kirchenvolk. Dabei arbeiteten andere staatliche Stellen nur sporadisch mit dem MfS zusammen. Die erwünschte kontinuierliche Zusammenarbeit kam nicht zustande.

Durch ein kumulatives, anhäufendes Sammeln, nicht durch gezieltes systematisches Vorgehen wollte man schnellstmöglich genügend belastende Fakten für ein juristisches Vorgehen gegen Jugendweihegegner zusammentragen. Aus solchem Vorgehen entstandene Misserfolge wurden oft durch Vorgesetzte bemängelt.

In der Thüringer Landeskirche gelang es dem MfS in Zusammenarbeit mit einem Geheimen Mitarbeiter, die Einheit in der Entweder-oder-Haltung der evangelischen Gliedkirchen zu durchbrechen. Mit dem Fall Otto Maercker, der durch das Wirken des Staatssicherheitsdienstes zu dem erwünschten Abschluss gebracht werden konnte und überall bekannt wurde, änderte sich die Einstellung mancher Kirchenmitglieder zu den Maßnahmen der Kirchen.

Dem MfS gelang es, indem es Jugendweihegegner mundtot machte, auf das Handeln Geistlicher einwirkte und Differenzierungsmaßnahmen verwirklichte, an der Einführung und Durchsetzung des neuen sozialistischen Ritus der Jugendweihe aktiv mitzuwirken.

Anhang

Abkürzungsverzeichnis

A	Arbeits- und Berichtsakte
Abt.	Abteilung
AGI	archivierte GI-Akte
AIM	archivierter IM-Vorgang
AKG	Auswertungs- und Kontrollgruppe
ANS	Amt für Nationale Sicherheit
AOP	archivierter Operativer Vorgang
AP	Allgemeine Personenablage
AS	Allgemeine Sachablage
AU	archivierter Untersuchungsvorgang
Bd.	Band
BdL	Büro der Leitung/des Leiters
BDVP	Bezirksbehörde der Deutschen Volkspolizei
Bl.	Blatt
BStU	Bundesbeauftragter für die Unterlagen des Staatssicherheitsdienstes der ehemaligen Deutschen Demokratischen Republik
BV	Bezirksverwaltung
CDU	Christlich Demokratische Union
DA	Dienstanweisung
DFD	Demokratischer Frauenbund Deutschlands
DM	Deutsche Mark (der Deutschen Notenbank)
Dok	Dokumentation
EKD	Evangelische Kirche in Deutschland
FDJ	Freie Deutsche Jugend
GHI	Geheimer Hauptinformator
GI	Geheimer Informator
GST	Gesellschaft für Sport und Technik
GVS	Geheime Verschlusssache
HA	Hauptabteilung
HO	Handelsorganisation
JP	Junge Pioniere
KD	Kreisdienststelle
KP	Kontaktperson
KPdSU	Kommunistische Partei der Sowjetunion
Kr.	Kreis
Lic.	Lizentiat
LPG	Landwirtschaftliche Produktionsgenossenschaft
LVZ	Leipziger Volkszeitung
MfS	Ministerium für Staatssicherheit
ND	Neues Deutschland
NDPD	Nationaldemokratische Partei Deutschlands
NF	Nationale Front
NVA	Nationale Volksarmee
OKR	Oberkirchenrat
P	Personalakte
Pfr.	Pfarrer
PM	Pass- und Meldewesen
RdK	Rat des Kreises

SBZ	Sowjetische Besatzungszone
SdM	Sekretariat des Ministers
SED	Sozialistische Einheitspartei Deutschlands
SfS	Staatssekretariat für Staatssicherheit
StEG	Strafrechtsergänzungsgesetz
VEB	Volkseigener Betrieb
VP	Volkspolizei
VPKA	Volkspolizeikreisamt
VSH	Vorverdichtungs-, Such- und Hinweiskartei
WAK	Weißenseer Arbeitskreis
ZAIG	Zentrale Auswertungs- und Informationsgruppe
ZK	Zentralkomitee (der SED)

Literaturverzeichnis

Agethen, Manfred: Die CDU in der DDR In: Konrad-Adenauer-Stiftung (Hg.): Kleine Geschichte der CDU. Stuttgart 1995, S. 201–249

Ansorg, Leonore; Häder, Sonja: Auf dem Wege zum »neuen Menschen«. Schule und Junge Pioniere in der SBZ/DDR bis Anfang der fünfziger Jahre. In: Kocka, Jürgen; Sabrow, Martin (Hg.): Die DDR als Geschichte: Fragen – Hypothesen – Perspektiven. Zeithistorische Studien, Bd. 2. Berlin 1994, S. 92–96

Becker, Marlene: »In unseren Händen liegt es, die Zukunft zu gestalten.«: Jugend und evangelische Kirche in der SBZ/DDR vor dem Mauerbau. Oldenburg 2007

Besier, Gerhard; Wolf, Stephan (Hg.): »Pfarrer, Christen und Katholiken«: Das Ministerium für Staatssicherheit der ehemaligen DDR und die Kirchen. 2. Aufl., Neukirchen-Vluyn 1992

Besier, Gerhard: Der SED-Staat und die Kirche. Der Weg in die Anpassung. München 1993

Besier, Gerhard: Die Rolle des MfS bei der Durchsetzung der Kirchenpolitik der SED. In: Henke, Klaus-Dietmar; Engelmann, Roger (Hg.): Aktenlage. Die Bedeutung der Unterlagen des Staatssicherheitsdienstes für die Zeitgeschichtsforschung. Berlin 1995, S. 98–117

Boese, Thomas: Die Entwicklung des Staatskirchenrechts in der DDR von 1945 bis 1989: unter besonderer Berücksichtigung des Verhältnisses von Staat, Schule und Kirche. Baden-Baden 1994

Braecklein, Ingo: »Im Hintergrund ist bei mir immer das Gefühl des Soldatseins geblieben«, Interview am 15. November 1994. In: Findeis, Hagen; Pollack, Detlef (Hg.): Selbstbewahrung oder Selbstverlust: Bischöfe und Repräsentanten der evangelischen Kirche in der DDR über ihr Leben; 17 Interviews. Berlin 1999, S. 41–67

Brodkorb, Clemens (Hg.): Jahrbuch für mitteldeutsche Kirchen- und Ordensgeschichte, 7. Jahrgang. Heiligenstadt 2011

Brodkorb, Clemens: Der Biesdorfer Jesuitenprozess 1958. In: Jahrbuch für mitteldeutsche Kirchen- und Ordensgeschichte, 7. Jahrgang. Heiligenstadt 2011, S. 125–170

Brodkorb, Clemens: Jahrbuch für mitteldeutsche Kirchen- und Ordensgeschichte, 7. Jg. Heiligenstadt 2011

Brose, Thomas (Hg.): Gewagte Freiheit: Wende – Wandel – Revolution. Leipzig 1999

Bundesministerium der Justiz: Im Namen des Volkes? Über die Justiz im Staat der DDR: wissenschaftlicher Begleitband zur Ausstellung. Leipzig 1994

Chauliac, Marina: Die Jugendweihe zwischen familialem und politischem Erbe der DDR. Zur Erfindung einer neuen Tradition. In: Kott, Sandrine; Droit, Emmanuel (Hg.): Die ostdeutsche Gesellschaft. Eine transnationale Perspektive. Berlin 2006, S. 198–214

Dähn, Horst; Gotschlich, Helga (Hg.): »Und führe uns nicht in Versuchung ...«, Jugend im Spannungsfeld von Staat und Kirche in der SBZ/DDR 1945 bis 1989. Berlin 1998

Dähn, Horst: Sozialistische Riten und ihre Rolle in der SED-Kirchenpolitik. In: Timmermann, Heiner (Hg.): Agenda DDR-Forschung, Dokumente und Schriften der Europäischen Akademie Otzenhausen, Bd. 112. Münster 2005, S. 310–328

Deutscher Bundestag (Hg.): Materialien der Enquete-Kommission »Aufarbeitung von Geschichte und Folgen der SED-Diktatur in Deutschland«, Bd. VI/1 u. 2, Rolle und Selbstverständnis der Kirchen in den verschiedenen Phasen der SED-Diktatur. Baden-Baden 1995

Die DDR im Blick der Stasi 1977. Die geheimen Berichte an die SED-Führung, bearb. von Bispinck, Henrik. Göttingen 2012, S. 7–12

Diederich, Georg: SED und Jugendweihe. In: Ders.; Schäfer, Bernd; Ohlemacher, Jörg: Jugendweihe in der DDR. Geschichte und politische Bedeutung aus christlicher Sicht, Heinrich-Theissing-Institut Schwerin. Schwerin 1998, S. 5–68

Diederich, Georg; Schäfer, Bernd; Ohlemacher, Jörg: Jugendweihe in der DDR. Geschichte und politische Bedeutung aus christlicher Sicht, Heinrich-Theissing-Institut Schwerin. Schwerin 1998
Döhner, Albrecht: Jugendweihe nach 1990 oder: Die Wandlung eines Klassikers. In: Ueberschär, Ellen (Hg.): Jugendweihe – ein Ritual im Wandel der politischen Systeme, Schriftenreihe des Instituts für vergleichende Staat-Kirche-Forschung, Heft 15. Berlin 2004, S. 51–65
Engelmann, Roger: Kurs auf die entwickelte Diktatur: Walter Ulbricht, die Entmachtung Ernst Wollwebers und die Neuausrichtung des Staatssicherheitsdienstes 1956/57. Hg. BStU (BF informiert; 1995,1). Berlin 1995
Engelmann, Roger; Joestel, Frank (Bearb.): Grundsatzdokumente des MfS. Hg. BStU (MfS-Handbuch; V/5). Berlin 2004
Ester, H. u. a. (Hg.): Dies ist nicht unser Haus: Die Rolle der katholischen Kirche in den politischen Entwicklungen der DDR. Amsterdam, Atlanta 1992
Findeis, Hagen; Pollack, Detlef (Hg.): Selbstbewahrung oder Selbstverlust: Bischöfe und Re-
Kösters, Christoph: Die Kirchenpolitik in der Amtszeit von Bischof Wilhelm Weskamm (1951–1956). In: Ders.; Tischner, Wolfgang (Hg.): Katholische Kirche in SBZ und DDR. Paderborn u. a. 2005, S. 63–99
Kott, Sandrine; Droit, Emmanuel (Hg.): Die ostdeutsche Gesellschaft. Eine transnationale Perspektive. Berlin 2006
Krone, Tina; Schult, Reinhard (Hg.): Seid untertan der Obrigkeit: Originaldokumente der Stasi-Kirchenabteilung XX/4. Berlin 1992
Lange, Gerhard (Hg.): Katholische Kirche – Sozialistischer Staat DDR: Dokumente und öffentliche Äußerungen 1945–1990. Leipzig 1992
Lepp, Claudia; Nowak, Kurt (Hg.): Evangelische Kirche im geteilten Deutschland (1945–1989/90). Göttingen 2001
Lepp, Claudia: Entwicklungsetappen der Evangelischen Kirche. In: Dies.; Nowak, Kurt (Hg.): Evangelische Kirche im geteilten Deutschland (1945–1989/90). Göttingen 2001, S. 46–93
März, Christian: Otto Spülbeck. Ein Leben für die Diaspora. Leipzig 2010
Mau, Rudolf: Eingebunden in den Realsozialismus?: Die Evangelische Kirche als Problem der SED. Göttingen 1994
Mau, Rudolf: Der Protestantismus im Osten Deutschlands. 1945–1990. Kirchengeschichte in Einzeldarstellungen, Bd. IV/3, Hg. Ulrich Gäbler und Johannes Schilling, begründet von Gert Haendler und Joachim Rogge. Leipzig 2005
Mehringer, Hartmut (Hg.): Von der SBZ zur DDR. Studien zum Herrschaftssystem in der Sowjetischen Besatzungszone und in der Deutschen Demokratischen Republik. München 1995
Meier, Andreas: Struktur und Geschichte der Jugendweihe/Jugendfeiern, Arbeitspapier, hg. von der Konrad-Adenauer-Stifung. St. Augustin 2001
Meier, Andreas: Die kommunistische Jugendweihe nach 1918 und ihre Vorläufer. In: Ueberschär, Ellen (Hg.): Jugendweihe – ein Ritual im Wandel der politischen Systeme, Schriftenreihe des Instituts für vergleichende Staat-Kirche-Forschung, Heft 15. Berlin 2004, S. 9–20
Das MfS-Lexikon. Begriffe, Personen und Strukturen der Staatssicherheit der DDR, hg. im Auftrag der Abteilung Bildung und Forschung des BStU. Berlin 2012
Müller, Hanfried: Erfahrungen – Erinnerungen – Gedanken. Zur Geschichte von Kirche und Gesellschaft in Deutschland seit 1945. Schkeuditz 2010
Müller-Enbergs, Helmut; Wielgohs, Jan; Hoffmann, Dieter (Hg): Wer war wer in der DDR? Ein Biographisches Lexikon, Sonderausgabe für die Bundeszentrale für politische Bildung. Bonn 2000
Mut zur Einheit: Festschrift für Johann Baptist Gradl; mit Beiträgen von Egon Bahr, Rainer Barzel, Dettmar Cramer .../Heinrich Windelen [Vorw.]. Köln 1984
Myrrhe, Ramona (Hg.): Geschichte als Beruf: Demokratie und Diktatur, Protestantismus und politische Kultur, Festschrift zum 65. Geburtstag von Klaus Erich Pollmann. (Dößel) 2005

Naasner, Walther (Bearb.): Staatssekretär für Kirchenfragen 1949–1990: Bestand DO 4/Bundesarchiv Koblenz. Bremerhaven 2007

Neubert, Ehrhart: »Die Rolle des MfS bei der Durchsetzung der Kirchenpolitik der SED und die Durchdringung der Kirchen mit geheimdienstlichen Mitteln«. In: Materialien der Enquete-Kommission »Aufarbeitung von Geschichte und Folgen der SED-Diktatur in Deutschland«, Bd. VI/2. Baden-Baden 1995, S. 1026–1047

Neubert, Ehrhart: Geschichte der Opposition in der DDR, 1949–1989. 2. Aufl., Berlin 1998

Ohlemacher, Jörg: Evangelische Kirche und Jugendweihe – Dokumente zur Auseinandersetzung vor und nach der Wende. In: Diederich, Georg; Schäfer, Bernd; Ohlemacher, Jörg: Jugendweihe in der DDR. Geschichte und politische Bedeutung aus christlicher Sicht, Heinrich-Theissing-Institut Schwerin. Schwerin 1998, S. 83–119

Pilvousek, Josef (Hg.): Kirchliches Leben im totalitären Staat. Seelsorge in der SBZ/DDR 1945–1976. Quellentexte aus den Ordinariaten. Leipzig 1994

Pilvousek, Josef: »Innenansichten. Von der ›Flüchtlingskirche‹ zur ›katholischen Kirche in der DDR‹. In: Materialien der Enquete-Kommission »Aufarbeitung von Geschichte und Folgen der SED-Diktatur in Deutschland«, Bd. VI/2. Baden-Baden 1995, S. 1134–1163

Pilvousek, Josef: Jugendweihe und kein Ende? In: Theologie und Gegenwart 48 (2005), S. 130–139

Pilvousek, Josef: Die katholische Kirche in der DDR. Beiträge zur Kirchengeschichte Mitteldeutschlands. Münster 2014

Plato, Alice von: Bedeutsame Ereignisse vor Ort. Denkmalsenthüllung, Gartenbauausstellung und Stadtneugründung. In: Saldern, Adelheid von (Hg.): Inszenierte Einigkeit. Herrschaftsrepräsentationen in DDR-Städten. Stuttgart 2003, S. 145–274

Pollack, Detlef: Kirche in der Organisationsgesellschaft: zum Wandel der gesellschaftlichen Lage der evangelischen Kirche in der DDR. Stuttgart, Berlin, Köln 1994

Pruß, Urslua: Die Jugendweihe im Konfliktfeld zwischen Staat und katholischer Kirche in der DDR. In: Ueberschär, Ellen (Hg.): Jugendweihe – ein Ritual im Wandel der politischen Systeme, Schriftenreihe des Instituts für vergleichende Staat-Kirche-Forschung, Heft 15. Berlin 2004, S. 33–49

Raabe, Thomas: SED-Staat und katholische Kirche: Politische Beziehungen 1949–1961. Paderborn 1995

Raabe, Thomas Nikolaus: Die Jugendweihe als Instrument im Kampf zwischen Kirche und Staat in den 50er Jahren. In: Dähn, Horst; Gotschlich, Helga (Hg.): »Und führe uns nicht in Versuchung …«, Jugend im Spannungsfeld von Staat und Kirche in der SBZ/DDR 1945 bis 1989. Berlin 1998, S. 46–59

Richter, Michael; Opposition und Widerstand in der Ost-CDU 1945–1990 – Phasen, Methoden und Ziele. In: In: Materialien der Enquete-Kommission »Aufarbeitung von Geschichte und Folgen der SED-Diktatur in Deutschland«, Bd. II,4. Baden-Baden 1995, S. 2587–2638

Richter, Michael: Rolle, Bedeutung und Wirkungsmöglichkeiten der Blockparteien – die CDU. In: Materialien der Enquete-Kommission »Aufarbeitung von Geschichte und Folgen der SED-Diktatur in Deutschland«, Bd. II,4. Baden-Baden 1995, S. 2587–2638

Rißmann, Martin: Zur Rolle der Ost-CDU im politischen System der DDR. In: Historisch-politische Mitteilungen/Konrad-Adenauer-Stiftung. Köln 1994

Saldern, Adelheid von (Hg.): Inszenierte Einigkeit. Herrschaftsrepräsentationen in DDR-Städten. Stuttgart 2003

Schäfer, Bernd: »Inoffizielle Mitarbeiter« und »Zusammenarbeit« – Zur Differenzierung von MfS-Unterlagen im Bereich der katholischen Kirche. In: Henke, Klaus-Dietmar; Engelmann, Roger (Hg.): Aktenlage. Die Bedeutung der Unterlagen des Staatssicherheitsdienstes für die Zeitgeschichtsforschung. Berlin 1995, S. 47–55

Schäfer, Bernd: Katholische Kirche und Jugendweihe – Auseinandersetzung mit offenem Ausgang. In: Diederich, Georg; Schäfer, Bernd; Ohlemacher, Jörg: Jugendweihe in der DDR. Geschichte und politische Bedeutung aus christlicher Sicht, Heinrich-Theissing-Institut Schwerin. Schwerin 1998, S. 69–82

Schäfer, Bernd: Staat und katholische Kirche in der DDR. 2. Aufl., Köln, Weimar, Wien 1999

Schönhoven, Klaus; Staritz, Dietrich (Hg.): Sozialismus und Kommunismus im Wandel: Hermann Weber zum 65. Geburtstag. Köln 1993

Schröder, Klaus (Hg.): Geschichte und Transformation des SED-Staates: Beiträge und Analysen (Studien des Forschungsverbundes SED-Staat an der Freien Universität Berlin). Berlin 1994

Schultze, Harald (Hg): Berichte der Magdeburger Kirchenleitung zu den Tagungen der Provinzialsynode 1946–1989, Arbeiten zur Kirchlichen Zeitgeschichte, hg. im Auftrag der Evangelischen Arbeitsgemeinschaft für Kirchliche Zeitgeschichte. Göttingen 2005

Sonnberger, Klaus: Verweigern oder Mitlaufen? Das Selbstverständnis der offiziellen katholischen Kirche der DDR. In: Ester, H. u. a. (Hg.): Dies ist nicht unser Haus: Die Rolle der katholischen Kirche in den politischen Entwicklungen der DDR. Amsterdam, Atlanta 1992, S. 71–87

Süß, Walter: »Schild und Schwert« – Das Ministerium für Staatssicherheit und die SED. In: Henke, Klaus-Dietmar; Engelmann, Roger (Hg.): Aktenlage. Die Bedeutung der Unterlagen des Staatssicherheitsdienstes für die Zeitgeschichtsforschung. Berlin 1995, S. 83–97

Timmermann, Heiner (Hg.): Agenda DDR-Forschung, Dokumente und Schriften der Europäischen Akademie Otzenhausen, Bd. 112. Münster 2005

Ueberschär, Ellen (Hg.): Jugendweihe – ein Ritual im Wandel der politischen Systeme, Schriftenreihe des Instituts für vergleichende Staat-Kirche-Forschung, Heft 15. Berlin 2004

Ueberschär, Ellen: Die Einführung der Jugendweihe – Provokation im Staat-Kirche-Konflikt 1954 bis 1958. In: Dies. (Hg.): Jugendweihe – ein Ritual im Wandel der politischen Systeme, Schriftenreihe des Instituts für vergleichende Staat-Kirche-Forschung, Heft 15. Berlin 2004, S. 21–32

Urban, Detlef: Konfirmation in 30 Jahren Jugendweihepraxis. Verlust oder Herausforderung für die evangelische Kirche in der DDR? In: Urban, Detlef; Weinzen, Hans Willi: Jugend ohne Bekenntnis? 30 Jahre Konfirmation und Jugendweihe im anderen Deutschland 1954–1984. Berlin 1984

Urban, Detlef; Weinzen, Hans Willi: Jugend ohne Bekenntnis? 30 Jahre Konfirmation und Jugendweihe im anderen Deutschland 1954–1984. Berlin 1984

Vollnhals, Clemens: »Die Stasi-Akte Gerhard Lotz«. In: Materialien der Enquete-Kommission »Aufarbeitung von Geschichte und Folgen der SED-Diktatur in Deutschland«, Bd. VI/1. Baden-Baden 1995, S. 116–134

Vollnhals, Clemens (Hg.): Die Kirchenpolitik von SED und Staatssicherheit. Eine Zwischenbilanz. Berlin 1996

Vollnhals, Clemens: Die kirchenpolitische Abteilung des Ministeriums für Staatssicherheit. Hg. BStU (BF informiert; 16). Berlin 1997

Wappler, Kirstin: Klassenzimmer ohne Gott: Schulen im katholischen Eichsfeld und protestantischen Erzgebirge unter SED-Herrschaft, Bildungsstätte am Grenzlandmuseum Eichsfeld, Bd. 3. Duderstadt 2007

Weinhold, Georg (Hg.): Eine Kirche – zwei Völker: Deutsche und sorbische Quellentexte zur Geschichte des Bistums Dresden-Meißen, Bd. 3: 1945 bis 1970. Bautzen-Leipzig 2013

Weltall, Erde, Mensch. Ein Sammelwerk zu Entwicklungsgeschichte von Natur und Gesellschaft. Berlin 1954

Wentker, Hermann: Die Einführung der Jugendweihe in der DDR: Hintergründe, Motive und Probleme. In: Mehringer, Hartmut (Hg.): Von der SBZ zur DDR. Studien zum Herrschaftssystem in der Sowjetischen Besatzungszone und in der Deutschen Demokratischen Republik. München 1995, S. 139–165

Wilhelm, Georg: Die Diktatur und die evangelische Kirche. Totaler Machtanspruch und kirchliche Antwort am Beispiel Leipzigs 1933–1958. Göttingen 2004

Wilke, Manfred: SED-Kirchenpolitik 1953–1958. Arbeitspapier des Forschungsverbundes »SED-Staat« Nr. 1/1992. Berlin 1992

Wittstadt, Klaus: Julius Kardinal Döpfner; Bischof von Berlin (1957–1961). In: Kösters, Christoph; Tischner, Wolfgang (Hg.): Katholische Kirche in SBZ und DDR. Paderborn u. a. 2005, S. 101–145

Personenverzeichnis

Angaben zum Autor

Dr. Markus Anhalt wurde 1965 geboren. Er studierte Philosophie und katholische Theologie in Erfurt und Frankfurt/Main. Seit 1992 ist er beim Bundesbeauftragten für die Unterlagen des Staatssicherheitsdienstes der ehemaligen DDR tätig. Im Jahr 2000 erhielt er das Lizentiat der Theologie. 2004 wurde er im Auftrag der Päpstlichen Universität Gregoriana, Rom, an der Theologischen Fakultät der Universität Erfurt im Fach Kirchengeschichte promoviert.